VALUE

全价值经营

如何为消费过程创造价值

鲍杰军　程国平◎著

ZHEJIANG UNIVERSITY PRESS
浙江大学出版社

图书在版编目(CIP)数据

全价值经营：如何为消费过程创造价值/ 鲍杰军，程国平著.—杭州：浙江大学出版社，2018.3(2019.11 重印)

ISBN 978-7-308-18011-5

Ⅰ.①全… Ⅱ.①鲍…②程… Ⅲ.企业经营管理—研究 Ⅳ.①F272.3

中国版本图书馆 CIP 数据核字（2018）第 037644 号

全价值经营：如何为消费过程创造价值

鲍杰军　程国平 著

策　　划	杭州蓝狮子文化创意股份有限公司	
责任编辑	黄兆宁	
责任校对	杨利军　　张培洁	
封面设计	张志凯	
出版发行	浙江大学出版社	
	（杭州市天目山路 148 号　邮政编码 310007）	
	（网址：http://www.zjupress.com）	
排　　版	杭州林智广告有限公司	
印　　刷	杭州钱江彩色印务有限公司	
开　　本	710mm×1000mm　1/16	
印　　张	19	
字　　数	306 千	
版 印 次	2018 年 3 月第 1 版　2019 年 11 月第 3 次印刷	
书　　号	ISBN 978-7-308-18011-5	
定　　价	59.00 元	

  经过 30 多年的改革开放,中国经济由计划经济过渡到了市场经济,从此告别了商品短缺时代,进入了消费品剩余化、多样化的时代。以前商品短缺,企业生产什么根本不愁销路;而今产品过剩,市场竞争无比激烈,企业为了让消费者购买自己的产品,不仅要提供好的产品,还要做好品牌宣传、提供导购服务、优化购买渠道和环境、增强消费体验、提供售后服务等与产品消费过程有关的诸多活动。可以说,消费过程中任何一个令消费者不满意的环节都可能会影响到消费者最终的购买决策和评价。在这种情形下,我们不禁要问:"消费者购买的还只是产品吗?"

  在激烈的市场竞争环境下,打"价格战"成了很多企业无奈的选择。但与此同时,仍然有些商品不仅没有通过降价促销,反而价格贵得出奇。比如:一件翡翠饰品要卖数百万元甚至上千万元,一辆跑车动辄几百万元上千万元,一块手表可以卖到几十万上百万元,一只坤包也要几十万元……为什么这些商品可以卖得这么贵? 更令人费解的是,尽管这些商品价格高昂,但仍有很多消费者趋之若鹜。那么,消费者为什么愿意花高价钱购买这些商品呢? 对于消费者而言,这些商品的价值究竟何在? 企业竞争到底是靠打"价格战"还是应全心全意打好"价值战"?

  记得 1997 年,笔者第一次出国进行商务谈判时,精心准备了一套国产西装,以示郑重。但由于西装版型较差且人又瘦,衣服松松垮垮地挂在身上,看着明显精气神不足。当看到谈判对手个个西装笔挺,衬得人特别有精神时,笔者顿时有点自惭形秽,甚至影响了谈判的信心。于是,第二天便下"狠心"去买了一套名牌西装,穿上之后顿感精神振奋,昂首挺胸之势自然而生。当再次回到谈判桌前时,已是信心十足,而且不经意间竟然发现老外们的西装也并非都是名牌,更是觉得信心百倍,谈判也就更加从容不迫。此事让我感触颇深。同样是西装,为什么名牌西装会给消费者带来与普通品牌西装天壤之别的心理体验,而这种不同的体验竟然会导致消费者心甘情愿花高价钱去购买?无独有偶,2016 年 2 月 19 日刊登在《环球时报》上的一则关于"中国人挤爆日本药店"的新闻也引起了人们的关注。难道是中国药品比日本药品差很多吗?并非如此,原来中国游客追捧的并非"高端神药",而是看中了"体验优良"。同样是药品,为什么日本药品能够让中国游客"开启疯狂扫药模式"?其中蕴涵的价值究竟有什么不同?对于企业经营来说,这意味着什么?企业该如何选择经营之道,是一味追求外延式的粗放经营还是扎根于内涵式的价值经营?

带着这些经常萦绕在头脑中的问题,笔者查阅理论文献后发现,价值其实是一个既古老又崭新的话题,也是一个哲学概念。从亚里士多德最早分析商品价值形式,到马克思的劳动价值论,再到奥地利学派的边际效用价值论以及马歇尔的均衡价值论,人们对价值的探讨从未停息过,无数先贤在前人的基础上不断丰富着对商品价值内涵的理解。但现有的理论体系尚不足以让我们认清不断涌现的新的商品价值现象。随着商品范畴的拓展,如何根据新的企业经营环境对商品及商品价值进行新的诠释,进而为企业的经营创新提供理论依据,是值得我们思考的问题。

在市场经济环境下,以消费者需求为导向、为消费者创造价值已经被大多数企业所认同。很多企业都在想方设法地满足消费者需求。其实,需求一方面需要去满足,另一方面也可以去创造和引导。当年乔布斯潜心思考消费者对手机的需求,研发出了 iPhone 手机,对消费者说:"来吧,这就是你需要的。"消费者一看,纷纷觉得这果然就是自己想要的,哪怕自己之前并未设想过有这么一款产品。但无论是去满足需求,还是去创造需求,首先都要为消费者创造价值。在经营过程中,为消费者创造价值已经成为很多企业的口头禅。而当企业天天喊着为消费者创造价值时,许多人已经把它抽象成了一句空洞的口号,实际操作时却无从下手。消费者究竟有哪些需求?企业应该创造哪些价值？需求与价值有何关系？企业究竟应该如何进行价值经营？对于这些问题，目前企业尚缺乏系统的理论与方法论指导。

随着移动互联网时代的到来，人们的生活方式和消费方式发生了巨大变化，网络消费空前高涨。由于互联网尤其是移动互联网重构了人与人、企业与企业、企业与消费者之间的关系，整个商业生态面临着颠覆性的革新，"互联网＋"成为传统企业顺应时代发展要求的现实选择，由此倒逼企业在生产方式和销售方式上也随之变化。在生产方式上，国家层面提出了顶层设计，工业4.0正在被欧洲部分国家推进，中国则是在落实政府主导的"中国制造2025"战略；微观层面，个性化、数字化和智能化将成为企业生产方式变革的趋势。在销售方式上，企业纷纷开设线上平台，拓宽与消费者之间的沟通渠道，B2B、B2C、C2C、O2O……一个个新概念、新模式转瞬间就引领起一波又一波的电子商务潮流。相比传统销售渠道，线上产品价格优势明显，"低价"已经成为线上渠道的标签，也成为电商对付传统渠道的撒手锏。那么，在互联网时代，企业又该如何进行价值经营？难道仅靠"低价"就能满足消费者的需求了吗？有了互联网，企业与消费者之间的沟通还需要传统的线下渠道吗？此外，在互联网时代，"用户"概念、"粉丝"概念、"朋友圈"概念的兴起使得企业与消费者之间不再是简单的买卖关系，双方互动更多、联系更紧、依赖更强、情感更深，彼此之间的关系变得复杂化，那么，企业又该如何处理好与消费者之间的关系呢？

总之，时代在变，环境在变，消费者需求在变，生活方式在变，消费方式在变，企业与消费者之间的关系在变，这使得企业开展价值经营变得更加复杂，在这种情况下，企业更迫切地需要一套系统的理论和方法来指导自身的实践。2016年伊始，中国关于"供给侧结构性改革"的声音日益高涨。我们的生活中面临着这样的矛盾：一方面许多产品供给过剩；而另一方面，一些消费需求尚未得到有效满足。这对于作为供给主体的企业来说意味着什么？不就是要从消费者需求出发，通过为消费者创造价值，使未满足的需求得到有效满足吗？这也正是企业开展价值经营所要解决的问题。笔者在经营欧神诺公司的过程中，从在中国建陶行业最早提出"陶瓷时装化"理念开始，随后又提出"天下无砖"的空间概念，再到"奢瓷生活体验""为专属而创"等经营理念，一路走来，对价值经营体会颇深，于是想将这些实践经验和体会总结出来并将其理论化，用以指导广大企业的价值经营实践。这也是一个从实践到理论，再用理论来指导实践的过程。

　　本书试图基于需求的视角，从本质上揭示企业与消费者之间的关系，厘清企业价值经营的逻辑。通过对商品及商品价值进行全新阐释，提出需求价值论这一理论基石，并以此为基础系统，深入地解析新时代背景下商品价值的新现象以及企业价值经营的诸多困惑，发现商品价值的奥秘，破解价值创造的密码，让价值"变得"看得见、摸得着，让企业的价值经营"变得"具有可操作性。本书旨在探讨商品全价值经营思路，构建商品全价值经营的逻辑框架，并结合作者 20 多年企业经营实践和理论教学经验，总结、提炼对商品全价值经营的实践感悟，让更多的企业了解商品价值的本质规律和商品全价值经营的逻辑与方法。尽管市面上关于"价值经营"的书并不鲜见，但从需求视角出发重新审视企业与消费者之间的关系，并进而提出一套全新的商品全价值经营的逻辑与方法体系，还是第一次！可以说，本书是一本企业价值经营的"秘籍"，将为广大企业的价值经营实践提供系统的理论与方法论指导。此外，做事即做人，做人即做事，本书提出的观点不仅仅适用于企业经营，对做事与做人也具有普遍的哲学意义。因为：价值论本身就是一种哲学！

◆ 本书的主要内容

　　本书共分四大篇 17 章。

　　第一篇为理论篇，包括第一至四章：

　　第一章探讨价值究竟是什么。

　　第二章对商品概念进行重新诠释，提出全过程的商品概念。

　　第三章提出基于需求视角的商品价值概念，阐明需求价值论的基本观点。

　　第四章主要讨论商品价值体系的构成，分析商品价值体系与消费者需求体系的对应关系。

　　第二、三、四篇为实战篇，其中第二篇为逻辑框架，包括第五至八章：

　　第五章主要提出商品全价值经营的概念。

　　第六章主要明确商品全价值经营的逻辑起点，即目标消费群体定位、商品定位、商业模式定位三大定位。

　　第七章主要分析商品全价值经营的逻辑过程。

第八章主要探讨商品全价值经营的终极目标,即价值最大化与价值永续。

第三篇为商品价值环流剖析,包括第九至十二章,从价值发现,价值创造,价值呈现、传递与价值体验,价值交换与实现等方面对价值环流进行剖析。

第四篇为消费全过程的价值经营方法,包括第十三至十七章,从构建消费者身份转换路径模型来描述消费过程,归纳出基本型、免费型、粉丝型、朋友圈四大类典型路径,并探讨了不同路径下消费者身份转换不同阶段的价值经营方法。

◆ 本书的特色和创新之处

本书旨在揭示商品价值的奥秘和企业价值经营的规律,详细介绍企业如何更有效地开展价值经营。我们希望能够破解困扰企业家的价值经营问题。

本书有理论,但不空谈理论,而是从实践中总结出理论,然后用理论来指导实践,即从实践中来,到实践中去。本书确立了基于需求视角的商品价值理论——需求价值论,并以此为基础,重点介绍与实战相关的商品全价值经营过程与方法,重视实战,操作性强。本书会详细讲解企业围绕消费者身份转换而开展的价值经营活动的实战技巧,并提供大量真实案例供读者分享。

作者从事企业价值经营 20 多年,阅读过无数经营类的书,多数书都是在讲大师的营销观点,听起来很令人兴奋,可实操起来却很难落地,实战指导意义不大。而现在市场上关于价值经营类的书大多操作性也不强,都只是列举了一些营销案例,没有详细讲解怎样结合这些案例开展企业的价值经营。本书弥补了这些不足,这也是本书的亮点之一。

本书提出的观点具有一定的创新性,主要包括以下几个方面。

创新点一:提出全过程的商品概念。商品的传统定义是指用于交换的劳动产品。但随着商品内涵和外延的拓展,商品不仅仅是指满足消费者本能需要的产品本身,还包括了能满足消费者情感、认同与自我实现需要的消费过程体验。因此,本书认为,商品是为满足消费者需求提供的解决方案。它不只是产品,而是涵盖了消费者在消费全过程所接触到(感受到或体验到)的包括产品、服务、环境、互动等在内的一切东西。

创新点二:提出需求价值论。价值是相对需求而言的,没有需求,价值就无从谈起。本书回归价值的本源,从消费者需求这一全新视角提出商品价值的概念,认为商品价值是指商品满足特定消费者需求的某种属性,进而提出基于需求视角的商品价值理论,即需求价值论。其核心内容包括:商品价值因消费需求而异,其大小取决于该商品对消费需求的满足程度,并以价格为表现符号。商品是企业和消费者之间价值交换的载体,并且按照价值与需求的匹配关系进行等价交换。商品价值通过满足消费者需求得以实现。企业通过为消费者提供商品从而满足消费者需求,而消费者回馈企业从而使企业的需求也得以满足(这也是本书对企业与消费者之间关系的本质认识)。本书通过将消费者需求体系解构为基于生理与安全需要的需求、基于情感与认同需要的需求和基于感官与自我实现需要的需求,相应地,将商品价值体系解构为功能价值、情感价值和审美价值,从而明确了消费者究竟有哪些需求,企业应创造哪些价值,找到了需求与价值之间的对应关系。这一理论的创新使企业面对价值创造时不再手足无措,从而为企业的价值创造实践提供了具有可操作性的指导。

创新点三:构建商品全价值经营逻辑。从成本经营、产品经营转向价值经营,这是企业顺应经营环境变化的必然选择。根据我们对商品概念的重新诠释,即全过程的商品概念,我们认为,价值经营也是针对消费者消费全过程而言的,我们称之为商品全价值经营。任何企业在创立或进行重大转型时,都要明确三大定位,即目标消费群体定位、商品定位、商业模式定位,这是企业开展商品全价值经营的逻辑起点。而由于企业决策者的不同,每个企业所做出的选择是不尽相同的。从根本上说,这是由企业自身的价值取向以及资源和能力决定的。从商品全价值经营角度来看,企业与消费者之间的商品交易过程,实际上是双方以商品为媒介的价值交换过程。本书通过构建商品价值环流模型来分析企业如何根据消费者在消费过程不同阶段的需求来匹配价值,从而建立起一套商品全价值经营的逻辑。

创新点四:建立商品价值环流模型来分析消费过程不同阶段的价值匹配方法。价值经营覆盖消费的全过程,而在消费过程的每一个时间点,都存在着以商品为载体的价值流动,我们称之为商品价值环流,包括价值发现、价值创造、价值呈现、价值体验、价值交换、价值实现、价值回馈等过程。在消费全过程中,这一环流每时每刻都在进行着,也就是说,商品全价值经营过程中包含着无数个这样的环流。虽然每个环流只是商品全价值经营过程的一个片段,但如果某个阶段价值环流发生中断,将直接影响消费过程继续下去。因此,企业在每一个环流都要匹配好价值与需求,通过创造价值来满足消费者的阶段性需求。

创新点五:建立消费者身份转换路径模型来分析消费全过程的价值经营。对于消费过程,以往主要站在企业的视角围绕产品交易将消费过程分为售前、售中、售后三个阶段,本书则打破了这一传统思维,从企业与消费者之间互动关系的视角,用消费者身份转换来划分消费过程的不同阶段,从而为企业针对不同阶段消费者需求特点,开展消费全过程的价值经营提供了全新的思路。在此基础上,根据消费者身份转换的不同路径,本书推导出不同的商业模式,从而确立了一套建立商业模式的全新方法。这种方法与以往站在企业视角来谈商业模式是完全不同的,这也是本书的一大亮点。本书认为,在企业与消费者以商品为媒介进行价值交换的过程中,企业必定会通过一定的沟通方式与消费者建立起联系,在消费过程中,由于不同企业与消费者之间的沟通方式不同,消费者相对于企业的身份在转换过程中便呈现出不同的路径,从而产生了不同的商业模式。因此,本书根据消费者身份转换的不同路径,推导出基本型路径、免费型路径、粉丝型路径、朋友圈路径等不同的价值经营方法。

此外,本书提出的观点还具有一定的前瞻性。比如本书基于圈子社会的时代特点,创造性地提出"生态圈商业化模式"。本书认为,现在的圈子大多数都是社交化的圈子,在未来一旦圈子形成之后,这种圈子的商业化一定势在必行。未来的圈子就是一个平台,通过找到各种优质的资源,挖掘各种需求,完成对接,这样就实现了商业化。无论是社会圈、企业圈还是个人圈,都是通过圈子的平台在资源与需求之间进行深度挖掘和对接,在信任的基础上,从经营产品转向经营人。这些观点具有一定的前瞻性。

尽管这已经是笔者第四次写书,但写商品价值经营实战方面的书还是第一次,尤其是研究视角的与众不同,这无疑增加了写作的难度,若有不足之处,还请各位读者多多见谅。

笔者希望所有的读者都能从本书中受益,希望本书能帮助大家把自己的企业做强、做大,在大变革时代成为行业的第一品牌。

鲍杰军

目录
CONTENTS

第一篇　**需求价值论**

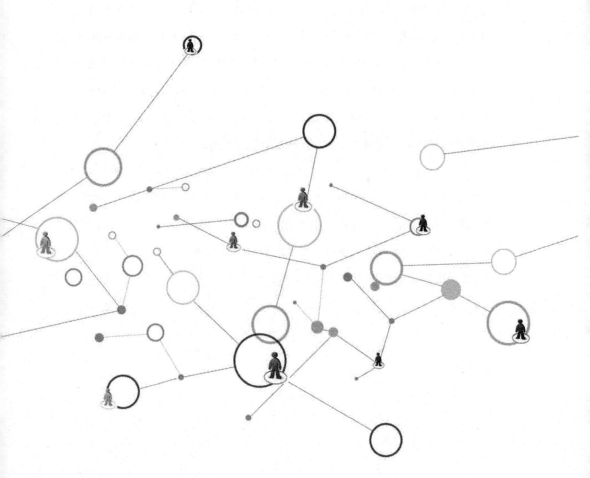

也许正如孟子所指出的"习焉不察"，我们经常接触的东西反而令我们不去深究，以至于忽略了它到底是什么意思，比如一提到"价值"，几乎没有人不知道，但如果再深入地问一句"价值是什么"，可能很多人会一时语塞。因此，为了厘清关于商品价值经营的基本逻辑，我们在本篇中首先针对全书所涉及的基本概念如价值、商品以及商品价值等进行梳理。接着，基于社会实践和商业环境已经或者正在发生的诸多变化，我们将试图让大家了解商品在悄悄地发生哪些变化，并深入诠释这些概念背后新的内涵，使大家能够敏锐地把握商业变革中的基本脉络，从而建立起一套理解商业运营的全新框架。然后，我们将结合前人的研究，进一步从企业经营的一系列现实背景出发，真正从消费者需求的视角来重新界定商品价值的概念，并将其归纳概括为一套自洽的体系——"需求价值论"。我们将通过阐明商品有哪些价值，消费者有哪些需求，并详细解构消费者需求体系和商品价值体系，从中找到两者之间存在的对应关系，从而为本书在后续篇章中详细介绍商品价值经营的方法奠定基础。

　　总之，本篇章作为理解商品全价值经营的基础，是读者进入本书体系的第一步。为了便于读者更好地理解这些概念的传统意义和现代内涵，我们将在探讨的过程中循序渐进地呈现我们的思考过程。如果有读者觉得这个过程不是自己关注的重点，那么就可以根据自己的情况直接阅读我们已经得出的结论——有关这几个概念的重新定义，从而提纲挈领般地直接抓住阅读本书的关键。

第一章　价值究竟是什么

价值，一个常见而神奇的词汇！

说"价值"一词常见，因为无论人、物或者事，人们都常以"价值"衡量。性价比是人们日常生活中使用频率非常高的词汇。"这个东西买得值"，或者"太亏了，这东西根本不值这个价"，这类说法几乎人人都讲过或者听过。

说"价值"一词神奇，因为无论人或者物，一旦被贴上"高价值"的标签，就会被重视甚至被争夺。

在企业界，一个企业家的价值对于一个企业而言是至关重要的。一个优秀企业家的价值，甚至会影响整个行业。例如苹果公司乔布斯的价值，其影响范围已经远远超出了手机、电脑、软件等科技行业。

在影视体育行业，明星的价值同样备受重视。例如在 2016 年 NBA 转会市场，价值最高的大牌自由球员凯文-杜兰特受到 6 个球队的青睐。当他宣布加盟金州勇士队后，引发了一系列球员转会风潮，某种程度上改变了 2016—2017 赛季 NBA 联盟的竞争格局。

人如此，物更甚。历史上大名鼎鼎的和氏璧，其原石外表普通，玉工也不识，楚人卞和两次献宝均以欺君罪被断左足和右足，后楚文王慧眼识宝，使其经良工雕琢成璧，于是有了价值连城的"和氏璧"，这才有了后来一系列关乎国运兴衰的争夺故事。

2004 年黄龙玉刚被发现的时候，两三千元钱就能买到一拖拉机的优质黄蜡石籽料。2005 年开始，一些大公司将收购的优质黄蜡石进行包装，贴上"黄龙玉"的价值标签，从此其身价倍涨。

在投资市场，价值投资是无数人成功的秘诀。"股神"巴菲特就是价值投资实践的杰出典范。

尽管"价值"一词在人们日常生活中屡见不鲜，但倘若我们要刨根问底：何谓价值？价值的本质是什么？我们会发现这些貌似简单的问题其实并不容易回答清楚。因此，在我们探讨所谓的价值经营之前，有必要明确一下价值的内涵及其本质。

价值的由来

"价值"一词在中国由来已久，早在夏朝，就已经有了"价值"的概念。在中国古代文献中，"价值"一词最早通用为"价直"，而其最初的含义就是价格，如在"会闲者羌乱，西域复绝，北虏遂遣责诸国，备其逋租，高其价直，严以期会"（出自《后汉书·班超传》）中的"价直"就是价格的意思。而到清代早期，"价值"一词开始在中国文献中大量出现，并被赋予了"积极的作用、意义"等含义。

在西方学界，"价值"这个术语最早应用在经济学范畴。古希腊的思想家色诺芬在其著作《经济论》中提出物品有使用和交换两种功用，指出财富是具有"使用价值"的东西，而交换时的价值就是指商品的价格。这和中国古代文献中有关"价值"的基本含义大致相同。

随着东西方文化的融合，"价值"的定义逐渐从价格引申到积极的作用和意义。

对价值本质与内涵的认识

国内外学者对价值本质问题的研究大致形成了三大类型、十大学说[①]。三大类型是主观价值论、客观机械论和主客体关系论；十大学说是意义说、满足需要说、兴趣说、情感说、欲望说、先验性质说、情境说、功能说、有用性说和结果内在性质说。但无论哪种学说，都是试图从不同的角度来揭示价值的本质问题。这些学说中，与我们所讨论的"商品价值"中的"价值"比较相关的主要有以下几种[②]。

---

① 王玉樑.论价值本质与价值标准[J].学术研究,2002(10): 18 - 24.
② 张书琛.西方价值学思想简史[M].北京：当代中国出版社,1998: 214 - 216.

1. 客观说(或称物理主义、属性说)。该说认为价值属于客体本身所具有的纯客观的属性,其与主体的需要、追求、感受及评价无关。

2. 主观说(或称心理主义、观念主义)。该说认为价值是人类的一种精神或心理现象,是与人的需要、欲望、意志、情感、兴趣、偏好等相关的东西。

3. 关系说。该说从主客体关系的角度来理解和界定价值的本质,认为价值就是主体与客体之间的关系。

4. 关系属性说。该说认为,价值是客体的一种关系属性,具体指客体对主体的有用性,或称效用性。

基于以上观点,我们认为,价值主要反映了主客体之间的相互关系,是一种有用性,与需要有关。

我们可以明确,在自然世界里,价值是指事物因为生命的需要而产生的,能满足生命的存在、延续(即新陈代谢),或发展进化等其中某一种需要的属性。在这里,价值的主体可以是人类,也可以是除人类外的其他生命体。例如杂草,在菜农眼中毫无用处,因此毫无价值,必拔除之而后快;但在绵羊眼中,有些杂草是美味的食物,有用,因而有了价值。

对于人类社会来说,价值就是客观事物满足人的需要的属性。我们在本书中将遵循这个定义展开叙述。要理解这一定义,必须把握两个基本点:一是价值的主体是人,事物的价值是相对于人而言的,事物价值的根本属性是满足人的需要,不能直接或间接满足人的需要的事物就没有价值;二是事物的价值没有绝对性。对于同样的人、物或者事,不同的人会给出不同的价值判断。

从本质上看,价值是揭示客观事物对于满足人的需要的意义关系的哲学范畴问题。任何一种事物的价值,从广义上说包含着两个相互作用的方面:一是事物本身对满足人的需要的意义,包括事物满足人的需要的种类多少、层次高低和强度大小;二是人对事物有用性的评价,包括有无与大小。由于不同的人的需要是不一样的,因此,某一事物对于不同的人所表现出来的价值是不一样的。

总结一下,我们对价值的定义是:价值就是客观事物满足人的需要的属性。

第二章 商品概念的延伸

了解了价值的内涵后,接下来我们需要厘清商品的概念,因为本书的核心是探讨商品价值经营,所以厘清商品的概念是至关重要的。本章将对商品的传统定义进行剖析,并根据时代的发展变化对商品概念进行重新诠释。

商品的传统定义

在人类社会发展进程中,由于出现了不同的社会分工,也就产生了商品交换,从此,购买他人的商品来满足自己的需要成了人们生活中的重要部分。

在传统意义上,商品是用于交换的劳动产品。也就是说,满足"用于交换"和"劳动产品"两个条件的就是商品。商品具有人为属性与交易属性,交易属性是商品最基本的特征。

从这一定义可以看出,商品是消费者通过交换得到的"产品"。

这个定义其实源于短缺经济时代。在短缺经济时代,企业处于市场的主导地位,只要能提供满足消费者基本需求的产品,消费者就满足了,因此,企业生产什么,消费者就购买什么,企业只需要考虑生产,基本不用担心产品的销售。

以彩电为例。在 20 世纪 80 年代,中国刚刚开始改革开放,物资极度匮乏,彩电是非常稀罕的产品。1978 年,国家批准引进第一条彩电生产线,定点在原上海电视机厂即现在的上广电集团,1982 年 10 月,生产线竣工。彩电一投放市场,消费者长期被压抑的需求就被迅速引爆,最疯狂的时候,人们得在商场排几天队才能买到,所以在那种情形下,商品当然就是"产品"。

彩电如此紧俏,于是生产厂家蜂拥进入彩电市场,全国一下子引进了100多条彩电生产线。到1985年,中国电视机年产量已达1663万台,超过了美国,仅次于日本,成为世界第二的电视机生产大国。市场很快趋于饱和,1992年我国彩电年生产能力已达2000万台,而当年市场上彩电的年需求量尚不足1000万台。于是消费者有了选择的空间,质量好、价格便宜的产品受到追捧,而质次价高的产品被消费者嫌弃,结果一大批彩电生产企业倒闭,而海信、海尔、长虹、TCL、康佳、熊猫等少数企业脱颖而出,成为以后的电视机生产巨头企业。

这样的故事在中国很多家电产品生产领域一再重复上演。

在这个阶段,商品仍然是"产品",只是产品的内涵从单纯的产品功能扩展到包括产品外形、功能、质量、可靠性、价格、兼容性等更多的方面。其中产品质量成为最重要的商品要素。而海尔张瑞敏"砸冰箱"的故事就是在这种背景下发生的。

海尔"砸冰箱"的故事和一个营销措施

1985年12月,时任青岛海尔电冰箱总厂厂长的张瑞敏收到用户来信,反映工厂生产的电冰箱有质量问题。在发现仓库中的400多台冰箱中有76台不合格后,张瑞敏随即召集全体员工到仓库开现场会,讨论应对办法。当时多数人提出,这些不合格的冰箱只是外观划伤,并不影响使用,可以作为福利降价卖给内部职工。张瑞敏却说:"我要是允许把这76台冰箱卖了,就等于允许明天再生产760台、7600台这样的不合格冰箱。放行这些有缺陷的产品,就谈不上有质量意识。"他宣布,把这些不合格的冰箱全部砸掉,谁干的谁来砸,并抡起大锤亲手砸下了第一锤。可以说,是这一砸冰箱的举措砸出了海尔人的质量意识,在1988年的电冰箱国家质量奖评比中,海尔冰箱以最高分获得中国电冰箱史上的第一枚金牌。当年那把砸冰箱的大锤甚至被中国国家博物馆正式收藏为国家文物。[①]

当产品质量成为商品最重要的因素时,海尔"砸冰箱"的故事成就了海尔产品好

---

① 吕福明.1985年海尔厂长张瑞敏砸冰箱事件[EB/OL].(2009-04-23).新华网山东频道.

质量的口碑。产品质量好是海尔成功的一个关键因素,服务好是当时海尔成功的另一个因素。而海尔服务好的印象其实源于其最早在家电产品市场推出的"上门维修"服务措施,只是这件事不像"砸冰箱"的故事那样流传范围广。

当彩电、冰箱和洗衣机进入家庭后,消费者很快发现这些笨重产品的维修是一件非常痛苦的事情。因为那时候这些笨重的家电产品如果坏了,消费者必须自己将产品送到公司指定的维修地点去维修。想象一下:一个住在六楼的人,家中冰箱一个多月坏了三次,不得不三次送修,会是什么感觉? 笔者的一位朋友当时不幸就遇上这事,当他第三次叫朋友们将冰箱送到维修点后,愤怒地对维修工人说:你们最好把它砸了。

在这样的背景下,海尔推出了"上门维修"的服务措施,并规定了海尔"上门维修"的具体要求。海尔"上门维修"的服务措施一经推出,就大受欢迎。不仅如此,海尔还打出"真诚到永远!"的广告与之配合,产品销售量一时暴增。随后便引得同行纷纷仿效,最终"上门维修"成为大件家电产品领域的一个必备服务标准。

海尔当时推出的"上门维修"服务可能只是将其作为一个营销措施,但却在不经意间将商品的内涵从产品本身延伸到了产品服务。对商品而言,这种延伸改变具有革命性的意义。因为这意味着商品不仅仅是产品本身,还包括与产品相关的服务。

只是产品的维修服务与产品质量息息相关,人们最初只是将维修服务看作商品质量要素的一个延伸,一下子还没有认识到这种商品内涵变化的意义。

如果我们看看汽车销售大王乔·吉拉德的故事,就会明白这种商品内涵变化意味着什么。

汽车销售大王乔·吉拉德的几个故事

乔·吉拉德,1928 年出生于美国底特律市的一个贫民家庭。35 岁以前,乔·吉拉德是个全盘的失败者,他患有相当严重的口吃,换过 40 个工作仍一事无成。35 岁那年,乔·吉拉德破产了,负债高达 6 万美元。为了生存下去,他走进了一家汽车经销店,3 年之后,乔·吉拉德以一年销售 1425 辆汽车的成绩,打破了汽车销售的吉尼斯世界纪录。他在 15 年的汽车推销生涯中总共卖出了 13001 辆汽车,平均每天销售 6 辆,而且全部是一对一销售给个人的。他也因此获得了"世界上最伟大推销员"的称号。

案例2-1

一次失败的销售经历

乔·吉拉德向一位客户销售汽车,交易过程十分顺利。当客户正要掏钱付款时,另一位销售人员跟吉拉德谈起昨天的篮球赛,吉拉德一边跟同伴津津有味地说笑,一边伸手去接车款,不料客户却突然掉头而走,连车也不买了。吉拉德苦思冥想了一天,不明白客户为什么对已经挑选好的汽车突然放弃了。夜里 11 点,他终于忍不住给客户打了一个电话,询问客户突然改变主意的理由。客户不高兴地在电话中告诉他:"今天下午付款时,我同您谈到了我的小儿子,他刚考上密西根大学,是我们家的骄傲,可是您一点也没有听见,只顾跟您的同伴谈论篮球赛。"

案例2-2

一次成功的销售经历

有一天,一位中年妇女从对面的福特汽车销售商行走进了吉拉德所在公司的汽车展销厅。她说自己很想买一辆白色的福特车,就像她表姐开的那辆,但是福特车行的经销商让她过一个小时之后再去,所以她先到这儿来瞧一瞧。"夫人,欢迎您来看我的车。"吉拉德微笑着说。妇女兴奋地告诉他:"今天是我 55 岁的生日,想买一辆白色的福特车作为生日礼物送给自己。""夫人,祝您生日快乐!"吉拉德热情地祝贺道。随后,他轻声地向身边的助手交代了几句。吉拉德领着夫人从一辆辆新车面前慢慢走过,边看边介绍。当来到一辆雪佛莱车前时,他说:"夫人,您对白色情有独钟,瞧这辆双门式轿车,也是白色的。"就在这时,助手走了进来,把一束玫瑰花交给了吉拉德。吉拉德把这束漂亮的花送给夫人,再次对她的生日表示祝贺。那位夫人感动得热泪盈眶,非常激动地说:"先生,太感谢您了,已经很久没有人送过我礼物了。"后来,这位妇女就在吉拉德那儿买下了那辆白色的雪佛莱轿车。

如果说海尔产品的"上门维修"服务还是与产品紧密相关的话,那么在汽车销售大王乔·吉拉德的故事中,乔汽车销售的成败与否"似乎"与汽车本身关系不大。在案例2-1中,本来准备付款的顾客,只是因为乔对顾客儿子考上密西根大学的事不感兴趣而取消了汽车的购买;而在案例2-2中,一束玫瑰花和一声生日快乐的祝福就打动了女顾客的心。在这两个故事中,如果说传统意义上作为商品核心内容的汽车产品,包括其外形、颜色、性能、可靠性、价格等所有因素和延伸的产品售后维修服务等因素没有发挥作用,那是不准确的。这些因素肯定在消费者购买决策过程中发挥了作用,但最后起决定作用的是顾客在购买过程中与销售员的交流、情感体验和关系营造。

所以对顾客来说,商品的完整表达应该是:

"我需要:产品的外形、颜色、性能、可靠性、价格等所有作为商品的传统因素能满足我的需求。"

"我也需要:延伸的各种产品服务。"

"同样重要的是,我还需要:在购物过程中愉悦的购物体验和视若朋友的关系感受。购物体验包括购物环境、销售人员的服务态度和水平、销售过程中的各种服务措施等因素。"

可见,商品的概念有必要重新诠释。

商品概念的重新诠释

消费者真正需要的是什么？产品？服务？品牌？表象上看,消费者买的是产品、服务、品牌,但实际上消费者需要的并不只是产品本身,而是能够解决他的问题、满足他的特定需要的整体解决方案。由于消费者需要解决的问题可能不是单一的,因此,企业提供的产品或服务必须能够满足消费者多个方面的特定需求,即提供完整的解决方案。比如在炎炎夏日,消费者首先需要的是环境凉爽,因此,空调企业提供空调产品、送货到家、安装测试、室内外移机、充氟利昂、包修等服务,这是企业为满足消费者对凉爽的需求而提供的解决方案。除凉爽需求外,消费者还可能对空调的美观、节能、噪音等方面存在需求,因此,企业提供的解决方案还必须能够满足消费者在这些方面的需求,比如空调不仅制冷效果好,外观设计也优美,还环保节能、噪音低等。从本质上说,商品是企业为满足消费者多种需求而提供的一揽子解决方案。

在消费的全过程中,消费者通过不同的感官获得多种体验并在心理上产生一种整体感受,进而决定了其购买与否的决策行为。人的感官主要包括眼(视觉)、耳(听觉)、鼻(嗅觉)、舌(味觉)、肌肤(触觉)五种。当一个消费者走进家具商场,消费者眼睛所看到的,包括卖场空间环境、家具颜色光泽、导购仪容等,消费者耳朵所听到的,包括导购语言、背景音乐等,消费者鼻子所闻到的,包括板材面料的气味、环境中的味道等,消费者舌头所尝到的,包括茶、咖啡、水等,消费者肌肤所接触到的,包括手感、坐感、卧感、脚感等,以及消费者在心理感受到的,包括便利、态度、服务等,这些方面都是消费者所感受到的商品的范畴。可以说,消费者对消费过程中任一个环节感到不满意都会影响其购买决策。比如,导购人员不经意间的一句话、消费场所的某种气味、产品体验中的一丝不快等都可能导致消费者放弃购买。

在消费过程中,消费者通过不同的感官获得多种体验并在心理上产生一种整体感受。消费者消费的不仅仅是产品本身,更是一种体验的过程。正如星巴克所声称的,它卖的不只是咖啡,更是一种休闲方式;法拉利卖的不只是跑车,更是一种近似疯狂的驾驶快感和高贵;劳力士卖的不只是表,更是一种奢侈的感觉和自信;希尔顿卖的不只是酒店产品,更是一份舒适与安心;哈根达斯卖的不只是冰激凌,更是一份甜蜜与快乐……

基于上面的分析,我们将商品概念重新定义如下:

商品是企业为满足消费者需求而提供的整体解决方案,它不只是产品,而是涵盖了消费者在消费全过程所接触到(感受到或体验到)的包括产品、服务、环境、互动等在内的一切东西。

商品内涵的这种变化其实是经营环境变化的必然结果。因为在现代工业社会,各种各样的流水生产线、各种高效率的设备、全球化的工厂布局和高效率的工厂建设速度,使得顾客所需要的所有产品能被大量迅速地生产出来。激烈的竞争压力迫使企业不仅要重视产品自身的各种要素,还要不断挖掘并满足顾客的其他各种需求。在这个过程中,一方面,新技术不断涌现,不断挖掘并满足顾客的各种需求成为可能;另一方面,顾客“恃宠而骄”,不断提出越来越个性化的需求。企业与顾客之间的这种不断升级的"互动"，最终就导致了商品内涵的全面改变。

让我们再以汽车为例，看一看商品内涵的这个变化过程。

过去，作为商品的汽车，商品内涵是汽车外形、颜色、性能、可靠性等所有产品因素和价格的综合。

现在，对于普通消费者(我们强调普通消费者，是因为有少数特别的人可能提前享受了未来汽车的某些变化。对于时段的划分，也是一个模糊的概念)，作为商品的汽车，商品内涵包括汽车外形、颜色、性能、可靠性等所有产品因素和价格；还包括你在购买过程中的所处环境，商家的各种营销服务——贷款服务、上牌便利服务、保险购买便利服务、三包承诺、各种购买优惠服务、汽车装修服务等，以及你的购买体验及关系感受；还包括汽车售后的维修保养服务、会员事故救援服务、使用咨询指导服务等。作为商品的汽车是所有这些因素的综合。

未来，作为商品的汽车，则会有很大的不同。就像你不希望你穿的衣服与同事"撞衫"一样，你可能想自己开的汽车也应该与众不同，未来汽车的个性化设计将会满足你的个性化需求，设计师在线上线下会与你沟通，在不违背汽车技术要求的前提下，将你的个性化需求融入你的爱车设计中；你可以通过互联网，监督查看你爱车生产的全过程；或许你太忙，没有时间去试驾你的汽车，没有关系，在一个"3D"虚拟现实环境中，你在家中就能像在试驾场那样，坐在试驾员旁边，与之一起感受体验你的汽车试驾；之后汽车会被送到你家中，上牌和购买汽车保险等事务会通过网络完成；可能你厌烦长时间开车的紧张和疲劳，你可以启动汽车的自动驾驶功能，然后你可以调整座椅，在驾驶途中舒舒服服地欣赏影视作品或者音乐；女士们当然再也不用担心停车入位的问题，因为你的停车位早已被预订，停车入位当然是全自动的。你不会再有维修保养的烦恼，上门洗车、上门的日常保养、维修一条龙等服务，只要你愿意，就能享受。还有什么遗漏的吗？可能有很多遗漏，谁知道未来会出现什么神奇的技术呢？你尽可"脑洞大开"，展开你想象的翅膀，无限遐想。未来作为商品的汽车是所有这些因素的综合。

所以，从消费者视角看，商品是企业为满足消费者需求而提供的整体解决方案。

第三章 从消费者需求看商品价值

前两章我们对商品和价值两个概念进行了阐释,本章将以之为基础聚焦商品价值这个概念,并提出本书的核心观点——需求价值论。

商品价值探秘之路

早在公元前 4 世纪,古希腊的亚里士多德在《伦理学》中就分析了商品的价值形式。他指出,一种商品的价值可以通过任何其他商品来表现。他认为,货币对一切商品起着一种等同关系即等价关系的作用。因此,他成为最早分析商品价值形态和货币性质的学者,觉察出商品交换是从商品—商品,到商品—货币—商品,再进而过渡到货币—商品—货币的历史发展过程。

17 世纪中叶,英国古典经济学创始人威廉·配第最早把价值归结为劳动,把价值量归结为劳动量。其后的亚当·斯密和李嘉图进一步发展了价值概念,认为在市场上各种彼此可以交换的商品中唯一可以被称为"同质的东西"就是劳动,即人们为生产这些商品都耗费了劳动,因此,隐藏在价格现象背后的这个本质的东西——价值,就是为生产商品所耗费的劳动。马克思批判继承了欧洲古典政治经济学的劳动价值论,认为由于生产不同商品的具体劳动形式是不一样的,生产商品的劳动具有具体劳动和抽象劳动的二重性,所以形成商品价值的是抽象的人类劳动。他认为商品价值是指凝结在商品中无差别的人类劳动(包括体力劳动和脑力劳动)。

18世纪末19世纪初期,萨伊、马尔萨斯等生产费用价值论者站在商品生产者的立场看问题,认为"生产费用"应该成为价格上下摆动所围绕的中心,因为市场上的商品价格高于或者低于生产费用,会严重影响商品生产者的利益,从而商品生产者会根据价格高于或者低于生产费用的情况相应地扩大或者缩小商品供应数量,因此,那个价格上下摆动所围绕的中心应该是厂商为生产商品所付出的生产费用。

19世纪70年代,英国的杰文斯、奥地利的门格尔、法国的瓦尔拉斯几乎同时提出了具有广泛影响的效用价值论。这些经济学家是站在商品消费者的立场看问题,认为商品的价值取决于物品的效用和稀缺性,取决于消费者主观心理上感觉到的边际效用。因为消费者购买商品的目的就是为了取得效用,从而满足自己的需要。商品的效用大,消费者就愿意多花钱,反之,就只愿意花较少的钱,因此,决定不同商品彼此相交换的比例关系的,是这些商品效用的大小,由商品的效用大小决定的价格,也就是市场价格上下摆动所围绕的中心。

20世纪的经济学家马歇尔提出的所谓均衡价值论,实质上抛开了"价值"概念,直接根据市场上商品供给和需求与价格相互作用的关系,通过数学的方式提出了当供给和需求均衡时的价格,即"均衡价格",并认为,这个均衡价格是市场价格上下摆动所围绕的中心即价值所在。该理论用人类的主观心理感觉和主观评价取代了价值的实体和价值的决定问题,并把决定价格的供求力量当成决定价值的因素,因此并非十分严谨。

"商品价值到底是什么?"经济学家们对于这个问题的争论已经延续了数百年。以上各种价值理论流派关于商品价值的观点都是基于不同的视角,也各自形成了自己的逻辑体系,但无论哪种流派关于商品价值的观点都不足以完全合理地解释当前关于商品价值的所有现象,它们在实践中日益显现出各自的局限性和片面性。

理论源于实践,这是颠扑不破的真理,随着时代的变化,人类社会实践的不断深入,商品及商品价值的内涵与范畴也会发生很大的变化。我们将以新的社会历史发展阶段的实践为依据,梳理并提出新的商品价值观点。

商品价值的定义与价格表现

（一）商品价值的定义

在第一章，我们定义价值就是客观事物满足人的需要的属性。

在第二章，我们定义商品是企业为满足消费者需求而提供的整体解决方案。

因此，从消费者视觉，我们定义商品价值是指商品满足特定消费者需求的某种属性。

为加深对这一定义的理解，请注意如下 5 点。

1. 商品是提供给消费者的，从消费者视觉去定义商品价值更符合实际。

2. 对于一个具体消费者而言，某一件商品，可能没有用，不能满足其任何需求，但并不意味着该商品没有价值，因为这件商品可能满足其他消费者的需求。该消费者可以通过某种方式的交换来满足其他消费者的需求，从而实现商品价值的转换。例如，一个人可能不喝白酒，但对他而言，不能说白酒因为不能满足自己的饮食需求就无价值，他可以买来送给其他喜欢喝白酒的人。但很显然，喜欢喝白酒的人比不喜欢喝白酒的人，能更准确认识各种白酒的价值。

3. 一种商品，如果不能满足所有消费者的需求，则是无用的，是没有价值的，尽管它可能有生产运营成本或者其他成本。

4. 因为消费者的需求具有差异性，因此同一种商品，对于不同消费者而言，其价值是有差异的。所以对企业来说，其商品应该有特定消费者层次的定位，商品价值因此是针对所定位的特定消费者而言的。

5. 商品价值量是商品满足特定消费者需求程度的衡量尺度，包括满足需求的层次的高低、强度的大小、数量的多少等。由于商品的范畴不只是产品，而是涵盖消费者在消费全过程所接触到的包括产品、服务、环境、互动等在内的一切东西，因此，商品价值不仅体现在产品上，同时也体现在消费全过程中。

（二）关于"人的需求"

因为商品价值是指商品满足特定消费者需求的某种属性，所以我们有必要比较系统地认识作为消费者的人的"需求"。[①]

人是欲望的动物,每个人都有自己的需要,而商品作为满足人的需求的载体,在日常生活中无处不在,可以说每个人都是消费者。鉴于此,我们在商品价值研究中以人的需要为出发点,一方面更符合现代经济社会中人性的表现特征,另一方面又能为企业的价值经营实践奠定一个坚实的逻辑基石。

1. 人的需要与需求的基本概念

人的一切活动总是有目的的,而目的产生的根源就是人的各种需要,需要又会引发动机,动机最后转化为行为。因此,需要就是人的本性,是价值研究的核心前提。

在汉语中,"需要"作为名词的含义是"对事物的欲望或要求",而"需求"作为名词的含义则是"需要的东西"。因此,需要是指人们对某种目标的渴求或欲望,需要是产生行为的动力源,人的行为都是以满足某种需要为目标的。人的需要一般包括对特定目标的指向性和指向特定目标的意愿的强烈程度两个方面。从本质上说,需要是一种心理状态,是人在不同时期、不同环境下的一种主观感受。然而,这种需要又是人对客观事物要求的反应,为了对应这一概念,我们将人对客观事物的要求定义为人的需求。因此,从两者之间的逻辑关系来看,需要就是需求的内在根源,而需求就是需要的外化表现。

人是具有多种需要的个体,人的需要总体上可以分为本能需要与人格需要两大类。本能需要源于人的天性或者称之为动物性,是先天形成的最基本的需要,包括生理与安全两个方面,并外化表现为对各种物质条件如衣、食、住、行、安全的生存环境以及性欲、生殖等方面最基本的需求。人格需要源于人的社会性,是后天形成的各种复杂需要或欲望,总体上可以分为感官、情感、认同与自我实现四个方面的需要。其中,感官需要是指满足生存需要之外的感官享受,譬如饮食充饥属于生存需要,而美食则属于感官需要;情感需要是指满足繁衍需要之外的情感体验,譬如性欲属于繁衍需要,而爱情则属于情感需要;认同需要包括社会认同与自我认同的需要两个方面,譬如得到他人尊重属于社会认同需要,而自尊、自信等则属于自我认同需要;自我实现需要是指实现个人的理想、抱负,发挥个人的能力到最大程度,完成与自己的能力

---

① 鲍杰军.现代企业逻辑——基于企业家需求的角度[M].武汉:武汉大学出版社,2010:65-66.

相称的一切事情的需要,即成为自己所期望的人。这些人格需要都是人对客观事物要求的反应,并随着人类社会的发展外化表现为对信仰、财富、社会地位、名誉、权力、友爱、尊重、实现抱负、自由等方面的不同需求。

2. 人的需求特征

人的需求具有明显的类型多样性、个体差异性、特定指向性、层次递进性、主观可控性、阶段流变性,强度差异性,并与所处的特定时代背景、社会环境和自然条件相互作用,人的满足感取决于其自身的需求结构与这些因素的交互关系。

(1) 类型多样性。人的需要具有多样性,既有源于人的天性的本能需要,也有源于人的社会性的人格需要。人在不同的时间会有不同的需要,即使在同一时间,也有多种需要并存。

(2) 个体差异性。人在具有共同本能的同时,又由于个体生理、心理及外界环境存在差异,而在人格需要上也具有明显的个体差异性,此外,人的生理心理结构与外界环境的复杂性又决定了人格需要也呈现复杂多样性。以饮食为例,"萝卜青菜各有所爱"就体现了个体的差异性,而不同地域的饮食文化也是千差万别,在不同地域长大的人对饮食的偏好也明显不同,这也体现了外界环境(包括地理环境和文化环境)对人格需要形成差异性的重要影响。

(3) 特定指向性。人的需要总是指向特定的某个对象,表现为现实世界能够提供的事物,不存在没有任何具体对象的需要,可以说具体对象就是满足人的需要的一个工具,而这一工具又是随着人类社会的演变而不断变化为不同的具体形式的。譬如同样是为了满足人格需要中的认同需要并且这种需要外化为对社会地位的需求,那么在封建时期具体的对象可能主要是做官,而不是做个成功的商人或者伶人之类,但在当今之世这个具体的对象却可以包括做公务员、做科学家、做企业家、做影视明星或者球星等诸多形式。

(4) 层次递进性。人的需要具有层次性,有高低之分,一般来说,低一级的需要通过外部条件就可以得到满足;而高一级的需要主要是通过内部因素才能满足,并且是无止境的。各层次需要虽然呈现递进关系,但各层次的需要又相互依赖和重叠,高一层次需要得到发展后,低一层次的需要仍然存在,只是对人的行为影响力大大减弱。所有的需要中通常总是部分得到满足,部分得不到满足,越到上层,满足的程度越低。

(5) 主观可控性。人的一切行为都是为了满足自身的需要。由于现实生活中的条件限制,并非人的所有需要都能在同一时间内得到满足。因此,人总是会选择当期最强烈的需要即优先需要,然后采取行动。甚至为了满足特定的强烈需要,人还可能放弃满足别的基本需要,譬如人可以为信仰禁食禁欲甚至牺牲生命。应当强调的是,优先需要会随着人们所处的社会环境变化而变化,往往表现为多种需要之间相互竞争和相互制约的结果。

(6) 阶段流变性。在社会的不同发展阶段,随着社会的价值、态度、技能等的发展变化,人的需要将会随之呈现出阶段性的流变趋势,而在人生的不同阶段,随着人的生理与心理的不断变化,人的需要也会随之呈现出阶段性的流变趋势。此外,人的需要还具有无限性,一旦一种需要得到满足,人又会产生新的需要。因此,人的需要总是处于永无止境的产生和发展之中,从来不会停顿和空白,而人类社会的不断发展正是归因于此。

(7) 强度差异性。需求强度是指单个需求被满足的程度。同一事物,对不同的人来说,其需求强度是存在差异的。比如,同样是饮酒,对于酒量不同的人来说,其需求强度是不同的。即使是同一个人,在不同的时间,对同一事物的需求强度也存在差异,比如好友相聚时畅饮与一个人喝闷酒的需求强度就大不相同。

3. 人的需要与需求的核心观点

综上所述,尽管人的需要与需求在本质上是因时、因地、因条件而变化的,但我们可以概括出如下几点:

(1) 从数量上看,人具有多种需要,包括生理、安全、感官、情感、认同与自我实现6个方面,并且这些需要外化表现为对衣食住行、安全、感官舒适、友爱、尊重、实现抱负等方面的需求。这些需求都源于人的相应需要,而满足人的需要就是通过满足指向特定的具体对象的需求来实现的。这样,便构成了人的需求体系。

(2) 从层次上看,人的需要具有层次递进性与阶段流变性,表现为需求的具体对象会随着社会阶段的发展变化而不断变化,并大致遵循从低层次到高层次需要的递进规律,同时优先需要也会随着满足程度的不同而不断变化。

(3) 从强度上看,人的需要具有强度差异性,表现为单个需求被满足时存在着强度上的大小差异,因此,单个需求被满足的程度也会因人、因时而异。

以上是我们对需求价值论的简要阐述,对企业经营来说,人的需要与需求理论为企业如何以消费者需求为出发点来分析消费者需求体系进而构建商品价值体系提供了理论依据。该理论将人的需要划分为本能需要和人格需要,相比已有的需要层次理论,其对需求层次的划分更清晰,也更贴近当今时代的现实。这为企业深入挖掘消费者需求、破解消费密码提供了坚实的理论支撑。

(三)商品价值的计量和价格表现

1. 商品价值的计量

对商品价值的准确计量是非常困难的事情。按照商品价值的定义,商品价值的大小取决于以下几个因素。

(1)消费者的需求。消费者的需求有质量和数量两个方面的表现。

(2)商品满足消费者需求的成本。

(3)商品满足消费者需求的难易度。

(4)商品满足消费者需求的程度或者说强度。

上述几个因素中,只有"商品满足消费者需求的成本"这个因素是相对比较容易准确计量的,其他因素都难以准确计量。特别是"消费者的需求"这个因素最不容易准确计量,因为消费者的需求具有多样性、层次性和个体差异性。

我们看看"一杯咖啡的价值"就能明白其中道理。

如果你只是需要一杯咖啡解渴提神,那么在星级酒店的房间中所提供的免费速溶咖啡或者在超市中购买的速溶咖啡就可以满足你的这种生理需求。需求被满足的成本和难度都很低。当然所谓酒店中的"免费咖啡"并不是真的免费,因为速溶咖啡的价值已经被计入你所住酒店房间的价格中了。显而易见,这杯咖啡的价值并不高。

如果你认为速溶咖啡的品质不能很好地满足你解渴提神的生理需求,而且你还想在优雅舒适的环境中美美地享受咖啡,那么你就必须到环境优雅的城市咖啡店去喝现磨咖啡。因为在这种情形中,你作为消费者的需求增加了,不仅有解渴提神的生理需求,还有感官舒适、心理愉悦、社会地位、受人尊重等人格需求;精心选择的优质咖啡豆、一丝不苟的咖啡现磨制作工艺、舒适的环境、优雅的音乐、服务生周到的服务等都决定了这杯咖啡满足你需求的强度大大改善了；当然咖啡店因此满足你需求的难度和成本都增加了，所以这杯咖啡的价值远高于星级酒店的房间中所提供的那杯速溶咖啡的价值。二者的区别如表 3-1 所示。

表 3-1　一杯咖啡的价值

价值的决定要素	生理需求	人格需求	需求满足的强度	需求满足的难度	需求满足的成本
速溶咖啡	解渴提神		一般：速溶咖啡的品质一般	很容易：一冲即可	速溶咖啡的成本，咖啡壶的使用成本或者开水的成本
咖啡店现磨咖啡	解渴提神	感官舒适、心理愉悦、社会地位、受人尊重等	很高：优质咖啡豆，咖啡现磨制作工艺，优雅舒适的环境，服务生周到的服务等	中等：需要布置一定的环境，按一定程序制作	咖啡豆的成本，现磨制作成本，舒适的环境成本，服务成本等

如果你旅游到交通不便的高山中，到一家山上的咖啡店，想喝一杯与在城市咖啡店中一样的美味咖啡，那你得支付更多的钱。因为山上咖啡店的建设难度和成本、食材运输的难度和成本、山上咖啡店的其他运营成本都增加了，所以一杯同样美味的咖啡的价值也就相应提高了很多。

2. 商品价值的价格计量

既然直接准确计量商品价值有困难，人们便发明了"商品价格"来间接地描述商品价值。一般来说，商品价值越高，商品价格会越高。但因为商品价格中存在"利润"这个因素，加上市场竞争和其他因素的影响，商品价值和商品价格的关系就变得复杂化，远不是那种一一对应的简单的线性关系。

可能存在下列情形，仍然以"一杯咖啡的价值"为例说明。

（1）商品价格与商品价值基本保持一致。在一般情形下，咖啡价格与咖啡价值应该大致相当。

（2）商品价格高于商品价值。例如，因为处于相对垄断地位，在机场咖啡店的价格通常高于其价值。又例如，如果一家咖啡店的经营者在咖啡材质上以次充好，那么咖啡的价格也会高于其价值。

（3）商品价格低于商品价值。例如，一个初创品牌的咖啡店，通常会采取低价的市场进入策略，这类咖啡店的咖啡价格会低于其价值。又例如，一个地区如果咖啡店过多，同质化竞争激烈，商家可能被迫降价竞争，这时咖啡价格会低于其价值。

以上是静态的分析。

从动态角度分析，商品价格一般会围绕商品价值上下波动；有可能在一段时间内商品价格始终高于商品价值波动，或者始终低于商品价值波动；但商品价格不会长期偏离商品价值，最终仍然会趋向商品价值而波动。

让我们来看一看下面这个案例。

案例3-1

2010年韩国"泡菜危机"及2011年中国金乡白菜"塞库"悲剧

每年立冬时节，韩国都会进入"泡菜季节"，民众纷纷制作泡菜，以备冬季和来年春季食用。但2010年，就在"泡菜季节"即将开始之际，一场"泡菜危机"却不期而至。作为制作泡菜主要原料的大白菜，9月份本来是收获的季节，却遭遇了台风、强降雨等极端天气，大幅减产40%，由此导致价格飙涨，震动韩国社会上下。9月27日，韩国白菜的零售价达到了史上最高——每棵1.38万韩元（约合人民币82元）。10月6日，韩国市场上的白菜价格为一棵1.2万韩元，这一价格与8月时相比翻了一番，是2009年同期的6倍多。为度过"泡菜危机"，韩国政府决定紧急从中国进口大白菜补充市场，并从10月中旬开始取消白菜进口关税。于是韩国客商到中国东北抢购白菜，令吉林白菜价格随之上涨，往年200元左右一吨的白菜，2010年收购价已涨到600元，而加工后出口韩国的价格更高达每吨450美元，吉林白菜摇身变成了"黄金菜"。山东金乡县是中国重要的蔬菜生产、加工、出口基地，在韩国的泡菜危机与物价不断上涨的背景下，全国各地的贸易客商蜂拥进入金乡、肥城等白菜产地抢购围积，原菜收购价格达到了0.4元左右，抢购的白菜装满了金乡各地的冷库。"每斤的收购价是0.4元左右，再加上运费、冷库费、人工费等，成本到了0.7元/斤左右。"贸易客商期望2011年白菜的净出库价不低于0.8元/斤。而事实是，除了收购时暂时炒高了进价，白菜价格非但没再高过，反而是一路走低，即便在春节期间,白菜净出库价也不过 0.24 元/斤,仅为成本的 1/3。到 2011 年 3 月 30 日,山东金乡白菜净出库价已跳水至 0.11 元/斤,毛出库价甚至跌至 0.01 元/斤。贸易客商纷纷声称"白菜不要了,用来充当冷库费",因此导致了"白菜塞库"的悲剧。兴始于冬初,破灭于春萌,短短三四个月的时间内,一场希望通过白菜而发财的大规模囤积行动,终被证明是"南柯一梦"。

上述白菜的案例充分说明蔬菜价格不会长期偏离其价值。蔬菜受天气影响巨大,价格大起大落的事件屡屡发生。2005 年前后,山东金乡掀起炒作洋葱的热潮,但后来因价格暴跌,多数囤积大户留下成库的洋葱后逃之夭夭,库主们担心洋葱腐烂后污染冷库,不得不雇人将洋葱倾倒在河沟中。而 2007 年年末,这一幕又发生在大蒜市场中,当时金乡蒜价一度跌至 4 分钱一斤,有赔得精光的囤积商留给库主数以吨计的大蒜充抵冷库费。这些案例都说明,短时间内一种蔬菜价格的大起,必然导致之后菜农大量增加这种蔬菜的种植数量,由此导致后来价格的大落;而短时间蔬菜的大落,必然导致之后菜农大量减少这种蔬菜的种植数量,因此导致后来价格的大起。从长期来看,商品价格是始终围绕其价值波动的。

需求价值论的基本观点

基于前面的分析,我们提出"需求价值论"——基于消费者需求视角的商品价值理论。其基本观点包括以下几个方面。

1. 商品价值源于消费者的需要,而取决于消费者的需求,并与消费者的需求相对应。任何商品的价值都是特定对应于消费者需求体系中的某项或多项需求,比如,在高档饭店吃饭,其价值主要对应于满足消费者的健康安全需求、身份需求、社交需求等。

2. 商品价值因消费需求而异,其大小取决于该商品对消费需求的满足程度,并以价格为表现符号。比如,一瓶矿泉水因为其对人体带来的作用不同(如"解渴"只是满足最基本的生理需求,而"矿物质元素"或"水源地的不同"等则能满足消费者追求健康、追求生活质量的需求),其价值存在差异。因此,一瓶矿泉水的价格差异很大,从一元左右到几十元不等。

3. 商品价值是需求的体现,需求的个体差异性必然导致对商品价值评价的差异性。由于消费者的需求存在差异,因而个体对商品满足其需求能力的评价就会存在差异。因此,同一商品相对于不同的消费者可能具有不同的价值(包括价值的有无与大小)。比如,在北京798的当代艺术收藏馆里,收藏着很多昂贵的当代艺术作品,其中贵的作品高达数千万元,这些作品对于收藏者本人来说,无疑具有相应的价值,但对于其他很多人而言,却可能价值大减甚至是毫无价值。同样,对于奢侈品购买者来说,尽管奢侈品价格昂贵,但他们认为值得购买。因为这些奢侈品不仅满足了消费者对于奢侈品本身的物质需要,更满足了他们显示身份、彰显品位的精神需要。而其他消费者之所以对这些奢侈品有不同的价值判断,说到底,就是他们并没有"用十几万元的包去显示身份"的需求罢了。此外,即使同一消费者,在不同情境下,同样的商品也会具有不同的价值。比如,烛光晚餐会给处于热恋阶段的人带来浪漫的情感体验,但对于处于失恋阶段的人则会使他们产生暗淡、孤独的情感体验。

4. 商品是企业和消费者之间价值交换的载体,并且按照价值与需求的匹配关系进行等价交换。这里的"等价"可以是直接以货币形式来体现,也可能是间接带来的,包括口碑的传播对企业的正面或负面的价值回馈等。比如在免费模式下,企业免费为用户提供商品满足其需求,而免费用户汇聚的人气或产生的流量吸引到付费用户,从而间接为企业带来了收益。

5. 商品价值通过满足消费者需求得以实现。企业通过为消费者提供商品来满足消费者需求,而消费者用货币或口碑回馈企业从而使企业的需求也得以满足。这也是从需求视角对企业与消费者之间关系的本质认识。

如果说消费者需求是一把内在结构极为精密复杂的锁,那么商品的价值就是一把钥匙,这一把密钥能否解锁,关键就在于锁与钥匙的密码是否相吻合。因此,接下来我们将对商品价值体系与消费者需求体系之间的对应关系进行探讨。

需求价值论提出的逻辑基础

需求价值理论不是凭空产生的,它源于现代企业的实践,有其产生的必然逻辑。

1. 现代工业社会生产的大机器、流水线和全球化使得一般的消费品能被迅速和大量地生产出来。

2. 由此导致商品市场由卖方市场转变为买方市场。

3. 面对商品的买方市场，一方面，在商品供应方，竞争的压力迫使企业必须不断去寻找和满足消费者的需求才能生存和发展；另一方面，在商品需求方，消费者自我消费意识不断觉醒和提升，导致消费需求不断提档升级，需求的个性化要求层出不穷。

4. 新技术和新产品源源不断地出现使上述一切的实现成为可能。

5. 由需求主导的商品供求两方力量的交互作用，最终使得商品价值得以不断实现和提升。基于消费者需求视角的商品价值理论由此水到渠成。

按照需求价值理论，企业必须以消费者的需求为经营的出发点和中心。企业必须不断去寻找和满足消费者的需求才能实现其商品价值和企业价值，企业因此才能可持续地生存和发展。因为消费者的需求是不断变化的，企业也必须相应不断改变以适应消费者需求的变化。任何藐视消费者需求变化的企业都会受到市场的惩罚，柯达公司的案例就充分说明了这一点。

案例3-2

柯达公司决策的成功与失败[①]

在柯达公司创立之前，世界上已经发明了照相机，那时的照相机是一个庞然大物。银行员工乔治·伊斯曼第一次接触照相机的时候就大胆设想，照相机能不能做得简单一点，小一点。乔治经过坚持不懈的努力，终于在1886年创造出了世界上第一款小型的、轻便的、人人都会用的照相机，这给感光界带来了一场革命。于是乔治·伊斯曼下海经商，同年创立柯达公司。1888年柯达打出了第一个广告口号："你只需轻轻按一下按钮，其余由我负责。"1964年，经过10多年的潜心研究，柯达推出了一款"立即自动"相机，这款相机更加轻便，易于操作，便于携带，无须测距对光，就可以拍出"高清"的画面，底片装卸便利，是一款地地道道的老少皆宜的相机。

① 程国平.管理学原理(第三版)[M].武汉：武汉理工大学出版社，2015：170-171.

刚刚上市没多久,就卖出750万部,一举创下了相机销售量的世界纪录。1966年,柯达海外销售额达21.5亿美元,在《财富》杂志中排名第34位,纯利居第10位,当时位于感光界第2的爱克发销量仅及它的1/6。1973年,超小型匣式柯达相机诞生,这种相机方便到可以被放在口袋或手提袋里,而且照出的相片画面清晰。这种相机上市后仅3个月在美国一地就销售了100多万部,全世界销量达1000万部,中国人称它为"傻瓜相机"。在"傻瓜相机"旺销的时刻,柯达却做出了一件"令人费解"的事情,柯达以市场老大哥的身份把自己10多年的"立即自动"的研究成果公布于众,并且宣布,人人都可以仿制,当各大相机厂家争相模仿的时候,柯达已经把重点放在了胶卷产业,因为柯达知道相机是耐用品,而胶卷属于易耗品,一部相机需要用很多的胶卷。当各大厂家明白过来的时候,已经为时已晚,柯达胶卷已是供不应求,在市场上占据了老大的地位,几乎垄断了胶卷和冲印市场。1990年、1996年,在品牌顾问公司排名的十大品牌中,柯达位居第4,是感光界当之无愧的霸主。1997年2月,其市值最高达到310亿美元。在巅峰时期,柯达公司业务遍布150多个国家和地区,全球员工达到14.5万人。它吸引了全球各地的工程师、博士和科学家前往其纽约州罗彻斯特市的总部工作,很多专业人士都以在该公司工作为荣。

没有人想到1997年柯达公司所处的巅峰正是其盛极而衰的开始,因为数字成像技术出现了。随着数字成像技术的出现,照相技术逐渐告别底片和相纸。一张巴掌大的光盘可存贮成千上万张照片;然后,通过电脑打印机可以直接打印出照片……总之,数字成像很短时间内就成为市场需求的主流,而底片和相纸除了部分专业人士外,基本已经无人问津。这场技术革命宣告胶卷行业进入濒死状态,2000年整个行业进入"数码时代"。

在"胶卷时代",柯达曾占据全球2/3的市场份额,在2000年进入"数码时代"以后,其霸主地位受到了严峻的挑战,这也迫使柯达做出了转型。2003年9月,柯达正式宣布放弃传统的胶卷业务,重心向新兴的数字产品转移。但当时在传统胶片市场的巨额投资成了柯达转向数码市场的庞大包袱。柯达的转型沉痛而缓慢。在富士胶片、柯尼卡美能达等竞争对手纷纷抛弃胶卷相机,迎接"数码消费"时代的到来时,柯达公司依然留恋于传统胶片市场,拒绝激进的变革。在错失转型的最佳时机后,柯达不得不通过抛售专利等方式卖血求生。

事实上,正是柯达在 1975 年发明了世界第一台数码相机,但最终竟是数码相机摧毁了柯达。数据显示,1997 年以来,柯达仅有 2007 年一年实现全年盈利。而柯达的市值从 1997 年 2 月最高的 310 亿美元降至 21 亿美元,10 余年间市值蒸发了 99%。

提起柯达,大多数人想到的更多还是胶卷。柯达孤芳自赏的态度让其陷入"一直在转型而一直未转型"的尴尬局面。而其最大竞争对手富士胶片经过市场摸索寻求多元化的发展,将其最早的影像事业(传统胶卷、数码相机、数码冲印设备)、信息事业(印刷、医疗和其他光器械等光学材料)、文件处理事业三大业务板块调整为医疗生命科学、高性能材料、光学元器件、电子影像、文件处理和印刷六大重点发展事业而获得成功,传统胶卷业务在公司整体收入中的占比仅为 2%。

2012 年 1 月 19 日,影像产品巨头美国伊士曼柯达公司宣布已在纽约申请破产保护。拥有 130 余年历史的柯达公司已随着胶卷一起退出人们的生活了。

柯达公司当年的成功正是满足了人们"不懂摄影技术而又希望随时随地拍出好照片"的需求。而当数字成像技术出现后,消费者的需求升级到"极其简单地大量低成本记录自己生活中的点点滴滴,且照片能长期存储和反复观看"。虽然柯达在 1975 年发明了世界第一台数码相机,但柯达公司因为担心数码相机对胶片市场的冲击而迟迟不愿意正视消费者需求的这种变化,最终柯达发明的数码相机摧毁了柯达。

柯达公司失败的教训是惨痛的。这个案例告诉我们:不管你曾经多么成功,一旦不能满足消费者变化的需求,仍然将不得不面对失败的结局。

其实放眼当下世界,几乎各行各业,在满足消费者需求这方面的正反例子可谓数不胜数。

我们再以出租车为例,看一看服务行业的情形。1995 年由住建部主导出台的《城市道路交通规划设计规范》曾对城市出租车数量有一个指导性标准——大城市万人拥有量不宜少于 20 辆。《中国经济周刊》记者梳理了北京、上海、广州、南京、郑州等 31 个省会城市的出租车现状,发现仅有乌鲁木齐、拉萨、北京等 10 个城市万人出租车拥有量符合指导标准,其余 21 个省会城市万人拥有量都不达标,其中南宁、福州、石家庄 3 个省会城市万人拥有量更低于 10,分别为 9.62、8.59、6.27。石家庄更是从 1998 年至 2015 年,始终只有 6710 辆出租车,17 年来未增加一辆出租车。在这样的情况下,各地消费者对出租车服务很不满意,甚至怨声载道,出行需求难以满足,在高峰时期尤其严重。交通部副部长刘小明在 2016 年 7 月 28 日的新闻发布会上表示,出租汽车行业所提供的服务和人民群众不断增长的个性化的出行需求矛盾日益突出,各种问题已经到了迫切需要解决的时候。有的城市不同程度地存在着打车难的问题,行业服务质量不高,老百姓出行的多样化、多层次的服务需求得不到有效满足。特别是一些城市在 10 多年出租汽车规模没有增加的情况下,老百姓个性化出行没有得到满足。[1] 正是因为传统出租车行业对消费者的个性化出行需求长期漠视,因此像滴滴打车这样的互联网打车服务一经推出,即大受欢迎,而传统出租车服务便受到重击。尽管不少地方的出租车司机采取多种极端措施抗议,但满足消费者的需求才是行业发展的根本,2016 年 7 月 28 日,交通运输部等国务院七部门联合颁布了《网络预约出租汽车经营服务管理暂行办法》,备受争议的互联网出租车服务终于取得了合法地位。

可见,不管是生产行业还是服务行业,企业发展的关键都是要不断发现消费者的需求,抓住消费者的需求"痛点",并通过提供针对性的商品和服务去满足消费者的需求,为消费者创造价值,这样企业才能健康快速发展,获得自身价值的不断提升。

供应对商品价值的影响辨析

需求价值理论告诉我们商品价值是由消费者的需求主导的,并以价格为表现形式。但很多人知道,当市场上商品供不应求时,价格会上升;而供过于求时,价格会下跌。那么供应对商品价值是否有影响?如果有影响,供应又是如何影响商品价值的呢?

首先,供应肯定对商品价值有影响。因为按照定义,商品价值是指商品满足特定消费者需求的某种属性。而商品是由企业——供应方提供的,站在供应方角度看,商品能满足消费者需求的程度也就影响了商品价值的高低。所以从某种角度说,商品价值,特别是作为其表现形式的价格,是受供需两方影响的。

---

[1] 31 个省会城市出租车现状:21 城万人拥有量不达标[J].中国经济周刊,2016 - 08 - 09.

其次,需求方即消费者对商品价值起决定性作用,供应方对商品价值起有限的影响作用。一种商品,如果只有供应,而没有需求,则商品价值无从谈起,实际为零,商品供应会消失。而如果一种商品,只有需求,没有供应,结果会怎么样呢?结果一定是:消费者的需求迟早会被商家发现,而一旦消费者的需求被商家发现,供应便会产生。显而易见:需求对商品价值的影响是决定性的。优秀的供应方都是善于发现和满足消费者需求的企业。

我们常常说有些优秀的企业甚至会创造消费者的需求,其实是这些企业发现了消费者的潜在需求,或者提前激发了消费者的未来新需求。消费者的需求,会受商家的各种宣传和促销措施的诱导甚至欺骗而产生,例如在传销活动中常常会在传销者中欺骗性地创造出对某种虚假产品的需求,但欺骗难以持续,传销的致富神话终会破灭。长期而言,从根本上说,供应方不可能“无中生有”地创造出消费者本不存在的需求。

再次,供应对商品价值的影响其实是通过影响需求而实现的。供应对商品价值的影响机制比较复杂,前面说到影响商品价值大小有四类因素:消费者的需求(包括质量和数量两方面),商品满足消费者需求的成本、难度和强度。我们分商品供不应求和供过于求两种情况分析。

当商品供不应求时,商品满足消费者需求的难度增加,成本也可能增加;同时消费者可能放宽需求的质量标准,因此在同样商品质量的情形下,商品满足消费者需求的强度会增加。如果消费者的需求数量不减少,则影响商品价值的四类因素中,一个不变,而另外三个都增加,因此商品价值会提高,表现为商品价格上升。如果消费者需求数量因为价格上升而减少,则会减缓商品价格上升的幅度。如图3-1所示。

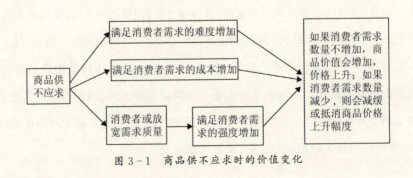

图 3-1　商品供不应求时的价值变化

当商品供过于求时,商品满足消费者需求的难度下降,成本也可能下降;同时消费者可能变得更加挑剔,需求的质量标准会提高,因此在同样商品质量的情形下,商品满足消费者需求的强度会下降。如果消费者的需求数量不增加,则影响商品价值的四类因素中,一个不变,而另外三个都下降,因此商品价值会下降,表现为商品价格下降。如果消费者的需求数量因为商品价格便宜而增加,则会减缓商品价格下降的幅度。如图 3-2 所示。

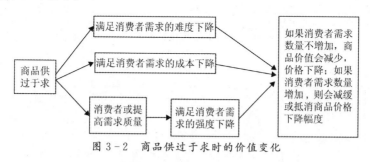

图 3-2　商品供过于求时的价值变化

可见,供应对商品价值的影响其实是通过影响需求而实现的。

最后,我们要强调的是,除了供求数量外,还有很多因素影响消费者的需求以及商品满足消费者需求的成本、难度和强度,因此在现实生活中,商品供求变化对商品价值和价格的影响会呈现很复杂的结果。

我们试以"商品库存量"和"预期"这两个影响因素为例说明。

通常一种商品会存在一定数量的社会库存。如果商品供过于求,则库存量会增加;而如果商品供不应求,则库存量会下降。如果库存量保持在合理范围内,商品价值和价格的变化会相对平稳。但如果库存量下降到不合理的范围,则会在消费者中引起恐慌,从而大大增加商品价格变化的幅度。在 2010 年韩国"泡菜危机"案例中,韩国大白菜大幅减产 40%,就导致大白菜库存消耗殆尽,价格飙涨;价格飙涨进一步引起消费者的恐慌,从而刺激价格进一步飙涨,最终导致韩国市场上的白菜价格上涨到 2009 年同期的 6 倍之多。

消费者和供应者预期对商品价值和价格的影响也很大。图 3-3、图 3-4 和图 3-5分别是 2013 年 7 月 1 日—2016 年 7 月 1 日中国螺纹钢社会库存量、产量和价格变化图。资料均来源于西本新干线的网站。

图 3-3　中国市场螺纹钢社会库存量（2013.7—2016.7）

图 3-4　中国市场螺纹钢月产量（2013.7—2016.7）

图 3-5　中国市场螺纹钢价格（2013.7—2016.7）

从图 3-3、图 3-4、和图 3-5 可见,在 2013 年 12 月至 2014 年 2 月,国内螺纹钢产量快速下降,而社会库存量大幅上升,显示产品供过于求严重,价格下跌,这看来很正常。但在 2014 年 3 月至 2014 年 12 月,螺纹钢产量总体上升,而社会库存量大幅下降,说明不存在供过于求的现象,但钢材价格仍然一直下跌。在 2015 年全年,螺纹钢产量经历先降后升,而社会库存量却反向先增后降,说明螺纹钢在前期确实有些供过于求但后期已消失,然而钢材价格却总体仍然在下跌中。可见在 2013 年 7 月至 2015 年 12 月,钢材价格的持续下跌不能简单归结于钢材的供过于求。这期间,中国 GDP 的增速接连"破 8""破 7",市场参与方都预期:中国经济面临下滑困境,投资增长模式将不得不进行改变,钢材需求将会明显下降,而钢材产量因为地方政府对 GDP 的追求而难以下跌。国际经济的不利变化更是加重了人们的这种预期,最终钢材价格便一路下跌,导致国内钢铁巨头纷纷亏损,武汉钢铁公司 2015 年更是巨亏 75.15 亿元,成为年度"亏损大王"。

然而在 2016 年 1—7 月,螺纹钢产量先降后升,2016 年 7 月产量甚至创近两年新高;而同期螺纹钢社会库存量却先升后降,2016 年 7 月在历史低位徘徊,但钢材价格却总体开始上升。这期间尽管中国 GDP 的增速在进一步下降,但为什么钢材价格没有进一步下降呢?其主要原因是中国大力推行钢材和煤炭市场的供给侧改革,并且严格执行环境保护政策,改变了市场参与各方的预期,大家预期钢材市场供应会减少,加上库存量的低位效应影响,钢材价格于是实现了反转。

同样的原因,由于供给侧改革和环保制度的从严实施及督查,改变了 2017 年市场参与各方对电解铝产品的预期,尽管铝的库存量在 2017 年达到创纪录的新高,电解铝的价格却从 2017 年 5 月不断上涨,并在 2017 年 9 月达到年内新高。

通过上面的分析,我们可以得出结论:供应对商品价值和价格有影响,但供应对商品价值的影响其实是通过影响需求而实现的,需求对商品价值起决定性作用。供应的影响机制其实并不像人们通常认为的那样简单,因为有很多其他因素同时发挥作用,最终影响结果呈现复杂多变的格局。

第四章　商品价值体系

前面我们从需求的视角界定了商品价值的概念,那么,接下来,商品有哪些价值呢?要搞清楚这个问题,我们还得从需求视角出发来进行分析。由于消费者的消费需求具有个性化与多样化特点,所以商品价值也呈现出多元化特点,我们用商品价值体系来对其加以描述。在分析商品价值体系之前,我们先对消费者需求体系进行解构。

消费者需求体系解构

根据前文对人的需要的分析,我们可以把消费者的需要分为本能需要与人格需要。消费者的需要结构决定了消费需求结构,不同的需要通过不同形式的需求来表现,如表4-1所示。

表4-1　消费者需要与需求的对应

消费者需要		消费者需求
本能需要	生理需要	个体生存和人类繁衍等
	安全需要	保护、健康、照顾、安全感等
人格需要	感官需要	感官舒适、心理愉悦等
	情感需要	友谊、关怀、爱护、爱情、团体等
	认同需要	独立、自信、自由、地位、名誉、被人尊重等
	自我实现需要	求知、审美、创造、成就等

（一）基于本能需要的消费者需求

消费者的本能需要可以分为生理需要和安全需要。

1. 基于生理需要的需求构成

它包括维系生命和繁衍后代的需求，具体需求形式为饮食与繁殖等。比如，从雕爷牛腩、黄太吉煎饼到西少爷肉夹馍、伏牛堂米粉，这些企业都被称为用"互联网思维"做餐饮，尽管其商业模式不同于以往，但相同的是，它们都满足了消费者对饮食的需求。

2. 基于安全需要的需求构成

它包括人身健康、生命与财产保护、照顾、安全感的需求，具体需求形式为：衣（保护身体、适应环境变化）、住（保护人身安全、适应环境变化）、护理、治病、避险等。

（二）基于人格需要的消费者需求

消费者的人格需要可以分为感官需要、情感需要、认同需要、自我实现需要。

1. 基于感官需要的需求构成

它包括感官舒适、心理愉悦的需求，属于纯自我体验，具体的需求形式涵盖衣、食、住、行、玩等所有方面。

2. 基于情感需要的需求构成

它包括亲情、爱情、友情，群体归属感的需求，具体的需求形式涵盖所有领域的情感与社交。

3. 基于认同需要的需求构成

它包括自我认同与社会认同的需求，具体的需求形式涵盖名声、荣誉、地位、权力，自信、自豪、自重、自爱等所有内在和外在的认同与肯定。

4. 基于自我实现需要的需求构成

它包括实现理想、成就真我的需求，这也是属于纯自我体验，具体的需求形式因人而异，但归根结底都表现为成为自己想成为的人，按照符合自己意愿的生活方式来生活。

商品价值体系的构成

商品是企业用来满足消费者需求的载体,商品能否满足以及在多大程度上满足消费者需求则取决于商品的价值。根据前面对消费者需求体系的解构,我们将商品价值体系划分为物质价值与精神价值两个方面,其中,商品的物质价值主要满足基于本能需要的消费者需求,而商品的精神价值则主要满足基于人格需要的消费者需求。

(一) 物质价值

所谓商品的物质价值,是指商品具有的外在的、直观的、可比较的客观属性。它主要包括以下几点。

1. 功能性

功能性主要是指商品的使用功能。如瓷砖可用于墙地面装修,汽车可用于代步,药品可用于治病等基本使用功能。商品的使用功能随着消费者需求的变化而不断拓展,如手机最初的功能是接打电话和收发短信等通信功能,而随着消费者对娱乐、沟通、上网等需求的增加,手机集成了照相机、收音机、录像机、闹钟、计算器、电子书、词典、上网浏览器、移动硬盘、录音笔、音乐播放器等多种功能,俨然已经变成私人的移动信息终端。

商品的功能性价值除了必备的基本使用功能之外,还可以包括一些特殊的、附加的功能,如汽车配备的空调系统、瓷砖的发光和隔音等功能。这些附加功能能够满足消费者的个性化需求,因而使商品的价值得到提升。

2. 工艺性

工艺性主要是指商品的工艺品质,一般可用理化指标来衡量,比如欧式家具的表面质感、亮度、线条流畅性、封边平整度等工艺技术指标,这也是通常所说的家具做工的优劣。

3. 配套性

配套性主要是指商品的配套能力,商品的配套性能够提升商品使用的整体效果与功能的完善性。配套完善的商品往往能够满足消费者更多的使用需求。如商品房主要满足消费者的居住需求,如果配套有优质的教育资源、交通条件、医疗服务和商业中心,则会大大提升楼盘的价值。

但不容忽视的一点是,商品如何配套主要取决于特定消费者不同的生活方式与使用习惯。譬如一套功夫茶具,如果同时配备了茶滤与托架,通常可以提高其实用性,但这也只是对于普通的消费者而言,有些特定的消费者并不需要这样配套,如某个单位订制一套功夫茶具作为促销礼品时,可能出于成本因素而取消配备茶滤与托架,再如某个品茶非常讲究个性的消费者,也有可能喜欢使用自己专用的茶滤与托架,而不需要这种常规的配备方式。

4. 便捷性

便捷性主要是指商品本身及消费者在购买与使用商品过程中的便利性与快捷性。商品消费的便捷性实际上主要满足的是消费者对时间性和方便性的需求,它意味着一种让生活变得简单而且节约时间的美好感觉。

商品的便捷性价值主要包括两层含义:一是商品本身的便捷性。比如胶片相机固然好,但是因为失去了便捷这个因素,所以注定要被数码相机所取代。二是购买渠道的便捷性,包括购买地点、购买方式、供货时间、供货方式、售后服务方式等多个方面。如麦当劳、肯德基之类的快餐连锁店之所以受到很多上班族的青睐,其中一个重要因素就是其购买渠道的便捷性,从购买地点、购买方式到供货时间、供货方式无不体现出这一点。再比如,电商平台销售商品之所以发展迅速,也是因为网络销售渠道的便捷性。

应当注意的一点是,不同消费者对商品便捷性的需求也是不一样的,特别是对不同类别的商品或是商品消费不同环节的便捷性需求尤为不同。譬如,在不同类别商品的需求和消费方式上,极少有中国内地的消费者专程飞到香港去吃一顿饭,但专程飞到香港去购买名牌服装、香水甚至药品的内地消费者却大有人在。再如,在商品消费不同环节的需求上,消费者对店面地点的便捷性需求也因人而异,拿购买家具来说,有很多乡镇的普通消费者会就近到所在的镇上家具店里选购家具,这些消费者通常更能忍耐拖沓的供货方式和较差的售后服务,而有些小城市的高端消费者则会自己驾车到所在省会城市的品牌家具店里去选购,但这些消费者对于导购服务、供货时间、售后服务等方面的便捷性往往有更高的要求,导致这些现象的一个重要原因就是消费者需求结构中时间性和方便性需求的差异。

5. 舒适性

舒适性主要是指商品消费过程中能够让客户体验到的感官舒适与愉悦。这种舒适与愉悦不仅包括商品的物质载体所具有的能够被眼、耳、鼻、舌、身等感官体验到的固有属性，也包括商品整个消费过程中所有能够被消费者的感官体验到的其他属性，譬如导购人员的形象、消费环境的舒适等。

譬如美食的舒适性可以包括食物本身的色、香、味、形、声、口感以及食用环境的舒适性，其中颜色和形状都属于视觉的体验，而香气属于嗅觉的体验，味道属于味觉的体验，声音属于听觉的体验，口感则属于触感的体验。食用环境的舒适性则可以包括视觉(如餐馆装修的视觉效果)、听觉(如背景音乐或是各种噪音)、嗅觉(如餐馆里充溢的气味)、体觉(如温度是否适宜)等方面。其中任何一种感官体验都会影响到消费者的消费心理，并使消费者做出相应的价值判断与选择。

6. 安全性

安全性主要是指商品能够对人的身心健康及人身安全起到避免伤害作用的属性。如消毒柜、救生衣、无添加剂食品，又如瓷砖的防滑、辐射安全、无锐角加工等特性。

7. 健康性

健康性主要是指商品能够对人的身心健康起到主动促进作用的属性。如营养保健品、运动器材，又如家具的环保等特性。商品的健康性与安全性既有区别又有联系，其共同点是都与人的身心健康有关。衡量商品健康性的标尺是商品对人的身心健康产生正面作用的程度。

随着消费者对生活品质和健康的需求日益增强，打"健康牌"为企业提升商品价值提供了广阔的空间。如食品企业通过生产绿色有机食品，空调企业通过研发优质睡眠空调，使其商品受到消费者的青睐。

8. 可靠性

可靠性主要是指商品本身的功能性、工艺性、健康性、安全性以及舒适性在使用过程中能否稳定保持的属性。白居易有一句诗曰：试玉要烧三日满，辨材须待七年期。大意是说世间很多东西的优劣必须经过很长时间才能得到验证。商品的可靠性也是如此,往往是消费者重点关注而又难以直观验证的。

消费者对于不同类别商品可靠性的关注度也会明显不同。一般而言,对于快速消费品的可靠性关注度较低,而对于耐用消费品的可靠性关注度则会高出很多,这是根据消费者对商品使用方式的特定需求决定的。最典型的例子就是在生活中随处可见的一次性用品,诸如一次性筷子、水杯、包装袋、快餐盒、纸巾以及一次性相机等很多旅游用品,消费者对其可靠性的关注度比较低。

商品的可靠性也并不等同于通常所说的使用寿命,其概念范畴要大于使用寿命,通常所说的商品使用寿命主要是对应商品的功能性,也可以与商品的工艺性、健康性、安全性相关,但与商品的舒适性关联不大。而这里所说的商品的可靠性不仅对应于商品的功能性、工艺性、健康性、安全性,还对应于商品的舒适性。譬如储存的食品,使用寿命是以不变质为标准,而其可靠性标准则是除了不变质之外还有保持鲜味与口感等舒适性要求。同样就家具而言,使用时间长了,只要不变形、不松动就可以算是使用寿命尚在延续,而其可靠性标准则是除了以上几点之外还包括保持光泽与不褪色等舒适性要求。

(二)精神价值

所谓商品的精神价值,是指商品包含的内在的、不可量化比较的主观属性。它主要包括以下几点。

1. 艺术性

艺术性主要是指商品本身的艺术特征与内涵以及在商品的展示、宣传等过程中营造的艺术氛围。

首先,商品的艺术性体现在商品本身所具有的艺术特征与内涵上,它能满足消费者对商品的审美需求。比如,可口可乐弧形瓶的设计独具艺术魅力,曾因形似20世纪20年代的流行时装造型而被称为"窄底裙瓶",也因性感女星梅·韦斯特(Mae West)著名的窈窕曲线,又被称为"梅·韦斯特瓶",以至于消费者一见到这瓶子的外形,就知道是可口可乐。

其次,商品的艺术性还体现在商品的展示、宣传等过程中营造的艺术氛围。譬如请艺术家出席商品展示会、为商品广告宣传代言、签名销售等,都能增强商品的艺术性。

2. 文化性

文化性主要是指商品本身的文化特征与内涵以及在商品的展示、宣传等过程中营造的文化氛围。

首先,商品是人为创造的产物,因此任何商品都会具有自身的文化特征与内涵,但商品的文化性必须能够满足特定群体的文化情感需求。有人说,风靡世界的可口可乐代表的是一种美国文化精神,而功夫茶饮则代表的是一种中国文化精神。事实上,在每一个商品领域,文化的特性与差异都在不同程度上存在。以汽车为例,日本车普遍具有驾乘舒适、油耗低但安全性稍逊的特性,美国车则以安全性优越、油耗大、设计粗放著称,德国车算是不偏不倚,商品之间的这些差别在根源上其实也是文化性差异的体现,与其民族的文化特性息息相关。

其次,商品的文化性价值也体现在商品展示、宣传过程中的文化氛围营造方面。比如家具,不同类型的家具如欧式家具、美式家具和中式家具,其本身就具有不同的文化内涵,而很多家具卖场为了与家具本身的文化内涵相呼应,在展示形式与展厅环境方面很注重文化氛围的营造。

3. 历史性

历史性主要是指商品本身的历史代表性与纪念意义以及在商品的展示、宣传等过程中营造的历史氛围。

有很多企业善于在商品的历史性方面大做文章,诸如某汽车企业下线的第一百万台轿车、某手表品牌的怀旧经典款、某艺术家的处女作之类,这样的例子不胜枚举。在千年瓷都景德镇,很多瓷器产品更是以其历史性为核心卖点,这里有着全世界最大规模的仿古瓷市场,包括很多可以以假乱真的古瓷赝品,很多瓷器商也都津津乐道每一件瓷器承载的历史和传说,甚至在某些餐馆会所,也是以古建筑或者古窑址、古窑砖等营造浓郁的历史氛围,吸引了大批访古探幽的游客。

4. 象征性

象征性主要是指商品或是商品所属的品牌所象征的地位、权力、财富、品位、个性等构建身份的符号。

很多商品都具有象征性,诸如专属产品、专利产品、品牌产品等都是被赋予了某种形式的象征意义的商品。而在商品的象征性中,品牌是核心因素之一,消费者所属的阶层和个性都可以通过所消费的商品及其所属的品牌得以彰显。古往今来,所有的奢侈品与奢侈品牌都具有这一特性,从中国古代皇帝的官窑瓷器到当代的世界顶级奢侈品牌如爱马仕、LV、阿玛尼、劳斯莱斯等,莫不如是。

5. 稀缺性

稀缺性主要是指商品本身的稀缺性以及在商品的展示、宣传等过程中营造的稀缺感觉。

商品的稀缺性一般包括三种情形:一是人为制造的稀缺性,如通过商品的编号限量、毁模绝版等方式有效控制同样商品的供应量;二是自然形成的稀缺性,在技术上具有难以复制性,如随机窑变的瓷器、储量稀少的名贵玉石与红木等;三是人工形成的稀缺性,在技艺上同样具有难以复制性,这类商品往往呈现出强烈的个性色彩与手工制作的特征,如艺术家创作的作品、民间艺人手绘的瓷器、手工编织物等。常言道"物以稀为贵",就是商品的稀缺性能显著提高商品价值的一种印证。

6. 差异性

差异性主要是指商品本身相对于其他同类商品的差异性以及在商品的包装、展示、宣传等过程中制造的差异性。这种差异性不仅体现在商品本身的外观效果、内在品质、功能配套等方面的独特性,还可以体现在商品的包装、展示、宣传等环节。

商品的差异性往往源自原创与个性,一般而言,商品的差异性能够给消费者提供更多的价值。应当强调的是,商品的差异性都是比较而言的,只有在与其他商品的同类属性比较中才能体现出差异性。很多商品譬如服装、汽车等每年都会有企业推出一些新款产品,实际上,所谓的新款与旧款的一个核心区别就在于差异性,新款往往意味着更强的差异性。而有些企业声称的新款产品不过是跟随仿制其他企业的原创产品,实则毫无差异性可言,也就不可能真正具有差异性价值。

7. 情感性

情感性主要是指商品本身蕴含的情感联想以及在商品的展示、宣传、销售等过程中的情感表达与引导。商品的情感属性往往与象征属性相关,譬如钻戒寄寓着关于爱情的联想,象征着坚贞与永恒。

商品的情感性最典型的例子就是鲜花,无论东方西方都有"花语"这一文化现象,不同品种、不同颜色或者不同数目组合的鲜花,分别代表着不同的寓意,也寄托着不同的情感,而在一些特定的时刻,商品的情感性也会变得更加突出,譬如情人节的红玫瑰,探病时的康乃馨等。中国高端鲜花品牌 roseonly 正是利用鲜花这一商品的情感性而大获成功。roseonly 倡导"一生只送一人"的理念,在 roseonly 买花,提交的收花人将会成为永久的收花人,并不得更改,roseonly 用顶级的玫瑰和服务,承载专一的爱情。

商品的情感性可以分为 3 个层面:

一是商品本身蕴含的情感性,如购买带有私密情感色彩的香水、内衣作为赠品,商品本身蕴含的情感性还可以延伸到商品的展示、宣传、销售等过程中的情感表达与引导,如西餐厅的情侣专座、导购人员的熨帖服务等。

二是商品所属品牌的情感性,当某个品牌能够牵动消费者的某种情感联想,也就具有了特定的情感性,品牌情感性的赋予一般包括两个方面:一方面是主动营造,如"老干妈""好想你""人民公社"等品牌,都是极力引导消费者的某种情感联想,这些现象几乎遍及每一个商业领域;另一方面是被动映射,如某些特定的消费者对某个品牌具有特殊的情感寄托,并因此产生品牌忠诚度,如因为情感上喜欢某个时装品牌而经常购买其产品,因为情感上亲近某个餐馆的服务员而经常去光顾,这种情形在体育、文化、艺术等商品领域更为突出,很多消费者都会因为自己喜欢的某个偶像而去购买与之相关的商品,譬如很多歌迷会收藏喜爱的歌星的所有唱片,很多艺术爱好者会购买崇拜的艺术家的作品,很多球迷会购买喜欢的球队或球星的球衣等。

三是商品所属企业的情感性,一般而言,消费者对商品所属的企业关注度很低,毕竟企业的形象在市场上通常是以品牌出现的,品牌就代表了企业的市场形象,但在有些情形下,消费者对商品所属企业也会有情感联想,正面的情感联想会促使消费者做出购买的选择,譬如企业获得政府的表彰、媒体的好评以及在社会公众中的良好口碑等。2008 年汶川大地震之后,生产王老吉凉茶的企业捐献巨资以赈灾,赢得了国人的一片赞誉,甚至网上有人号召要在市场上"封杀"王老吉(此处是买光的意思)。随后的一段时间,王老吉凉茶在有些区域市场上甚至卖到脱销,为什么会增加那么多消费者指定购买王老吉凉茶呢?很显然,就是因为王老吉生产商的善举给王老吉商品增添了很有号召力的情感因素。

应当强调的是,一个商品可以包含以上所有或者部分价值属性,商品的某一项特征可以包含多个价值属性,如总裁签售,就包含了象征性与情感性,而商品的某一项价值属性也可以通过多个特征共同作用而得以强化,如服装的舒适性可以通过色感、触感、质感等多个方面的特征共同营造。

商品价值体系与消费者需求体系的对应关系

根据前面的分析,消费者需求体系包括基于本能需要的需求和基于人格需要的需求,商品价值体系包括物质价值与精神价值。其中,基于本能需要的需求主要通过商品物质价值中的功能性、配套性、便捷性、健康性、安全性、可靠性等属性来满足,我们将这些价值属性统称为功能价值;基于人格需要中情感与认同需要的需求主要通过商品精神价值中的稀缺性、差异性、象征性、文化性、历史性、情感性等属性来满足,我们将这些价值属性统称为情感价值;基于人格需要中感官与自我实现需要的需求主要通过商品物质价值中的工艺性、舒适性和精神价值中的艺术性等属性来满足,我们将这些价值属性统称为审美价值。商品价值体系与消费者需求体系的对应关系如图4-1所示。

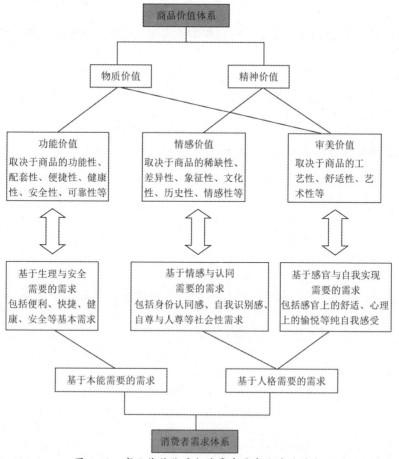

图4-1 商品价值体系与消费者需求体系的对应

（一）功能价值对应于基于本能需要的消费者需求

功能价值主要满足消费者生存、繁衍、健康、安全等基本需求。主要通过商品的功能性、配套性、便捷性、健康性、安全性、可靠性等属性来体现，其价值大小取决于商品的实用程度，一般以商品的理化品质为衡量标准。

（二）情感价值对应于基于人格需要中情感与认同需要的消费者需求

情感价值主要满足消费者心理上的身份认同感、自我识别感、自尊与人尊等与社会相关的需求。主要通过商品的稀缺性、象征性、文化性、历史性、情感性等属性来体现，其价值大小取决于商品的稀缺程度、身份象征(如品牌价值)和人文特征。情感价值没有统一的标准，而是以消费者个人的情感联想与心理体验为衡量标准。

（三）审美价值对应于基于人格需要中感官与自我实现需要的消费者需求

审美价值主要满足消费者心理上的愉悦、感官上的舒适等纯自我需求。主要通过商品的工艺性、艺术性和舒适性等属性来体现，其价值大小取决于商品的工艺和艺术特征满足特定消费者自我审美体验的能力和感官体验的舒适程度。审美价值也没有统一的标准，而是以消费者个人的感官体验与个性审美为衡量标准。

应当强调的是，商品价值体系是一个复杂的统一体，各个要素之间既相互区别又有密切联系。企业应根据消费者需求体系来构建相应的商品价值体系，在满足消费者需求的基础上实现商品价值。

商品价值体系与消费者需求体系的对应关系示例如表4-2所示。

表4-2 商品价值体系与消费者需求体系的对应关系示例

需要结构	需求体系	需求形式	可满足途径(消费对象)	商品形式示例	商品核心价值	商品价值体系	
本能需要	生理	维系生存	呼吸	空气	吸氧	供氧	功能性
			喝水	饮用水	自来水、瓶装水	止渴	功能性
			进食	食物	面包、牛肉	充饥	功能性
			睡眠	休息之所	床、房屋	休息	功能性
		繁衍后代	生育	生育工具	精子库、代孕	助孕	功能性

续 表

需要结构	需求体系	需求形式	可满足途径（消费对象）	商品形式示例	商品核心价值	商品价值体系
本能需要	安全	生理健康	运动	体育用品	球场、哑铃	健身	健康性	功能价值
			养生	建筑材料	瓷砖	负离子	健康性	
			卫生	建筑材料	瓷砖	防菌	健康性	
		得到保护	护体	被服	睡袋、皮鞋	保暖、护脚	功能性	
			居住	住房	出租房、商品房	住宿	功能性	
		得到照顾	护理	陪护	保姆	照料	功能性	
			治病	医护、药品	特护、青霉素	治疗	功能性	
		安全感	避险	装修材料	瓷砖	防滑	安全性	
			防害	装修材料	瓷砖	无锐角加工	安全性	
人格需要	感官	视觉舒适	悦目之物	美色	瓷砖	色感、光感、形感	舒适性	审美价值
		味觉舒适	口舌之娱	美食	茶点	品鉴	舒适性	
		听觉舒适	悦耳之音	美声	瓷砖	声感	舒适性	
		嗅觉舒适	沁鼻之味	香味	香水	品鉴	舒适性	
		触觉舒适	触感宜人	美质	瓷砖	触感、重感	舒适性	
		感觉舒适	轻松舒泰	美韵	购物环境	放松	舒适性	
	情感	亲情	家庭	营造温馨	家居、亲情纪念品	情感寄托	情感性	情感价值
		爱情	情侣	营造浪漫	钻戒、玫瑰	情感寄托	情感性	
		友情	朋友	共同志趣	打球、旅游	友情互动	情感性	
		群体归属感	血缘、地缘、学缘、阶层、组织等	群体象征物	会所、奔驰车、制服	身份象征	象征性	
		自我存在感	彰显个性	个性象征物	莫西干头、手绘茶具	个性表征	象征性	

续　表

需要结构	需求体系	需求形式	可满足途径（消费对象）	商品形式示例	商品核心价值	商品价值体系
人格需要	认同	自尊	自我尊严	人格维护载体	衣冠、国货	体现尊严	象征性	情感价值
		自信	自我肯定	能力提升与证明的载体	培训班、奢侈品	自我满足	象征性	
		自爱	自我欣赏	个人形象载体	化妆品、健美器材	美丽、健康	象征性	
		自豪	自我荣耀	自我荣耀载体	心仪名品（名画、名瓷）	自我满足	文化性	
		人尊	社会身份、形象	社会身份载体	五星级酒店、VIP 服务	身份象征	象征性	
		被崇拜	权势、地位	地位象征物	官窑瓷器、专机	身份象征	象征性	
		被羡慕	心理优越感	差异化专属品	限量商品、奢侈品	自我满足	稀缺性	
		被赞赏	名声、赞誉	社会公益载体	义卖品、赎买文物	慈善	象征性	
	自我实现	审美	心理愉悦	延伸时空载体	展厅格调	自我审美体验	艺术性	审美价值
		成就真我	实现理想	完善自我载体	思想典籍	展现自我	艺术性	

第二篇　**商品全价值经营逻辑**

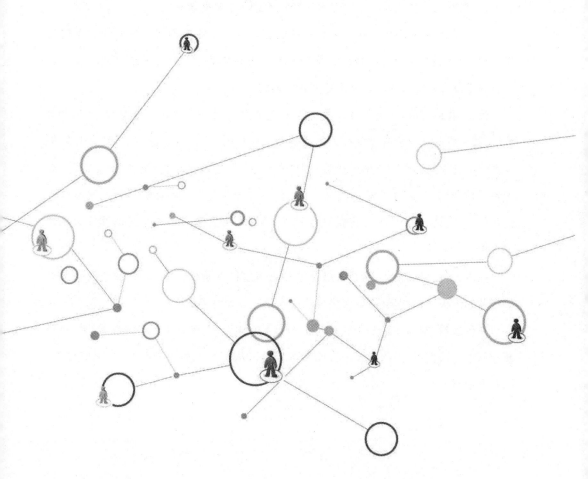

在第一篇中，我们已经谈到，企业经营环境发生了巨大变化，商品范畴已经拓展，企业必须将商品价值体系与消费者需求体系相匹配，通过满足消费者需求，最终才能实现企业的经营目标。基于这种背景，在本篇中我们将提出价值经营的概念，以区别于以往企业进行的经营理念。进而我们根据对价值经营的理解，创造性地提出"商品全价值经营"的概念。这也是本书的核心概念之一。

在明确相关概念之后，本篇将依循商品全价值经营的"起点→过程→终极目标"的思路，系统构建企业开展商品全价值经营的总体逻辑框架。

首先，我们将从现代企业产生和存在的逻辑以及企业与消费者之间的关系视角指出，企业开展商品全价值经营的逻辑起点就是要明确定位，那么有哪些定位？不同企业的定位又是由哪些因素来决定的？本篇将逐一分析。

接着，我们将商品全价值经营的逻辑过程描绘为一种"链环嵌套结构"，所谓"链"，就是将商品全价值经营视为贯穿消费全过程的一条"价值链"；所谓"环"，就是在消费全过程的每个时点都运行着一个"价值环流"，也就是说，在整条"价值链"上嵌套着无数个"价值流"的"环"。那么，单个价值环流是怎样的？如何运行？整条价值链如何将其贯穿起来？本篇将做概要分析，并在本书的第三篇和第四篇具体展开详细分析。

最后，我们将从企业、消费者以及社会三者之间的价值关系出发，探讨商品全价值经营的终极目标，即价值最大化与价值永续应该如何实现。

总体来看，本篇在全书中既起着承上启下的作用，也将对读者理解本书的核心思想起到纲领性作用，因此读者通过阅读本篇可以从宏观上整体把握商品全价值经营的基本逻辑。

第五章　商品全价值经营的概念和提出动因

在本章,我们将对主流的经营方式进行讨论。在此基础上 我们遵循商品价值的理念,提出商品全价值经营的构想。

两种经营模式： 规模领先和差异化经营

目前主流的企业经营模式有两种：规模领先和差异化经营。下面我们分别予以讨论。

(一) 规模领先

一个企业在成立之后,就会追求经营规模的扩张。所谓规模领先模式,是指企业将规模扩张作为自己最重要的经营目标,试图通过领先的规模优势而获得竞争优势,甚至达到规模垄断地位从而获得垄断收益。

在短缺经济时代,市场是绝对的卖方市场,企业以生产导向经营,商品生产以规模为王。商品生产规模越大,意味着单位产品的成本越低,利润越丰厚。而且一旦规模达到垄断或者相对垄断地位,还可以获得超额利润。

在市场经济时代,不论市场是处于卖方市场还是买方市场,规模领先模式仍然有很大的吸引力。

1. 规模经营的动力
企业追求商品生产规模的动力有以下几种。

(1) 规模领先获得的低成本优势能使企业实行低价格竞争策略,打击竞争对手,保持竞争领先地位

规模越大,理论上单位产品的成本越低,因为固定成本被分摊得更低,因此具有更好的低成本竞争优势。特别是新兴行业如果能获得规模领先优势,可以在短时间内形成垄断优势和新入为主的优势,使后来者望而生畏,难以构成竞争威胁。滴滴和快的这两家互联网打车公司的烧钱大战在这方面为我们提供了一个鲜活的案例。

案例5-1

滴滴和快的的烧钱大战

在阿里巴巴工作了 8 年的程维在 2012 年成立了滴滴打车公司,2013 年年底其市场占有率即达到 59.4％,超过了其他打车软件市场占有率之和。但真正让滴滴打车红遍大街小巷的,还是那场与快的的"烧钱"大战。早期的打车软件市场,其核心是融资和抢占用户,高峰期打车市场有 40 多个"玩家",最终这一阶段的竞争以阿里巴巴入股快的打车,腾讯投资滴滴打车画上句号。2014 年 1 月份,滴滴接入微信支付后,程维从腾讯公司要了几千万元进行营销推广活动,对司机和用户进行补贴。补贴下去,效果惊人,滴滴的成交量暴涨,不过一个星期的补贴额已经过亿。1月下旬,快的发动更加凶猛的补贴行动,对乘客和司机进行补贴。当时,滴滴的补贴取消,形势迅速逆转,滴滴的交易数据开始大幅下滑。不得已,滴滴打车被迫继续进行补贴。于是补贴大战全面开打。订单量迅速攀升之后,双方进入拉锯战,烧钱速度越来越快,从早期一天几百万到几千万,再到三四月高峰期时,一天能烧掉 1个亿。快的补贴 10 块,滴滴就补 11 元;滴滴补贴 11 元,快的就补 12 元。2014 年 5月 16 日,双方各自宣布停止补贴。在 2014 年下半年程维说滴滴"两年时间花掉 15亿元,可以说我们是最烧钱的互联网初创公司"。一个滴滴高管说:一开始疯狂烧钱时手不停颤抖,我们的初衷是抢市场,但后来发现越烧钱越有价值,补贴大战不是零和游戏,而是正和游戏。随着补贴大战的进行,打车市场迅速膨胀,从原先几十万单一跃至几百万单,而且双方市场份额不但没有减少,反而起到了教育市场的作用。滴滴、快的补贴大战的另一个结果是用钱干掉了几乎所有竞争对手。2015 年 2 月 14 日,

滴滴、快的联合宣布两家正式合并,打车软件市场的巨无霸就此诞生。在 2014 年
年初进入中国市场的国际打车软件巨头公司 Uber("优步")也无法与之竞争。在
2016 年 8 月 1 日,滴滴宣布收购 Uber 中国。

滴滴和快的的烧钱大战达到了下列 4 个效果。

①滴滴和快的各自的经营规模迅速扩大。

②用钱干掉了几乎所有竞争对手,因为他们没有足够的钱来陪着烧。

③培育了市场。在两家公司补贴大战的诱惑下,消费者的需求市场被迅速激发,
加入两家公司的司机的数量规模也相应迅速扩大。

④在市场规模被培育起来后,在几乎所有竞争对手被消灭之后,两家公司的合并
即获得了垄断地位,之后公司的补贴减少和涨价行为就不难理解了。

(2) 规模经营使得企业有实力进行新产品和新技术的开发

一般来说,经营规模越大,企业资金实力越雄厚,就能将更多的资金投入新产品
和新技术的开发。例如,中国移动自 2000 年 4 月 20 日正式成立以来,在激烈的移动
通信市场竞争中,市场占有率一直居第一。在 2G 时代,在 2001—2008 年这 8 年间,
全中国的移动电话客户从 1.45 亿增加到 6.34 亿,中国移动公司的客户从 1 亿增加到
4.5 亿,市场占有率始终保持在 65% 以上。领先的市场规模使得中国移动获得了丰厚
的利润,从而使其有实力进行新技术和产品的开发。8 年间,中国移动先后投入 7000
多亿元巨资用于移动通信网络建设,由此使得中国移动的网络质量全球领先,规模全
球最大,覆盖全球最好。进入 3G 时代,虽然因为政策原因,中国移动的领先地位受到
制约,但其在 4G 上的巨额投入,使得中国移动在中国通信进入 4G 时代之后再次获得
遥遥领先的竞争优势。

(3) 规模大的企业抗风险能力更强

每当国家进行宏观调控,或者每当市场发生大幅度价格波动时,小企业总是首当
其冲受到打击,而规模越大的企业抗风险的能力越强。例如 2015 年钢铁全行业亏
损,很多规模比较小的钢铁企业不得不关门,而武汉钢铁公司 2015 年巨亏 75.15 亿
元,是当年上市公司"亏损大王",但其因规模巨大,终于挺了过来。2016 年上半年,武
汉钢铁集团公司实现利润 7.03 亿元。

(4) 企业的规模越大,企业及其领导人在市场和政治方面的影响力越大

在各地政府追求 GDP 的年代,规模越大的企业越受欢迎,国有企业尤其如此。每一次国有企业的改革,受益的总是规模大的企业。目前正在进行的新一轮国企改革,更是在推行巨头国有企业的合并,例如中国建材集团与中材集团重组合并,中国五矿集团与中冶集团重组合并,武钢和宝钢停牌重组合并等。当然国有企业的规模大并非意味着其效益就好,目前市场对国企改革追求更大规模的效果仍然争议很大。

2. 规模经营面临的挑战和问题

规模经营方式并非总是有效,一方面规模经营需要的投入很大,大多数企业难以承担,另一方面规模经营可能因为下列原因而面临挑战或者困难。

(1) 反垄断法律的限制。

(2) 市场需求达到饱和状态,面临规模增长的"天花板"。

(3) 扩大规模的边际效益递减,以至于扩大规模不再经济。

(4) 规模经营形成高利润,会吸引其他企业纷纷涌入瓜分市场,最终会缩小单个企业的市场规模。

(5) 在先入者已经形成规模优势后,后来者难以复制先入者的规模经营模式。

(6) 规模越大的企业,也越可能出现各种各样的"大企业病"。如:

"肥胖症"——机构臃肿、信息流通不畅、机体僵硬、工作效率低下、人浮于事;

"迟钝症"——职责不清、多头领导、决策程序复杂、行动缓慢;

"失调症"——本位主义盛行、拉帮结派、内部矛盾重重、协调困难;

"僵化症"——安于现状、墨守成规、反对变革;

"代谢不全"——对不需要的业务或业绩不好的部门没有适当的处置,对不合适的人员不裁减,能干的人才得不到重用而流失等。

一旦上述情形发生,规模领先的经营模式就不再有效,经营模式的转换就势在必行。

(二) 差异化经营

在无法获得规模领先优势,或者难以获得进一步规模领先优势的情形下,企业为了获得竞争优势,面对激烈的市场竞争,差异化经营就成为一种必然的选择。

差异化经营模式是指企业在产品、销售渠道、价格、营销推广等某一或者某些方面,采取与竞争对手不同的策略,以此获得竞争优势从而吸引消费者。具体来说,企业的差异化经营可以体现在下列任何一个具体方面,或者是下列若干方面的组合上。

1.产品本身的差异化,如产品功能、式样、颜色、大小、特色、质量及可靠性、使用便利性、维修便利性、使用的环保特点等。

2.产品包装。

3.商标、品牌。

4.产品生产过程,如响应速度、生产柔性、绿色生产等。

5.销售服务。

6.售后服务。

7.销售渠道,如线上、线下。

8.价格。

9.广告、营销政策等。

我们选择两个案例来说明。

案例5-2

卖"片儿川"的杭州菊英面馆[①]

"片儿川"是杭州的一种特色风味面条,面的浇头主要由雪菜、笋片、瘦肉片组成。

菊英面馆位于上城区中河南路雄镇楼附近,是一家门脸破落、毫不起眼的小面馆。

店里一共有7张实木方桌。店家老板叫颜宝福,他自己不会做面,"店里7名员工都会,就我自己不会"。老板娘负责叫号子、收钱。这对夫妻是地道的杭州人。

这面馆和学校一样有寒暑假,夏天休息两个月,可谓是"好汉不赚六月钱";春节也要休息一个月,从1993年开业以来,16年一直是这样的。从凌晨五点半开始营业,只做上午、中午两场生意,下午两点后不营业,节假日延后半小时。

下午不营业时,老板娘和员工一起做清洁,把灶台、桌子、凳子、头顶的老式吊扇等

---

① 程国平.管理学原理(第三版)[M].武汉:武汉理工大学出版社,2015:145-146.

都擦得干干净净。老板每天最重要的工作是出去购买食材。肉要用鲜猪腿肉,雪菜一定是嫩绿的新鲜雪菜,不同于我们常见的陈雪菜。笋一年四季都用时令的鲜笋,颜老板打印了一张纸贴在冰箱旁边,上面写着:每年的9月20日至次年3月20日,用杭州市场上的冬笋;3月20日至4月10日,杭州冬笋没有了,用湖州、青山的冬笋;4月10日至4月22日,用富阳的春笋;4月22日至9月20日用鞭笋。有时候老板为了买鲜笋要跑很远的山路。

菊英面馆共有11种口味的面,身价最高的片儿川每碗售价18元,比同类型别的面馆贵。刚出锅的"片儿川",肉片鲜嫩,雪菜笋片色泽翠白分明,面滑汤浓,卤料鲜嫩爽口。还可以加蘑菇、金针菇等配料。

就是这家破落、毫不起眼的小面馆,却几乎成了杭城面店的传奇。从上午10点开始,面馆前面就开始排起长长的队伍,很多人换乘各种交通工具慕名而来,其中不乏开奔驰、宝马等豪车的老板。吃面的人都无一例外地要领号排队。这家店的老"粉丝"数量相当多,"有些都吃了十几年了,就算搬家或者换单位,也还是每个月会来一两次的"。菊英面馆上了中央电视台"舌尖上的中国2"之后,更是人气爆棚,赶来吃面、拍照的"吃货"游客络绎不绝。虽然增加了两张桌子,但顾客吃一碗面仍要等半个多小时,最长甚至要等一个多小时。

在杭州卖"片儿川"的面馆非常多,但看上去毫不起眼的菊英面馆却能脱颖而出,其原因就在于菊英面馆的差异化经营。菊英面馆的差异化经营体现在其传统特色上,它的传统特色由下列要素构成:传统的新鲜食材,传统的制作工艺,简陋的装修,夫妻小店,地道的杭州人经营,开业16年来一成不变的经营方式,甚至排队的人群都成为其传统特色的构成部分。有些人看到菊英面馆的生意火爆,就建议老板颜宝福开连锁加盟店,还有人建议他将附近一个生意不好的100多平方米的面店盘下来扩大经营规模,但颜老板都以"自己年龄大了忙不过来"为由拒绝了。如果菊英面馆开连锁加盟店或者兼并附近的面店扩大规模经营,其传统特色的构成要素就变了,消费者很可能不再认可其传统特色。事实上,传统的"片儿川"油很重,并不符合现代人的健康理念,但却因为其传统特色满足了消费者的怀旧需求而受到欢迎。而如果传统特色不被消费者认可,其产品重油不健康的看法就会导致顾客流失。我们发现有很多传统特色城市小吃店,在重新进行现代化装修后,原来顾客络绎不绝的景象就再难重现,原因就是消费者"固执"地认为"这不是原来的那个店",尽管实际上那个店除了装修变得现代化外,其他的一切并没有变。名噪一时的武汉消夜美食一条街"吉庆街",在现代化改造后就门庭冷落了。"杜婆鸡"是湖北省松滋市杜姓家族世传名菜,采用清廷内方精制,有200多年的历史,曾名噪一时。在20世纪90年代"杜婆鸡"店像风一样开遍武汉三镇,随后却像风一样突然消失了,主要原因就是其传统特色随着连锁加盟店越开越多而难以保持。

差异化经营特色如果体现在整个区域,那么整个区域的所有企业都会从中受益。温州制鞋工业就是这方面的杰出典范。或许有人还记得"火烧温州鞋"事件。

案例5-3

"火烧温州鞋"事件

那是2004年9月17日,在远隔重洋的西班牙埃尔切市,发生了令人震惊的"火烧温州鞋"事件,该市近千名鞋商和制鞋工人涌进温州鞋商聚集的"中国鞋城"游行示威,抗议温州鞋砸了他们的饭碗,焚烧了16个集装箱的温州鞋。温州鞋价廉物美,在西班牙的价格常常只是本地鞋的价格的一半,但质量却并不差,因此当地鞋商纷纷面临生存危机,才有了这次事件。

温州鞋之所以如此便宜,是因为其成本低廉。而温州鞋之所以成本如此低廉,是因为其高度的专业化分工和高速敏捷的区域化协作。温州制鞋产业以配套齐全闻名于世,配套产业几乎涉及鞋材、鞋底、鞋线、鞋机等制造所需的所有领域。在配套链上的企业高度分工,进行专业化经营,大部分企业只完成鞋子某个零部件的制作甚至只完成零部件某个或者某些制作工序。虽然单个企业总生产规模看上去不大,但因为其生产高度专业化,专业化设备使用效率极高,短时间就能生产出大量专业化产品或者完成某道专业化工序,使得生产成本降低到极致,这样最后总装的成品鞋的成本也就极低。高度的专业化分工及与之匹配的高速协作网络,使得温州鞋业形成"极速供应链"。温州鞋革行业协会理事长、康奈集团董事长郑秀康说,现在,客户向康奈等温州大型鞋企下单定做一双皮鞋,"最快18个小时就可以做出来"。而中国其他地方的制鞋企业要完成相同的任务,一般至少需要 3 天时间 。高度的专业化分工和完善的配套产业及由此形成的"极速供应链"使得温州制鞋工业在世界上形成独特的"极低成本的快速响应"差异化优势,这一点,国内外其他鞋业产地,都无法跟温州鞋业竞争。所以温州鞋业的经营规模在全世界独占鳌头,无论是生产规模还是出口规模,温州鞋都占据国内超过 1/10 的份额。

商品价值经营和全价值经营

(一) 消费者需求的变化趋势

无论是规模领先经营还是差异化经营,都是消费者需求发展的产物。在一个行业发展初期,企业自然而然首先会采用规模领先的经营模式,因为这样一方面可以通过规模优势获得丰厚利润,同时打击竞争对手;另一方面,规模扩大导致成本降低,企业可以以低价尽快培育市场需求。当需求市场足够大时,除非这个行业已经形成垄断或者寡头垄断格局并且进入堡垒很高,高利润一定会吸引众多企业进入这个行业,竞争的压力必然使得参与者选择差异化经营模式。在这个演变过程的某个阶段,或许规模领先和差异化经营这两个模式会并存,但最终差异化经营模式一定会在竞争中胜出,因为规模领先模式是满足无差异化需求的最好模式,差异化经营能有效满足消费者的差异化需求,而消费者的需求从无差异化向差异化转变是必然的,而且这个转变过程是不可逆的。

我们以大名鼎鼎的苹果公司为例来进行说明。苹果公司开创了智能手机时代,在某种程度上也可以说它创造了一个新的行业。在智能手机行业,乔布斯时代的苹果手机基本采用规模领先模式应对消费者的无差异化需求。从 2007 年乔布斯推出第一代 iPhone 到 2012 年 9 月苹果发布 iPhone 5,苹果新产品主要是技术升级,外观及屏幕尺寸都保持一种,颜色保持黑、白两种,价格位居高端。苹果 2012 年的全球市场份额是 25.1%,在整个手机行业利润中所占份额高达 69%。2012 年后苹果手机的经营模式开始发生改变,产品品种趋于多元化。2013 年 9 月苹果推出的 iPhone 5C,在定价上进入中档价格区域,有红、蓝、黄、绿、白 5 种颜色,而后推出的 iPhone 5S 也有 3

种颜色。2014 年 9 月推出的 iPhone 6 采用了 4.7 英寸屏幕,5.5 英寸的大屏手机 iPhone 6 Plus 也在千呼万唤下终于面市。2015 年 9 月苹果发布的 iPhone 6S 有金色、银色、深空灰色和玫瑰金色 4 种颜色,而 2016 年 3 月发布的 iPhone SE 选择了 4 英寸的小屏幕。这样苹果手机的品种组合就比较多了:屏幕同时有 4、4.7 和 5.5 英寸 3 种,价格有高档和中档,每个品种的颜色有 3～5 种。虽然不少人批评苹果 CEO 库克抛弃了乔布斯坚持的简单理念,但苹果手机品种之所以不断增加正是为了迎合顾客需求差异化的变化,结果在智能手机市场上,2015 年苹果销量占比下降到 17.2％,但苹果利润占比达到了惊人的 91％。因为三星利润占比是 14％,这样苹果和三星两家公司的合计利润达到 105％,也就是说,其他上千家手机厂商的总体运营是亏损的。但因为苹果产品线的增加是被动的,某种程度上是跟随竞争对手变化的结果,在满足顾客差异化需求方面创新的主动性和力度都不够,所以未来苹果手机在这方面如果不做根本性改变的话,其发展前景堪忧。2016 年苹果手机在其最看重的中国市场的份额及其排名数据,已经向它发出了警讯。2015 年第四季度,苹果中国市场手机销量的市场份额为 14.6％,排名第二,同比增长 16.8％;而华为手机销量的市场份额为 15.2％,同比增长 50.8％。到 2016 年第二季度,在中国智能手机出货量总体同比增长 14.9％的背景下,苹果手机销量在中国市场份额为 7.8％,同比大幅下降 31.7％,排名大幅下滑到第五;而位居第一的华为市场份额扩大至 17.3％,同比增长 15.2％。2017 年苹果中国市场手机市场份额和华为市场份额继续保持着这种变化趋势。

消费者需求变化的下一个趋势是什么呢?毫无疑问,是个性化。消费者需求从差异化向个性化转变也是必然的。需求差异化可以看作消费者需求个性化的初级阶段,而消费者需求个性化才是消费者需求变化的最终结果。

消费者需求个性化的产生和实现需要满足 3 个层面的条件。

1. 商品需求层面。消费者需求个性化的产生要满足两个条件:消费者个性化消费意识的觉醒和收入达到比较富裕的水平。后者与前者有正相关关系,即消费者收入越高,个性化消费意识越强。我们要特别强调的是,从某种角度说,消费者个性化消费意识是与生俱来的,只是因为收入水平、宗教、政治要求等因素的制约,消费者的个性化消费意识可能会被压抑,而一旦时机成熟,被压抑的个性化消费意识就会觉醒,个性化消费行为就会释放甚至爆发。

2. 商品供应层面。企业要满足消费者的个性化需求必须满足两个条件：企业在技术上能极其便利地与消费者互动沟通,从而能准确了解和把握消费者的个性化需求;企业在计划、资源组织和生产条件和生产过程方面能做到真正意义上的大规模定制。大规模定制的概念虽然被提出来了很多年,但因为当初这个概念的提出是脱胎于大规模生产,所以大规模定制仍然不可避免地留下了大规模生产的烙印。目前大规模定制的基本思想是试图通过产品结构模块化和制造流程的重构,把产品的定制生产问题全部或者部分转化为批量生产,以大规模生产的成本和速度,为单个客户或小批量多品种市场定制产品。这种仍然想以大规模生产的思想去实现大规模定制的结果,其局限性是不言而喻的。一旦消费者需求个性化程度加大,目前大规模定制的做法就难以为继了。如果我们将目前大规模定制的做法定义为大规模定制的初级阶段,那么随着互联网、物联网和工业制造智能化的技术逐步成熟,真正意义上地满足顾客个性化需求的大规模定制的高级阶段就将到来。

3. 社会层面。如果没有社会的支持,消费者个性化需求单靠分散的商品生产企业是难以有效实现的。要有效实现消费者的个性化需求,社会也必须满足两个条件：以移动互联网和视频技术支撑的高速超大容量信息网络,以物联网、互联网和视频技术支撑的高速全覆盖物流网络。这两个网络可将无数商品消费者与无数商品供应者无缝连成一个有机整体,使得消费者个性化的需求能高速低成本地去实现。

目前看上述3个层面的条件满足程度,在商品需求层面做到了最好。中国消费者收入增加明显,2015年中国国内生产总值676708亿元,位居世界前列,人均国内生产总值49351元,居民人均可支配收入21966元,相比10年前可以说是成倍增加。消费者个性化消费意识也明显觉醒,因此在商品需求方面,消费者个性化需求的变化趋势是非常明显的。

在社会层面,中国信息网络和物流网络发展迅速,除了生鲜冷链物流网络的发展还需要进一步提升,其他方面的发展在技术上已能初步支撑消费者个性化需求的满足。

在商品供应层面,因为中国互联网发展已经达到了比较高的水平,企业与消费者互动沟通在技术上已经不存在问题,有些企业在产品设计上已经能比较好地融合顾客的个性化需求。可惜目前中国企业在计划、资源组织和生产条件及生产过程方面还不能做到真正意义上的大规模定制,但随着中国工业智能制造的推进,这方面的改变已经开始。

因此总体来说,中国已经开始逐步进入消费者个性化需求时代。

(二)商品的价值经营

在消费者需求变化之后,企业经营模式必须相应转变。在消费者个性化需求时代,价值经营是企业的最好选择。

所谓价值经营,是指企业以消费者需求为导向,根据消费者需求体系构建相应的商品价值体系,通过为消费者提供与价值匹配的商品来满足消费者需求的一种经营方式。价值经营不同于以往经营方式的特点就在于,它强调企业经营要以消费者需求为出发点,根据消费者需求来匹配商品价值,从而建立起企业研发、设计、生产、展示、宣传、服务等一整套经营体系,最终通过为消费者带来价值而实现自身价值。

如果说差异化需求是个性化需求的初级阶段,那么差异化经营也可以被看作价值经营的初级阶段。因此我们在后面叙述价值经营时,也包括了差异化经营,对二者将不做严格的区分。

(三)商品全价值经营

企业开展价值经营必须依托商品这个载体,因为商品是企业与消费者之间的连接纽带,消费者通过向企业购买商品来满足自身的需求,而企业通过向消费者销售商品来实现自身的经营目标。但前提是,商品必须是有价值的,即能从数量、层次和强度上满足消费者的某种需求,消费者才会去购买。特定的商品中所包含的特有价值体系将与消费者需求体系进行匹配,匹配的吻合度将最终决定特定商品满足特定消费者在特定时点上需求的程度。根据前面我们对商品概念的重新诠释,即全过程的商品概念,我们认为,价值经营也是针对消费者消费全过程而言的,我们称之为商品全价值经营。

对于商品全价值经营的内涵,包括下列 3 个方面的含义。

第一,商品全价值经营强调商品全过程的价值经营,即企业价值经营贯穿于从商品设计、生产到消费的全过程,所有活动都致力于满足消费者的需求。

第二，商品全价值经营强调商品价值体系与消费者需求体系的全匹配。在消费全过程中，企业要根据消费者需求体系来构建相应的商品价值体系，以实现对消费者在消费过程不同阶段需求的适时匹配，力求在数量、层次和强度上全面满足消费者需求。

第三，商品全价值经营强调价值经营过程的每一个节点都运行着一个前后关联而又相对独立的价值环流。所谓"价值环流"，是指企业在消费过程不同时点为满足消费者需求而开展的一系列价值经营活动所形成的一个从价值发现到价值实现的闭环（详见第七章相关内容）。由于商品全价值经营贯穿于从商品设计、生产到消费全过程，因此在企业价值经营的整条价值链上嵌套着很多个"价值环流"，每个环流都包含着企业为满足消费者需求而进行的价值经营活动，正是这些不断循环着的价值环流推动价值链向前延伸。

我们看一看日本企业在山东租 1500 亩地种粮养牛的案例，以便更好地理解商品全价值经营的理念。

案例5-4

山东朝日绿源农业公司种粮养牛的故事①②

2006 年，日本朝日啤酒、住友化学和伊藤忠商事三家公司合资在山东莱阳成立朝日绿源农业公司，租 1500 亩地种粮养牛。在当地人看来，这家日本公司很奇怪。农场被高高围起并安装有摄像头，不让当地人随便进入。种植的玉米、果树、蔬菜，不仅从不打农药，作物也不施化肥，而是从 200 米深的水井取水灌溉（当地农民的水井是 10 米左右）。有时候甚至连水也不浇，放任庄稼自己生长，地里长满了草，收成还不如当地人的一半；还放着许多空地不种，让农民们看着心疼。这片农场几乎沦为当地人的笑柄。

朝日绿源农业公司其实是时任山东省委书记张高丽引进的循环型农业生产模式项目：奶牛挤出牛奶销售，牛粪堆肥改良土壤，田间栽培玉米、高粱等副产物，作

---

① 看看日本人在中国如何种地？[EB/OL].（2016 - 08 - 27）.http：//www.360doc.com/content/16/0827/16/14174042_586323012.shtml.

② 刘旭阳.探访莱阳"绿色农庄"，日本人这样"傻"种田[J].外滩画报，2011 - 08 - 29.

为奶牛青贮饲料,同时种植草莓、水果玉米、圣女果等高价值农作物。

农场里养殖了 1978 头奶牛,生产朝日自主品牌的牛奶。这些来自新西兰和澳大利亚的奶牛,每头身价 2 万元,均是三代以内有高产奶记录的优质荷兰奶牛。这些奶牛在朝日绿源享受着贵宾待遇。每头牛不仅各自都有装空调的窝棚,享受专业喂养人员每天调配的、粗细结合的有机饲料,其中就有公司种植的有机玉米饲料;而且还有大片自然生长的草场可供其自由活动,放松心情。每头牛耳朵上的标牌中带有芯片,芯片记载每头牛每天的活动量、食量、产奶量等信息,通过电脑进行管理。朝日绿源甚至还做了一些看似离谱的明文规定:饲养人员不得触摸奶牛,不得对牛大声喊叫;进入牛场的人员和车辆都有规定的行走路线,并事先经过严格消毒,以防把病菌带入牛场;生产后的母牛要喂食日本味噌汤以促进食欲;小牛有单独围栏和独立活动场地;生病的母牛进入专门的房舍治疗,停药恢复期的母牛有专人看管,完全康复以后才能进入牛群。

朝日绿源耗资千万元从以色列引进了挤奶设备和牛奶储存设备。每头牛每天挤奶两次。每天清晨,牛奶由管道进入运奶冷藏车,发往加工厂,第二天就全部加工完毕。加工的过程,是在牛奶完全新鲜的状态下进行的,把牛奶本身的新鲜成分保留了下来,加工过程不需要再添加任何东西调整成分。"中国其他企业生产的牛奶,很多都是需要进行成分调整的。因为那些大乳业公司都是从各地收集牛奶,牛奶质量参差不齐,味道也不一样,所以他们必须要统一添加一些东西,进行成分上的调整,以保持味道的统一。但结果就是牛奶的质量会下降。"

朝日绿源投资 300 万元建造了堆肥工厂,利用农场奶牛的粪便和有机物生产有机肥料来改善土壤,从而提高农作物质量。在有机肥加工厂,刚从奶牛场运进来的牛粪被放进一个巨大的坑里,臭味弥漫四周。牛粪掺上麦秸,发酵 50 天后,杀菌去味,再堆放 3 个月便可直接撒到地里了。在冬天,发酵产生的热量,通过管道输入蔬菜大棚,可保持大棚恒温。正是依靠这牛粪发酵出来的有机肥料,朝日绿源的地里产出的果实才可以直接被摘来吃。

朝日绿源建有温室大棚用于种植品种经过精心选择的优质甜玉米、草莓和圣女果。温室内设有暖气、空调、自动浇水装置等,采用电脑控制,用机器检测苗体的病毒、虫害以及是否具有免疫力。对于这些农作物,人工消除虫害,不打农药,使用有机肥料。种植土壤由日本技术人员定时检测,一些对土壤有特殊要求的植物被专门种植在盛有调配好的泥土的蛇皮袋中。

清早收获的玉米、圣女果经过预冷处理以后,就被戴着头罩、穿着工作服的包装女工用保鲜袋仔细包装好,直接送进冷藏车,发往各个销售点。每个农产品包装上都贴有"朝日绿源"字样,在玉米的包装袋反面还印有玉米种植过程的简单介绍。

"凡是朝日绿源的产品,都会有一个小标签。只要是消费者购买到的我们的产品,我们就可以告诉他,他手里的产品,是什么时间收获、发货,如何生产的,包括是否使用农药、化肥等。让消费者知道他们购买的产品,是谁生产的,这将是未来中国农业经济发展中的重要一步。"朝日绿源总经理乾祐哉说。

对于温室外的田间种植,先要进行土壤改良。乾祐哉表示:"要想植物健康,最重要的就是土壤要健康。正如我们公司宗旨说的那样,种植之前先做土,做土之前先育人。"虽然莱阳土地肥沃,但经过化肥和农药的洗刷,土地已退化,前几年需要投入大量的精力在土壤的恢复上。朝日绿源公司之所以不施肥、不打药,包括让土地"荒着",都是在让土地积攒力量,以恢复生产。朝日绿源之所以使用 200 米深的井水,也是因为考虑到环境污染问题。"莱阳这里经过长年累月的种植,农药化肥在地表残留严重,深井水里面的有害物质会更少。"

"我们种草莓前,先往地里灌水,用拖拉机反复搅拌,然后排掉白色泡沫,施入有机肥,改良土壤。"朝日绿源农艺师、日本熊本县草莓种植专家田代孝说。

种植过程不打农药,使用人工和其他自然方法消除虫害。

田间栽培的玉米、高粱等副产物,用作奶牛青贮饲料。当地农民赵建忠将一亩地租给日本企业,并到公司打工,负责拉饲料、喂奶牛。在他看来,日本企业用青贮饲料养牛,比干草加粮食的喂养方式成本低,同时所产牛奶的蛋白含量高、营养价值高。

此外,朝日绿源还花 200 万元引进了风力发电和太阳能发电设备,为办公楼和农场解决能源问题。

除了循环农业,朝日绿源还开创了农产品生产销售的新模式:省去中间环节,尝试最直接冷链配送超市的生产销售模式,即公司—超市—消费者。目前,朝日绿源的主打产品是纯牛奶,年产 6500 吨;还有草莓,年产 50 吨。此外,公司还栽培水果玉米、芦笋、圣女果等产品,全部通过物流,配送至青岛、上海、北京等中国各大城市。朝日绿源的牛奶每升定价 22 元,是国内牛奶价格的 1.5 倍。2007 年朝日绿源上市的草莓每公斤定价 120 元,刷新草莓价格纪录。虽然产品价格昂贵,但朝日绿源公司开业 10 年始终处在亏损中。

中国的食品安全问题十分严重,但普通消费者对此却万般无奈,因为这方面的问题太多,涉及面太广。长期过量使用农药和化肥已经导致我国的土壤和地下水遭遇了触目惊心的农药残留和重金属污染。更加糟糕的是在这方面我国的产品质量标准十分缺乏或者落后。据中国科学院遗传与发育生物学研究所农业资源研究中心主任张正斌介绍,我国农产品质量标准中只涉及 62 种化学污染物,而联合国食物与农业组织已公布了相关限制标准 2522 项,美国多达 4000 多项,日本则高达 4.5 万多项。例如对蘑菇的农残检测项目中,中国只有 1 项,而日本有 180 项。对苹果中农药残量监测的项目中国只有 6 项,而日本是中国的近 160 倍。即使有农药残量监测的项目,我们的标准也低。曾经在中国经过合格检验的出口蔬菜,在日本被检测出蔬菜农药残存超标 47 倍。[①] 所以每当中国出现食品安全问题,总有所谓的专家宽慰消费者说:其实问题没有那么严重,产品还是符合国家安全标准的。然而,一次次出现的食品安全问题,越来越多的食品安全知识的传播,以及人们收入水平的不断提高,消费者对安全食品的需求越来越强烈。于是一些企业从中看到了商机,试图去满足消费者在这方面的差异化甚至个性化需求,进行价值经营。案例 5-4 中的朝日绿源公司就是其中的一个。朝日绿源公司的经营可以说比较好地诠释了商品全价值经营三方面的理念。

第一,从生产对消费全过程的价值经营。例如朝日牛奶,在奶牛选种、饲料玉米种植、奶牛饲养、挤奶、牛奶加工储存、销售甚至包括牛粪处理等全过程中都致力于去满足消费者对安全高品质牛奶的需求。又例如朝日甜玉米,从生产到消费全过程的价值经营具体包括以下方面。在品种选择环节:精心选择的优质甜玉米;在种植环节:种植土壤由日本技术人员调配和定时检测,温室内设有暖气、空调、自动浇水装置

---

① 看看日本人在中国如何种地? [EB/OL]. (2016 - 08 - 27).http://www.360doc.com/content/16/0827/16/14174042_586323012.shtml.

等,采用电脑控制,用机器检测苗体的病毒、虫害以及苗体是否具有免疫力,不打农药,使用有机肥料,以保证甜玉米是真正有机生产的;在采摘和配送环节:清早收获的玉米、圣女果经过预冷处理以后,就被戴着头罩、穿着工作服的包装女工用保鲜袋仔细包装好,直接送进冷藏车,发往各个销售点。在销售环节:每个农产品包装上都贴有"朝日绿源"字样,在玉米的包装袋反面还印有玉米种植过程的简单介绍。有小标签告诉消费者,他手里的产品,是什么时间收获、发货,如何生产的,包括是否使用农药、化肥等。从生产到销售的全过程,朝日绿源都致力于满足消费者对有机产品的需求。

第二,商品价值体系与消费者需求体系的全匹配。以牛奶为例,消费者对牛奶的需求指标有:安全、高营养品质、新鲜等。与安全需求相匹配的企业商品价值体现在:优质荷兰奶牛,饲养人员严格消毒以防把病菌带入牛场,不打农药和化肥的有机饲料,生病的母牛进入专门的房舍治疗,停药恢复期的母牛有专人看管直到完全康复以后才能进入牛群,从以色列引进的挤奶设备和牛奶储存设备保证产品在挤奶和储存环节的质量、冷链配送等。与高营养品质需求相匹配的企业商品价值体现在:优质荷兰奶牛,粗细结合的饲料,作为饲料的有机玉米不打农药以及使用农场奶牛的粪便和有机物生产有机肥料,奶牛在大片自然生产的草场自由活动,生病的母牛在治疗和停药恢复期不产奶,从以色列引进了挤奶设备和牛奶储存设备,加工过程不需要添加东西调整成分等。与新鲜需求相匹配的企业商品价值体现在:每天挤的牛奶第二天在牛奶完全新鲜的状态下就全部加工完毕,直送超市。

第三,在牛奶从生产到消费全过程中,牛奶经历了从价值发现到价值实现的一个价值环流,实现了价值提升;在这个价值经营过程的每一个节点,也运行着一个相对独立的从价值发现到价值实现的价值环流。例如在作为饲料的玉米种植环节,其价值环流如下:价值发现——作为奶牛饲料的玉米必须是有机的才能保证奶牛生产的牛奶是有机的;价值创造——品种精心选择,土壤5年改良,玉米种植过程不打农药,使用人工和其他自然方法消除虫害,从200米深的水井取水灌溉,使用堆肥工厂由农场奶牛的粪便和有机物生产的有机肥料等;价值实现——用公司有机玉米喂养的奶牛生产的牛奶是有机的,蛋白含量高,受到特定消费者的喜爱。

朝日绿源的牛奶每升定价 22 元,是国内牛奶价格的 1.5 倍,朝日绿源的草莓价格比国内草莓价格高几倍,刷新草莓价格纪录,因此很多人因为价格高而不会购买朝日绿源的商品。而朝日绿源的商品数量本身也有限,因此对于朝日绿源公司来说,就存在双定位的问题:商品的目标消费群体定位以及朝日绿源的产品如何定位以最好地满足其目标消费群体。商品全价值经营的双定位问题正是我们下一章将要探讨的内容。

我们在本章详细介绍和分析了朝日绿源公司全价值经营的案例,遗憾的是朝日绿源公司的商品价值没有被有效地认知和实现,公司开业 10 年来始终亏损,日方——日本朝日集团在 2016 年年底将公司出售给中国新希望集团后黯然离开。这个结局并非说明商品全价值经营的失败,反而证明内在价值越高的商品,越需要在消费过程中让消费者准确发现、感知和评估商品的价值,最终才能保证商品价值的实现;同时也说明下一章我们将要探讨的商品全价值经营的定位问题确实重要。

第六章　商品全价值经营的逻辑起点

企业作为一个组织，是企业家、投资者和员工满足其自身需求的载体和工具(具体参见作者鲍杰军所著的《现代企业逻辑》一书，该书针对企业产生与存在的理由以及企业的本质问题进行了深入分析)。企业与消费者之间互为主客体，双方各有需求。企业生产商品销售给某些消费者，消费者则因为某种需要去购买商品，然后通过消费者的回馈而使企业自身需求得到满足。但企业要达到自己的目的，先要弄清楚消费者需要什么，即发现需求，还要根据需求确定提供什么样的商品，最后还要让消费者愿意购买自己的商品。而生产什么样的商品，将商品提供给哪些消费者，如何将商品提供给这些消费者，正是企业开展商品全价值经营首先要明确的定位问题，即商品全价值经营的逻辑起点。商品全价值经营的定位问题包括商品的市场定位、产品定位和商业模式定位，而企业价值取向则在其中起着至关重要的作用。

目标市场定位和产品定位

企业开展商品全价值经营首先要进行目标市场定位和企业产品定位，并使二者相匹配。

(一)目标市场定位

目标市场定位主要是确定企业商品在市场上的服务对象，具体包含两方面内容：目标消费群体定位和目标消费群体的需求定位。

1. 目标消费群体定位

消费群体是指具有某种共同特征的若干消费者组成的集合体。所谓目标消费群体定位就是要对市场进行细分,确定企业商品的目标消费对象。通俗地说,就是回答问题:我的商品的目标消费者是谁?

要确定目标消费群体,必须先对消费者进行细分。可以按收入水平、文化程度、职业、性别、年龄、性格、地域、民族、消费习惯和生活习惯等指标对消费者进行细分。

每个企业拥有的资源和能力是有限的,不可能满足所有消费者的全部需求。因此企业要根据自身拥有的资源和能力,选择某些特定的消费群体作为服务对象。

2. 企业目标消费群体的需求定位

在明确了目标消费者群体之后,企业就要研究目标消费者群体的需求。因为我们倡导的商品全价值经营是以满足消费者需求为核心的经营模式,对消费者需求的研究可以说是商品全价值经营的基础性必备工作。

例如原创设计师品牌"例外"(EXCEPTION),因被"第一夫人"彭丽媛穿着而声名鹊起,其将目标消费者定位为年龄大约在25～35岁的小众时尚女性。这些小众时尚女性,是具有一定人文艺术修养的知性女人,从容面对自己、面对世界,热爱生活、懂得享受生活,有一定的生活经验积累,追求时尚解放又不盲从,关注自我内心的审美,向往心灵自由,彰显个性独立、与众不同,心思敏感,对艺术、文学、思潮保持开放的胸襟,愿意为一件符合内心感受、附着情感诉求元素、与众不同的高价产品埋单。

又例如沃尔玛超市将其购买对象定位为工薪阶层,工薪阶层的需求是物品档次可以不高,但价格必须便宜,品质不差。而美国仓储批发卖场 Costco,将其购买对象定位为中产阶级,中产阶级的需求是物品档次不高也不低,品质必须有保证,价格要便宜。

(二)产品定位

产品定位,就是企业要明确提供具有某些价值的产品来满足消费者的需求。任何一个企业不可能生产所有的产品,而只能根据自身的资源和能力来选择提供某个或某些产品。由于企业提供的产品最终是用来满足消费者需求的,其价值只有在得到消费者的认同后才能得以实现,所以,企业提供的产品的价值必须与消费者的需求相匹配。

产品定位,确切地说,是一个定位体系,包括产品类别定位、精细定位、营销定位和品牌定位。

1. 产品类别定位:我生产什么类型的产品?

2. 产品精细定位:我生产的产品具体是什么样的? 产品精细定位还要回答两个问题:我的产品如何满足目标消费者群体的需求? 我的产品如何与竞争者的产品区别开来?

3. 产品营销定位:我的营销组合——产品、价格、渠道、促销等如何与产品精细定位匹配并使之到位。在确定产品精细定位之后,需要设计并实施一个营销组合方案,使产品精细定位到位。产品营销定位是产品、价格、渠道、促销等营销组合策略和沟通策略有机组合的过程,是品牌推广的过程。有时候,产品营销定位过程也是一个产品再定位的过程。特别是如果产品差异化很难实现时,必须通过营销差异化来定位。今天,你推出任何一种新产品畅销不过几个月,就马上会有模仿品出现在市场上,本来是差异化的产品但因为竞争对手的模仿抄袭而使得差异被弱化甚至消失。而相比之下,营销差异化就难以模仿。营销差异化可使产品的差异化被消费者广泛认知。因此,仅有产品类别定位和精细定位还远远不够,企业必须将产品定位扩展至产品营销的定位。

4. 产品品牌定位:我的产品品牌在目标消费者心目中的独特个性和形象是什么? 所谓品牌定位就是指企业的产品及其品牌,在目标消费者心目中的独特个性和形象,这些独特个性和形象凝固于消费者心目中,占据有价值的位置,并且在目标消费者群体中传播,得到广泛认可。品牌定位是针对产品品牌的,其核心是要打造品牌价值。品牌定位的载体是产品,其承诺最终通过产品兑现,因此必然已经包含产品定位于其中。

我们仍以"例外"服饰为例来说明。

案例6-1

"例外"服饰的产品定位

1. "例外"服饰类别定位：女性服饰。

2. "例外"服饰的产品精细定位。设计的核心思想是创造和传播基于东方哲学的当代生活艺术的经营理念，主张传承发扬东方文化和原创精神。"例外"相信女人没有缺点只有特点，衣服是表达个人意识与品味素养的媒介。设计产品时，尊重作为生命存在的知性人群本身，旨在发掘衣装后面人的精神，而绝非只见衣装不见人式的张扬。原创设计，强调中国元素，强调文化底蕴；产品材质以棉、麻、丝、羊毛等居多，设计感很强；颜色以灰、白、藏青等冷色系为主，偏向于时尚休闲；正如"例外"的反转体英文"EXCEPTION"所彰显的那样——例外是反的，例外设计是不跟风的，它总是游离于大众潮流之外，却又在不断地创造着新的潮流；总体风格是简洁含蓄、舒适实用，兼具文化艺术特质及时尚品位；注重服装的细节设计；例外女装一直以法式优雅、自信自在作为品牌灵魂，充分演绎女性在生活中的 3 个角色：温柔的太太、职场亲和力的女性和闺蜜聚会中的魅力女王。

3. "例外"服饰的产品营销定位。价格策略：产品单价一般都高于 2000 元，这样一个价位符合小众时尚女性品牌的定位。销售渠道策略：通过专卖店和商场专柜的形式进行销售，通过统一的 VI 标识设计体现企业文化与内涵，这种渠道策略体现了产品的高端特点，也比较符合其消费者群体的定位。促销策略：不打广告，显得高端而神秘。极其成功的事件营销：2013 年 3 月，中国国家主席习近平上任后首次出访俄罗斯，夫人彭丽媛陪同。第一夫人彭丽媛在俄罗斯访问时，其笔挺的深色风衣，看不出 logo 的硬朗皮包，蓝色的丝巾让人如沐春风，彰显了第一夫人的十足魅力，赢得国外媒体的一片好评。随即"例外"向媒体发布消息介绍：这次彭丽媛教授部分出访服装是由"例外"的创始人——中国著名设计师马可专门设计定制，由民族品牌"无用"及"例外"团队配合制作；从布料到缝制、染色均贯彻环保理念，并且为纯手工制作；彭教授一直喜爱"例外"品牌，是"例外"的老客户。"例外"服饰因此而声名鹊起，几乎是在一夜之间，"例外"和"无用"成为公共搜索热词，品牌知名度大涨。

4."例外"服饰的产品品牌定位。"例外"服饰多次获国际和国内服装设计大奖,最终凭借第一夫人彭丽媛的服饰秀,成功塑造了其具有文化艺术特质的原创、时尚、高端、民族女性品牌形象。

有些人对产品定位与市场定位不加区别,认为两者是同一个概念,其实很明显两者是有区别的。具体说来,市场定位,是指企业对目标消费者市场的选择;而产品定位,是指企业选择用什么样的产品来满足目标消费者的需求。当二者完全匹配时,才可以将其视为一回事;但在现实生活中,二者不完全匹配或者不匹配甚至错配的情形也是很常见的。从理论上讲,应该先进行市场定位,明确目标消费者,然后再进行产品定位。产品定位是将目标市场的选择与企业产品相结合的过程,也可以说是将市场定位企业化、产品化的工作。但在实践中,这两者似乎并没有固定的先后顺序。企业有可能先选择了目标消费群体,再考虑提供什么样的产品;也有可能先明确了产品定位,然后再寻找目标消费群体。更经常的情形是二者交叉进行,可能的路径如图6-1所示。

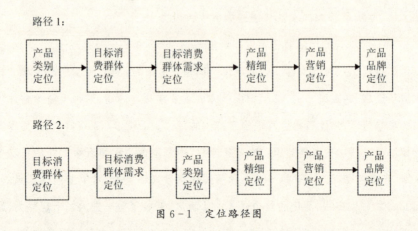

图 6-1 定位路径图

小米手机的定位是按路径 1 进行的,如表 6-1 所示。而雷军创立小米公司所对标学习的美国超市 Costco 的市场定位和产品定位是按路径 2 进行的,即 Costco 是先确定目标消费群体为中产阶级,在分析中产阶级需求的基础上,确定 Costco 的产品定位——为会员及其家人销售中档优质的低价商品,Costco 因此成为全球第一家会员制的仓储批发卖场。

表 6-1　小米手机进入市场的定位路径

步骤	具体内容
1. 产品类别定位	2010 年 4 月,雷军的师弟李华兵给雷军发了一封邮件,推荐一个从德信无线出走的无线业务团队,他们希望做一款独立的手机硬件。这个团队的想法得到了雷军的支持。随后这个团队被更名为"小米工作室",他们的计划目标就是制作一个完全的手机体系——"小米智能手机"。
2. 目标消费者群体定位	目标消费者的年龄被界定在 23～35 岁。这个年龄段的人群包括在校大学生、白领和中等收入的消费者。大学生追求时尚,以家庭作为消费后盾;而白领和中等收入者经济独立,正处于事业的发展期,也易于接受新事物,具有时尚和超前性的消费观。这个群体数量庞大,消费能力强。进一步细分,找到对手机使用偏爱的群体,那就是手机的发烧友,他们代表消费的最前沿,对其他消费群体有示范作用。雷军表示,发热友是真正的意见领袖,只有他们喜欢,一款手机"才可以真正走向大众"。这样形成两个层次的目标消费者群体:第一目标消费者群体:手机发烧友;第二目标消费者群体:23～35 岁的年轻人。
3. 目标消费者群体需求定位	手机发烧友喜欢不断刷屏升级的手机,喜欢自己有参与感的手机;而 23～35 岁之间的年轻人喜欢时尚手机、具有高性能的手机、具有新特色的手机,但因为收入有限不能接受高档手机。
4. 产品精细定位	2011 年 8 月 16 日小米 1 发布:硬件概念,雷军将其总结为"双核、大屏幕、大电池、信号好"4 个特点——海内首款 1.5GHz 高通双核处理器、4 英寸夏普触摸屏、1930mAh 大容量电池;软件概念,独有的 MIUI 系统——基于 Android 原生系统和针对中国用户使用习惯开发的 Android Rom。
5. 产品营销定位	产品策略:高性能时尚智能手机。 价格策略:1999 元,相对于高性能的低价格,即高性价比。 销售渠道策略:网络销售,通过小米官网购买。 促销策略:不打广告;软文、论坛、微博上各种新闻和观点层出不穷,一款手机还没出来就好评如潮,让人充满各种期待;先预售了工程纪念版造势;消息半遮半露,让人猜测,媒体跟风炒作,米粉跟风追;高调发布会;饥渴营销。 沟通策略:公司通过 MIUI 论坛、发烧友论坛、米聊——小米出品的一款跨手机平台的手机端免费即时通信工具,与消费者紧密沟通,收集消费者意见,让消费者参与手机设计和测试过程。
6. 产品品牌定位	高性价比手机,"为发烧而生"的中国市场领先的智能手机。

商业模式定位

企业在完成了目标市场群体定位和产品定位之后,就必须确定通过什么样的商业模式将二者变为现实。目标市场群体定位和产品定位是商业模式定位的基础,而商业模式定位是实现目标市场群体定位和产品定位的保证。

商业模式(business model)的概念目前还没有统一的定义[①]。一种观点认为商业模式泛指一个组织从事商业的具体方式和途径,阐明组织价值形成和实现的商业逻辑。另一种观点认为商业模式是一种包含了一系列要素及其关系的概念性工具,用以阐明组织的商业逻辑。事实上企业、医院、学校等都有其商业模式,不过,我们的重点仍然是研究企业商业模式。

传统的商业模式定义总是以企业的价值为研究中心,但是随着商业模式理论研究的逐步深入,现代的商业模式定义的着眼点是利益相关者的"价值共赢"。国外学者的研究认为,现代商业模式应该由企业的经营系统和其盈利模式构成,并且其经营系统的构成要素应该包括企业边界界定、企业对于内部活动的组织和对于外部合作伙伴的联系。

商业模式主要回答下列 4 方面问题:

1. 主要的利益相关者是谁,如何与主要的利益相关者进行交易。

2. 价值创造模式是什么,即如何为主要利益相关者创造价值。

3. 盈利模式是什么,即企业自己如何从中盈利。盈利模式(profit model)是指一个组织如何盈利的模式,而盈利等于收入减成本,所以盈利模式是收入模式和成本控制模式的组合。传统企业的盈利模式通常是:成本由自己来出,收入来自直接客户。但现代企业的盈利模式则是全方位拓展。

4. 企业资源的组织和生产过程的运作模式是什么,即如何组织资源以及生产过程如何运作,以实现上述价值创造模式和盈利模式。

前面我们说到美国仓储批发卖场 Costco 的目标市场定位是中产阶级,公司产品

---

① 程国平.管理学原理(第三版)[M].武汉:武汉理工大学出版社,2015:150-155.

定位是向会员及其家人销售中档优质的低价商品。那么为了使其市场定位和产品定位落到实处并相互匹配,Costco 的商业模式是怎样的呢?

案例6-2

Costco 的商业模式[①] part 1

1. Costco 的主要利益相关者

Costco 的主要利益相关者有顾客、供应商和员工,企业与他们的交易模式分别是销售商品、购买商品和聘用。

2. 价值创造模式

(1) 顾客:为他们提供中档优质的低价商品及一系列优质服务,服务效率高。

(2) 供应商:在 Costco,每个小的细分商品品类,只有一到两家供应商。因此如果一个供应商的商品入选 Costco,那么就表示该供应商具有了"受顾客欢迎的优质商品"身份。Costco 的商品销售量大,因此从这些供应商采购的商品数量也很大。

(3) 员工:员工待遇好,工资比同行高出几乎 50% 以上。

3. 盈利模式

盈利＝收入－成本

收入由三部分组成:商品销售收入、会员年费(一般会员年费是 55 美元,执行会员年费是 110 美元)和 Costco 的信用卡一两个点的分成。

成本由两部分组成:商品采购的成本和公司运营成本。

从创办时起,Costco 的商品毛利率从未超过 14%,近 5 年的综合毛利率只有 10.7%。10.7% 是什么概念? 以世界零售巨头沃尔玛为例,创办之初,美国零售企业没有 45% 的毛利根本活不下去。沃尔玛经过几十年"天天平价"的革命,才将毛利率控制在了 22% 到 25%。

Costco 的净利润主要来自会员年费。根据美国财经电台 CNBC 的报告,在 3 亿美国人中,Costco 的精准消费群体是 5000 万中产阶级——受过大学教育,拥有家庭,

---

① 陈文容,江贵松.会员制仓储零售商之王——好事多(Costco)的成功之道[EB/OL].(2004 - 09 - 09).中国营销传播网.Costco 去年销售亏损上亿美元,巴菲特雷军却依旧爱它[J].中国企业家,2016 - 05 - 30.如何让顾客相信你? Costco 不是你想学就学得会[EB/OL].(2016 - 08 - 22).柴火网.

年薪 10 万美元以上。Costco 2015 年的财报显示：商品销售亏损了 1.6 亿美元，会员费收入 25 亿美元。会员费的增长直接影响了 Costco 的净利润增长。对比沃尔玛，在过去的 10 年时间里，沃尔玛净利润的平均增长率为 3％，而 Costco 则达到 9％。

4. 企业资源的组织和生产过程的运作模式

(1) 在 Costco，库存单元（SKU，具体的商品品类）保持在 4000 种左右，每个小的细分商品品类，只有一到两种选择。而一家典型的超级市场有 3 万个库存单元，一家折扣百货店有 4 万～6 万个，一家超级中心则有 2 万个。由于 Costco 的库存单元少，客户寻找商品的效率高，同时意味着较少的商品重复，这样货架空间使用效率高，周转更快，存货搬运成本更低。Costco 的库存周转率是每年 15 次，大大超过了对手。增加一个库存单元必须由创始人同意，这个原则他们现在还坚持。因此，Costco 会慎重地选择供应商，一旦产品出问题，终身解约。同时 Costco 往往采取买断供应商的策略，Costco 里的很多商品在其他渠道都没有。

(2) 大包装。大包装降低了单位服务成本，节省了劳动和管理费用。

(3) 为顾客提供价值——最好的商品，最低的价格。在商品方面，Costco 提供最高品质的全国品牌和地区性品牌，100％的满意保证和低于传统的批发商或零售渠道的价格的商品。Costco 的总裁兼首席执行官 Jim Sinegal 说："我们的会员不是在我们这儿采购奇特的原料，他们是找我们购买价值——不是低成本。"因此 Costco 20 多年来一直努力为顾客提供卓越的购买价值服务，为顾客省钱，将最好的商品以最低的价格带给顾客，这也是 Costco 公司的使命。低价是 Costco 一贯坚持的经营理念。Costco 商品的毛利润范围在 1％～14％，整个连锁仓储店的平均毛利只有 9％左右。超过 14％的上限需要得到总裁 Sinegal 和执行副总裁的批准。但正如 Sinegal 反复，"这个正式批准永远不会来临"。

(4) 低成本的运营。与供应商合作大批量采购有限的品种可以降低采购价格；不做广告，没有公共关系人员；主要开在郊区；直接把卖场当仓库，上货的叉车在超市里行驶，所有商品都摆在巨大的仓储货架上；自有品牌"Kirkland Signature"，提供价格低廉且品质良好的产品，产品种类范围从成衣、电池、生活用品到食品皆有涵盖，均受到消费者相当高的评价，因此成本更低；重视高技术的使用，例如采用"快速接收"的仓库智能系统，极大地提高了货物的接收和存贮速度，节约了劳动力，提高了工作效率，降低了成本。

(5) Costco 支付了"零售业内最高的小时工资,提供了最好的福利"。在 Costco 通过一个 90 天的试用期之后,收银员起初每小时的工资是 7.5 美元,然后每 3 个月涨一次,3 年后,他们将每年赚 3 万多美元,或者每小时赚差不多 15 美元。2014 年,Costco 一个收银员时薪平均是 20.89 美元,相比而言,沃尔玛为 12.67 美元每小时,塔吉特百货为 8.18 美元每小时,而且 88% 的 Costco 雇员享受公司提供的健康保险。"通过这种方式,我们得到了更好的员工,"首席财务执行官 Galanti 说,"一个长期受聘的员工,受到更好激励会成为更具有服务导向的员工。"事实上 Costco 每个员工产生的效率比其他对手的都高,如 Costco 平均每个员工的盈利为 13647 美元,而山姆会员店只有 11039 美元。在 2008 年金融危机中,Costco 股价和净利润都大幅下挫,但 Sinegal 没有解雇一位员工,还拿出了自己的股份分给员工。Costco 一直非常重视员工的培养,很多最初在停车场搜集购物车的底层员工最后都进入了管理层。2014 年美国员工满意度调查中,前 25 家公司,只有 Costco 一家属于零售企业。员工待遇甚至超过硅谷一些顶级的科技公司。正因为如此,Costco 的员工变更率低,只有约 20%,是零售业平均水平(64%)的 1/3。

(6) 服务好到"变态"。提供终身免费退换货:Costco 规定,除了电脑、数码相机和投影仪等一些电子产品需要在购买后 90 天内进行退换外,其他商品没有退货期限。也就是说顾客在购买后,随时都可以拿着商品无理由退换,而且不需要提供购物收据。比如有人成功退掉了已经发烂的桃子,吃到只剩一颗巧克力的巧克力盒,买了几年的衣服。Costco 这样的规定却让它的退货率极其低。在 Costco,顾客可以免费试吃食物到撑饱肚子,可以免费安装汽车轮胎和做平衡测试,免费检查视力和调整镜架,免费停车。Costco 的加油站,因为会员价格明显低于其他加油站,所以你常常可以看到一排长长的队伍。

(7) 创新化多种经营。1995 年,Costco 推出自有品牌的产品线 "Kirkland Signature",并开始销售汽油。除此之外,还推出了药品添加剂,新鲜肉等产品,以及光学一小时成像实验室、制造和烘烤部门等。通过将金融、房产等引入 Costco 的会员服务项目中来,会员的满意度有了极大的提高。1998 年,Costco 开通了其网上购物网站 costco.com,并于 2002 年实现了盈利。网上提供了 2200 种商品,而仅只有 15% 在 Costco 的传统店里有售。

Costco 正是通过其在资源组织和生产过程运作模式方面的一系列做法，保证了其价值创造模式落到实处，为顾客、供应商和员工持续创造价值。公司因此培养了忠诚的会员，会员续费率非常高。研究公司 Trefis 的报告里写道：Costco 会员的续费率为 90.6％，升级为执行会员的人达到了 38％，一个会员每年平均会去 Costco 22 次。全年的总会费只占到总销售额的 2％，却占到总利润的 54％左右。这些做法最终使公司保持了合理的盈利，其盈利模式因此得以保持。Costco 在全球 8 个国家和地区开有 629 间卖场，仅是沃尔玛的零头，但单店的经营业绩却 4 倍于沃尔玛，目前是美国最大的连锁会员制仓储量贩店，年销售额超过 970 亿美元，是全美第二大、全球第七大零售商。在 2005—2015 年 10 年中，Costco 股价涨幅高达 322％，相比之下沃尔玛仅为 47％。

企业价值取向

企业价值取向是企业决策者对企业性质、目标、经营方式做出的取向选择，是企业所有经营与管理行为的内在依据，是企业传承过程中的基因。目前，那些著名的企业的创始人几乎无一不是因为某种价值取向而创业的，如微软公司比尔·盖茨的"每个人办公桌上都有一台个人电脑"，苹果公司斯蒂夫·乔布斯的"保持艺术品位的不断技术创新"，耐克公司菲尔·耐特的"做好的运动鞋并让普通人也能体会运动的快乐"，星巴克霍华德·舒尔茨的"让更多的人享受最好的咖啡以及由此带来的氛围"。这些人开创或者重新定义了一个行业，促使他们当初做出这些决定的，正是他们坚守至今的价值取向。无独有偶，如今国内知名度最高的马云，在创立阿里巴巴之前，就意识到了电子商务对未来商业形态的影响，并确立了"让天下没有难做的生意"的价值取向。而正是这一价值取向打动了软银的孙正义，从而让阿里巴巴获得了最初的风险投资，为公司初创期的发展提供了重要的资金保障。

企业价值取向强调的是企业安身立命的根本，是企业在经营决策上的核心理念，是成功的关键。

我们再重温下前述的 Costco 案例。

案例6-3

Costco 的商业模式 part 2

公司创始人、总裁兼首席执行官 Jim Sinegal 说过："我们的会员不是在我们这儿采购奇特的原料,他们是找我们购买价值——不是低成本。"因此 Costco 20 多年来一直努力为顾客提供卓越的购买价值服务,为顾客省钱,将最好的商品以最低的价格带给顾客,这是 Costco 的公司使命。"为顾客提供卓越的购买价值服务,为顾客省钱,而不是赚顾客的钱",这就是创始人 Sinegal 的价值取向,也是 Costco 公司的价值取向。Sinegal 始终强调"你是顾客的委托人。你要想得到就必须先付出。当你以低价买进一件东西,就要把省出来的钱还给顾客。"当所有的老板都在追求毛利不断增长时,只有 Costco 整天在想,如何可以少赚一点,为顾客多省一点钱。Costco 的平均毛利率只有 9% 左右,商品一旦高过 14% 毛利就必须汇报 CEO,再经董事会批准。但正如 Sinegal 反复说的:这个正式批准永远不会来临。如果商品在别的地方定的价格比在 Costco 的还低,商品就会被下架。公司的首席财务执行官 Galanti 解释道:"我们的计算机系统将不允许将任何东西的价格标高 14%,但也不会低于 1%。现在,例如我们购买了一批 Calvin Klein 牛仔裤。一家典型的货色齐全的商店会以每条 45 美元到 50 美元的价格出售它们,而我们只能以每条 28 美元到 30 美元的价格出售。以每条 33 美元的价格,20% 的利润率出售是很容易的。但它将和我们的以低价格出售给会员的哲学不一致。""我们的经验法是,将省下来成本的 80%~90% 返还给消费者。"

为了帮顾客省钱,1.5 美元的热狗＋苏打水 20 年都没有变过。Sinegal 多次拒绝了华尔街咨询人士提出的上调商品价格以提高利润率的建议。在接受《休斯敦纪事报》的采访中,Sinegal 说:"我不在乎华尔街分析师们批评我将员工和顾客利益放到了股东利益之前。"分析师们想看到净利润的增长,但 Sinegal 坚持称:"我们想要建立的是一个能生存 50 年以上的企业。"

为了帮顾客省钱,Costco 要求供应商利润增加时要为商品提供折扣,让顾客分享。星巴克曾经因咖啡豆减价却未向 Costco 提供折扣,导致 Costco 威胁说要将星巴克的所有咖啡产品从商店下架。后来星巴克董事长 Howard Schultz 致电 Sinegal 并质问道:"你以为你是谁? 价格警察吗?"结果 Sinegal 回答说:"是的 。"

为了帮顾客省钱,Costco 的会员卡可于全球任意一家 Costco 卖场使用,并且公司规定"于会员卡有效期限内的任何时候,您若不满意,您可以取消会员卡,我们将退还您全额会员费"。执行会员要求交 110 美元的年费,有资格在一年内享受消费总额 2%(最高 750 美元)的返现,以及一部分保险优惠。公司规定:"如果返现没有超过升级增加的 55 美元会员费,Costco 会以支票形式在年底将差额返还给您,您不会有任何损失!"

坚持"为顾客省钱"的价值取向的结果是什么呢? 结果正如雷军所说的:"Costco 这个模式难在什么地方? 因为它不挣钱,所以也融不到钱。在某次金融危机的时候它其实已经快关门了,被卖给一个 VC(风险投资人) 了,今天创始人在公司是没有任何股权的。但是这个创始人还在管理公司,他的梦想就是做成一个伟大的公司,他根本不在乎公司是不是自己的。他用了 15 年的时间才让美国人民相信 Costco,因为大家都觉得'无奸不商'嘛,你肯定蒙我了。现在,进了 Costco,不用挑,不用看价钱,只要闭上眼睛买,这是一种信仰。"[①]信仰的结果是 Costco 单店的经营业绩 4 倍于沃尔玛,Costco 年销售额超过 970 亿美元,是全美第二大、全球第七大零售商。

我们再看一个相反的案例。作为中文互联网最大搜索引擎,百度公司最初的价值取向是"让人们最平等便捷地获取信息,找到所求",这一价值取向决定了百度选择的目标消费群体就是"有精准信息搜索需求的人"。为此,百度开放平台依靠先进的数据分析、智能推荐等方式,使信息与用户需求精准对接,让优质应用被快速呈现在需求者面前,为用户提供了"即搜即得""即搜即用"的搜索体验,公司也因此成为行业巨头。但 2016 年的"贴吧事件"和"魏则西事件"却导致网民对百度的广泛批评和质疑,公司市值因此也损失惨重。

---

① 小米创立 6 年首次外部专家交流会.雷军自述小米创业[EB/OL].(2016 - 07 - 08).新浪科技.

案例6-4

百度贴吧事件

百度贴吧,是百度旗下独立品牌,全球最大的中文社区。贴吧的创意来自百度首席执行官李彦宏:结合搜索引擎建立一个在线的交流平台,让那些对同一个话题感兴趣的人们聚集在一起,方便地展开交流和互相帮助。贴吧是一种基于关键词的主题交流社区,它与搜索紧密结合,准确把握用户需求,为兴趣而生。2003年年底百度贴吧上线,截至2015年12月,贴吧注册用户超过15亿,月活跃用户突破3亿,共拥有1900万个主题吧。

2016年1月10日,百度贴吧血友病吧吧主及吧务在一夜之间被全部撤下,发言及管理吧务的权利被封禁,取而代之的是自称为某血友病研究院院长及教授、ID为"血友病专家"的网友。知乎网友"蚂蚁菜"爆出百度公开竞价出售病种类贴吧,贴吧遍布各种虚假医疗广告信息误导消费者的内幕。百度的这一举动一时间激起了网友极大的愤怒。

知乎网友ytytytyt继血友病吧被卖曝光之后,称实际上"百度40%的热门疾病吧已经被卖,而大多数用户都会通过百度搜索医疗信息甚至完全信任这些信息"。他表示被卖的贴吧可以被分为野鸡医院承包型(甲亢吧),"专家"承包型(帕金森吧),广告平台承包型(脑瘫吧),组团承包型(灰指甲吧),网站承包型(牙齿吧)。

2016年1月11日晚间,血友病吧公示了百度对这一事件的处理结果:解除与医院的商业合同,撤销全部因为商业合作增加的新人吧主,原有旧吧务可继续管理血友病吧。日后百度将引入一个国际公益医疗组织来担任吧主,同时还承诺血友病吧将不会被出售给医院等商业机构。

然而,这一事件所激起的人们对百度贴吧甚至是百度本身的不满并未停止,在自媒体、社交平台上持续发酵。最终在1月12日,百度不得不再次发表声明,称病种类贴吧将全面停止商业合作,仅对权威公益组织开放合作。

2016年1月16日,针对百度贴吧存在违法违规信息及商业化运作管理混乱、部分搜索结果有失客观公正、百度新闻炒作渲染暴力、恐怖等有害信息的突出问题,国家网信办约谈了百度公司负责人。百度负责人表示将认真反省公司管理失责问题，并将就"血友病吧"一事再次向网民做出说明，全面整改。

2月19日下午，百度公司发送内部邮件，通报了对张亚勤等多位高管的处罚结果。

百度贴吧事件的发生不是偶然的。早在2012年年底，百度CEO李彦宏发了一封"改变，从你我开始"的内部公开信。李彦宏在信中表达了对百度现况的担忧，提出了"鼓励狼性，淘汰小资"的说法，"淘汰小资是呼唤狼性，呼唤狼性就是要胡萝卜加大棒。要让所有员工更明确，如果想找一个稳定工作不求有功但求无过地混日子，请现在就离开，否则我们这艘大船就要被拖垮"。这封信被视为百度要赶上移动互联网大潮和全面商业化的信号。"贴吧"作为百度独创的重要产品，自2003年诞生以来，积累了非常高的用户规模和活跃度。但一直以来，在贴吧活跃生态的背后是吸金能力有限的不争事实。有贴吧团队成员对媒体表示，2015年是贴吧官方"全面开始经济体系建设"的元年。或许，正是在这种内部考核的巨大压力之下，贴吧团队才祭出了"卖吧"这种下策。

百度贴吧事件余波未息，魏则西事件再次刺痛了人们的神经。4月12日，西安电子科技大学21岁学生魏则西因滑膜肉瘤病逝。他去世前在知乎网站撰写治疗经过时称，在百度上搜索出武警某医院的生物免疫疗法，随后在该医院治疗后致病情耽误。此后了解到，该技术在美国已被淘汰。魏则西不知道的是他其实是百度搜索竞价排名的牺牲品。

百度贴吧事件和魏则西事件说明了什么？2016年5月1日百度董事长兼首席执行官李彦宏发布内部信，首次对1月份的贴吧事件、4月份的魏则西事件进行了反思。

案例6-5

百度董事长兼首席执行官李彦宏发布内部信

这些天，每当夜深人静的时候，我就会想：为什么很多每天都在使用百度的用户不再热爱我们？为什么我们不再为自己的产品感到骄傲了？问题到底出在哪里？

还记得创业初期的百度……细想起来,那个时候大家都憋着一股劲,要做最好的中文搜索引擎。我们每个人每天都为自己做的事情感到特别自豪。在这些梦想的感召下,我们去倾听用户的声音,去了解用户的需求,在实力相差极为悬殊的情况下,一点点地赢得了中国市场。是我们坚守用户至上的价值观为我们赢得了用户,这些用户在贴吧里盖楼、在知道里回答问题、在百科里编写词条,他们创造的内容、贡献的信息,让我们区别于竞争对手,正是他们成就了百度的辉煌。

然而今天呢?我更多地会听到不同部门为了 KPI 分配而争吵不休,会看到一些高级工程师在平衡商业利益和用户体验之间纠结甚至妥协。用户也因此开始质疑我们商业推广的公平性和客观性,吐槽我们产品的安装策略,反对我们贴吧、百科等产品的过度商业化……因为从管理层到员工对短期 KPI 的追逐,我们的价值观被挤压变形了,业绩增长凌驾于用户体验之上,简单经营替代了简单可依赖,我们与用户渐行渐远,我们与创业初期坚守的使命和价值观渐行渐远。如果失去了用户的支持,失去了对价值观的坚守,百度离破产就真的只有 30 天!

要重新审视公司所有产品的商业模式,是否因变现而影响用户体验,对于不尊重用户体验的行为要彻底整改。我们要建立起用户体验审核的一票否决制度,由专门的部门负责监督,违背用户体验原则的做法,一票否决,任何人都不许干涉。

可见,李彦宏认为,由于百度从管理层到员工对短期 KPI 的追逐,价值观被挤压变形,与创业初期坚守的使命渐行渐远,为此要求百度按价值观重新审视公司所有产品的商业模式。确实,企业价值取向对公司商业模式有决定性的影响。企业价值取向通常是由创始人所确定的,而商业模式则是这些价值取向的实现方式。对于大多数企业而言,他们的商业模式在不断变化,只有商业模式背后的价值取向保持相对稳定,这些价值取向才能支撑着创业者去调整他们的商业模式。以星巴克为例,在霍华德·舒尔茨接手这家公司之前,它不过是位于西雅图的一家提供咖啡豆的公司。两个原创始人对咖啡充满了狂热,对赚钱并不在行,他们的愿望只是提供美国最好的咖啡豆。正是这一理念吸引了霍华德·舒尔茨的加盟,在他接手之后,星巴克的商业模式发生了很多变化,从卖咖啡豆到卖咖啡,再到成为一个超越家庭和办公室的“第三空间”。但星巴克的价值取向一直没有大的改变——让更多的人享受最好的咖啡以及由此带来的氛围。这种朴素的价值取向使星巴克在 30 年时间里成长为一个享誉全球的知名品牌。

企业价值取向也决定了企业的产品定位。如果 Costco 放弃其"为顾客提供卓越的购买价值服务，为顾客省钱"的价值取向，追求利润率，那么 Costco 也就不可能为顾客提供"最好的商品，最低的价格"，其产品定位也将因此而被改变。

我们用图 6-2 来说明企业价值取向与市场定位、产品定位和商业模式定位的关系。

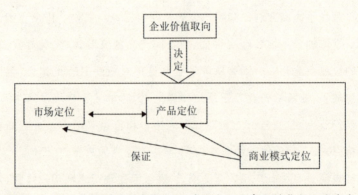

图 6-2　企业价值取向与市场定位、产品定位和商业模式定位的关系

在这方面，新东方也有深刻教训。让我们分享一下新东方创始人俞敏洪在新东方 2016 财年总结表彰大会上的反思，从中不难体会到价值取向在企业定位和企业发展中的巨大作用。

案例6-6

俞敏洪在新东方 2016 财年总结表彰大会上的反思

可以说在近 10 年中，2016 财年是新东方做得最好的一年。做得最好不是因为我们的利润收入，我之所以说 2016 财年做得最好，是因为新东方终于回到可以达到共识的路上来。在过去很多年间，新东方在核心的价值体系上几乎从来没有达到过统一的观点，包括我也摇摆在是维护股东利益，还是维护新东方学生利益的犹豫中。

　　非常感谢 2014 年、2015 年新东方业绩溃败,那个时候的溃败不仅仅是收入和利润在下降,更加要命的是客户、学生家长对我们的认可,以及我们自己在新东方干事的骄傲感、崇高感和自尊都在不断下降。感谢这样的一种下降给我们带来的警示;感谢这样的下降,使我在 2015 年年初的时候下定决心,必须让新东方坚定不移地回到以教学产品、教学质量为核心,提供极致服务为核心的轨道上来。

　　2016 财年,新东方校长们的薪酬指标中,再也不出现收入和利润这两个词。而之前新东方校长们的考核指标,基本上都是一个非常粗犷的以应该完成多少收入和利润为标准。当然并不是说我们不要收入和利润,我一直坚信一个理念,这个理念就是只要路走对了,我们到达目的地这件事情是不用怀疑的,就怕路走错了会和目的地背道而驰。

　　新东方的责任不仅仅是对股东。我坚定不移地认为,当股东与员工和老师的利益形成冲突时,一定要站在员工和老师一边;当员工和老师与学生和家长利益冲突时,则应该站在学生和家长这一边。

　　我想传达的理念是,新财年我们没有商量余地,必须坚持教学产品、教学质量、教学服务达到极致状态。我们要做市场,做营销,要做品牌影响力,但是如果没有前面的这些基础,后面什么都不是。我始终相信曾国藩说的,但问耕耘,不问收获。并不是说不要收获,而是说耕耘做好了,收获自然而然就有了。如果我们认为理念和价值观是对的,那么只要照着价值观去走,哪怕把新东方走没了,我也心甘情愿,何况照着这些理念去走,不应该走没了,过去财年的成绩就是典型的证明。

"企业产品定位"和"企业的资源与能力": 谁决定谁?

　　我们下面要特别说明"企业的资源和能力"在商品全价值经营中的作用问题。很多人认为,一个企业所拥有的资源和能力决定了这个企业能做什么产品,亦即"企业所拥有的资源和能力"是企业市场定位、产品定位和商业模式定位的决定因子或者决定因子之一。这看上去合情合理,其实根本是本末倒置,害人不浅。柯达公司巨大的资源能力及其优势自然是在胶片方面，它正是背着这个巨大的包袱而迟迟无法完成向数码市场的转变。而 PC 巨头联想进军互联网和手机市场时，"自然而然"地想到借助其在 PC 市场取得巨大成功的人力资源、生产资源、销售网络和能力等，结果是：1999 年 10 月联想在国内领先创办门户网站 fm365.com，在 2000—2001 年，盛极一时，但在 2003 年 10 月却关门大吉，互联网业务最终大败而归；而联想手机也是在短暂的辉煌之后便在中国市场节节败退，甚至有人得出"搞 PC 越成功的人搞手机越失败"的结论。

为何如此？根据商品全价值经营的理念，企业经营是以满足消费者的需求为核心和出发点，而资源和能力是为"满足消费者需求"这个核心服务的，换言之，正是企业的目标消费者需求定位决定了企业的产品定位，进而决定了企业为此需要什么样的资源和能力，而不是相反。如果企业现有的资源和能力恰好能与其目标消费者需求定位和产品定位相匹配，那自然是再好不过；如果企业现有的资源和能力与其目标消费者需求定位和产品定位不相匹配，那么企业就需要抛弃不匹配的那部分现有资源和能力，而去寻找与之匹配的新的资源和能力。

小米的发展过程是一个很好的案例。2010 年 4 月，雷军的师弟李华兵给雷军发了一封邮件，推荐一个从德信无线出走的无线业务团队，他们希望做一款独立的手机硬件。雷军将这个无线业务团队招到麾下，成立"小米工作室"，决定进军手机市场。那时候，雷军手中没有其他的手机资源和能力，但这是个问题吗？根本不是！雷军将小米工作室改名为"小米科技"，开始组建团队，前半年花了至少 80％时间找人，幸运的是他找到了 6 个牛人合伙，雷军自己任董事长，原谷歌中国研究院副院长林斌担任公司总裁，原微软中国工程院开发总监黄江吉、原金山词霸总经理黎万强、原摩托罗拉硬件研发负责人周光平、原北京科技大学工业设计系主任刘德、原谷歌中国高级产品经理洪峰担任副总裁。他们全有技术背景，平均年龄 42 岁，经验极其丰富，分别来自金山、谷歌、摩托罗拉、微软等，土洋结合，理念一致，且大都管过超过几百人的团队，充满创业热情。于是便有了 4 年后小米手机中国市场销量第一的辉煌。2014 年11 月，原新浪网总编辑陈彤加盟小米公司，任副总裁，负责内容投资和内容运营，结果小米仅用了半年左右的时间就在视频内容的数量上超过了乐视。2015 年 6 月，移动芯片老大高通中国掌门人王翔加盟小米。业界认为：王翔加盟小米，短期看，凭借其在芯片产业内 10 多年的经验及积累,肯定会为小米在未来手机乃至智能硬件等涉及芯片层面方面提供强大的支持,例如借助其高通的背景,强化与高通的合作;而从长期看,将有利于小米拥有自己的芯片设计能力。所以一个企业如果展示了很好的发展前景,发展所需要的资源和能力是可以获得的。

小米的案例只是无数成功案例中的一个。大量的事实都说明:企业的目标消费群体及其需求定位和与之匹配的产品定位决定了企业资源和能力的配备,而不是相反。

第七章　商品全价值经营的逻辑过程

前面我们已经对企业开展商品全价值经营的逻辑起点进行了分析,那么,商品全价值经营的逻辑过程是怎么样的呢? 下面我们将从消费全过程中企业与消费者之间关系互动的视角来进行分析。

商品价值环流

(一) 企业与消费者之间以商品为媒介的价值交换过程

从传统的产品经营视角来看,企业为满足自身需求而生产产品卖给消费者,消费者因为某种需求去购买企业生产的产品,产品成为满足双方需求的媒介。企业与消费者之间以产品为载体通过交易来满足双方各自的需求,产品经营过程涉及产品研发、制造、展示、体验、交换、使用一直到产品评价的整个过程。因此,我们看到的是一个产品流,如图 7-1 所示。

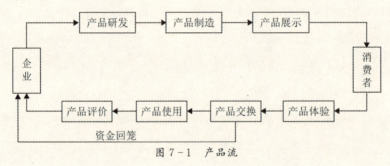

图 7-1　产品流

但从商品全价值经营视角来看,企业与消费者之间是以商品为载体通过交易来满足双方各自需求的。双方需求被满足的内在因素就是商品所包含的价值。企业与消费者之间的商品交易过程,实际上是双方的价值交换过程。如图7-2所示。

图7-2 企业与消费者之间以商品为媒介的价值交换关系

消费者购买商品是因为其有需求,消费者的多种需求形成需求体系。而企业则要根据自身的价值取向,选择相应的目标消费群体或特定的消费者个人,在充分挖掘该消费群体或个人需求体系的基础上,通过构建与之相匹配的商品价值体系,以提供特定的商品去满足其需求。需要注意的是商品的价值体系与消费需求体系彼此对应,但对应的方式具有特定性、多样性与变化性。商品的某一项价值可能可以满足一项或多项消费需求,而消费需求体系中的某一项也可能通过一项或多项价值来被满足。因此,只有当企业构建的商品价值体系与消费者的需求体系相匹配时,才能满足消费者的需求。

如果商品价值体系与消费者的需求体系相匹配,企业以商品为载体将所创造的价值呈现出来并提供给消费者,消费者体验到商品的价值后以等价交换的形式获得商品以满足自身需求。这样,价值就通过商品这个媒介传递给了消费者,满足了消费者的需求,而同时企业也得到了价值回馈。因此,企业与消费者之间是以商品为媒介的价值交换关系,而不是表象的产品交换关系。

(二) 商品价值环流模型

在企业与消费者之间以商品为媒介的价值交换过程中,理论上每一个时间节点上都存在着价值发现、价值创造、价值呈现、价值体验、价值交换、价值实现、价值回馈等这一不断循环流动的过程,我们将这一完整的过程称之为商品价值环流,其模型如图7-3所示。

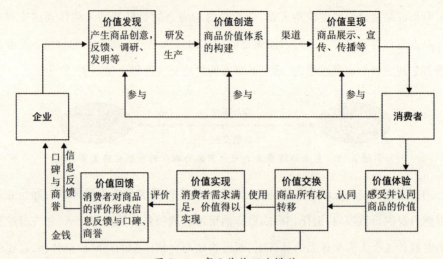

图 7 - 3　商品价值环流模型

在商品价值环流中,企业一直围绕着消费者的需求而动。

1.商品价值发现的过程,始于企业发现消费者的需求,其具体体现就是通过消费者的信息反馈、企业市场调研或者创意者个人洞察感知等激发产品创意。

2.商品价值创造的过程,其具体体现就是企业通过研发活动将符合消费者需求的产品创意设计成产品并生产出来。在这个过程中,鼓励消费者参与其中,比如参与商品设计(包括产品本身的设计和对消费过程的设计)。

3.商品价值呈现的过程,实际上就是消费者的需求被激发的过程,其具体体现就是企业通过展示、传播、沟通等方式试图让消费者能够感受到商品价值的活动过程。这一过程中消费者也可以参与进来,比如消费者(尤其是粉丝)通过参加产品发布会或电影首映式等现场互动,让现场气氛火爆,吸引更多消费者光顾,从而增强价值呈现与传递的效果。

4.商品价值体验的过程,表现为商品价值被消费者以各种形式体验到(比如参与也是一种体验)并产生购买欲望的过程;消费者从体验到商品的价值,到商品价值被消费者以价格形式达成交易并拥有的过程,我们称之为商品价值的交换过程,在这一过程中,企业的价值以回收资金的形式实现了一部分。

5.消费者体验到价值之后,需求即得到满足,价值得以实现,这一过程我们称之为商品价值的实现过程。

6. 随着消费者需求得到满足,消费者又以口碑等形式对企业进行价值回馈,这一过程我们称之为商品价值回馈过程。

在消费全过程中,由于消费者在不同阶段的需求不同,企业应时刻以消费者需求为导向,不断地进行商品价值发现、价值创造、价值呈现、价值体验、价值实现的活动。所以,在消费全过程中,商品价值环流每时每刻都在进行着,也就是说,商品全价值经营过程中包含着无数个这样的环流。虽然每个环流只是商品全价值经营过程中某一时间节点上的一个横断面,但如果这个阶段价值环流发生中断,将直接影响到消费过程能否继续进行下去。因此,企业的价值经营活动必须贯穿消费全过程的始终,不能有丝毫松懈。

消费全过程中的商品价值经营

如前文所述,整个消费过程中存在着无数个环流,而我们无法对每一个时间点的环流都进行分析,这样做既存在难度也没有实际意义,但我们可以针对消费过程中的关键时间节点(如身份转换的临界点)来剖析其商品价值环流的具体状态,从而探索出消费全过程中商品价值经营的一般规律和操作方法。那么,消费过程有哪些阶段?又该如何划分呢?

在通常的企业经营过程中,我们会提到售前、售中、售后3个阶段,但这是企业站在自身的立场上来谈销售的过程,实际上是传统的产品经营思路。在这种经营导向下,企业更重视自身利益而轻视消费者的利益,对消费者的需求缺乏深入研究和高度重视。比如,近年来,高铁因其方便快捷日渐成为人们旅行的首选交通方式,但是乘客在乘坐过程中也越来越多地抱怨其中的很多服务没有考虑到消费者的个性化需求。例如,铁路公司将座位分为二等座、一等座和商务座,一等座和商务座的票价是二等座的票价的1.5倍和3倍多,但除了座位宽敞一些外,乘客获得的其他服务非常少。特别是购买商务座车票的乘客,花了几乎三四倍于二等座车票的价钱,却并没有享受到如飞机头等舱一样的 VIP 贵宾候车室、专用通道、订餐等专属服务和贵宾待遇,反而与普通乘客一起排队等候安检,一样购买车上统一的餐饮。乘客花更多的钱购买商务座不仅仅是为了座椅舒适、座位宽敞一些,还想满足其节省时间、享受更周到细致"贵宾"服务的需求,但是高铁运营公司并没有关注到特定消费者的真正需求,只是从方便企业运营、节省成本、提高自身收益等角度来考虑问题,从而导致所提供的服务不尽如人意。

而我们认为,企业应该更多关注消费过程而不是销售过程,即不是站在自身的角度,而是从消费者的角度出发考虑问题。企业要了解在整个消费过程中消费者的真正需求是什么,这些需求如何才能得到满足,在这个过程中企业能够为消费者做些什么。因此,我们摒弃了传统的售前—售中—售后的阶段划分,而是重新站在消费者的视角,按消费过程的时间维度,基于企业与消费者之间互动关系的演化过程,对消费者在不同阶段相对企业而言的身份进行区分,并将消费者不同身份之间的转换作为消费过程不同阶段划分的依据,从而为消费过程不同阶段消费者的需求分析及相应的价值经营方法找到了一条全新思路。

(一) 消费过程的阶段划分

在消费全过程中,随着企业与消费者之间的价值互动关系的不断推进,对企业来说,消费者的身份在不断地进行转换,我们研究发现,大致存在潜在消费者、光顾者、购买者、用户、朋友、粉丝6种身份,而消费者相对企业而言的这些身份恰好可以用来对消费过程进行描述,即根据不同身份之间的转换可以将消费过程划分为若干个不同阶段。对于潜在消费者、光顾者、购买者、用户、朋友、粉丝这6种身份,尽管这些词汇人们耳熟能详,但它们在大多数情况下混同使用,这样就造成对消费过程的认识不清,因此,我们有必要对其进行梳理和重新区分,如表7-1所示。

表7-1 消费全过程中消费者的不同身份

身 份	含 义
潜在消费者	可能会购买企业产品的人,但企业尚未接触
光顾者	指已经光顾实体销售店或者网上店铺,关注企业、销售场所或者企业产品,但尚未购买和使用产品的客人
购买者	指花钱购买了产品的人
用户	企业产品的使用者
朋友	互动之后与企业或者其员工建立起了友情的人
粉丝	对企业及其产品、品牌、代言人、企业家等特别狂热、崇拜、爱好、支持的人

1. 潜在消费者

潜在消费者是对企业而言的,是指那些可能会购买或者使用企业产品,但企业尚未接触的人。

2. 光顾者

光顾者是指已经光顾实体销售店或者网上店铺,关注企业、销售场所或者企业产品,但尚未购买和使用产品的人。特别要强调的是光顾者不仅仅是指那些光顾实体企业或者销售场所的人,还包括在网络上通过各种虚拟途径关注企业及其产品的人。

对于企业而言,潜在消费者与光顾者的区别就在于是否光顾接触(包括现实接触和虚拟接触)。尚未接触的,我们称之为潜在消费者;如果已经光顾接触,那么,潜在消费者就成为企业的光顾者了。正所谓"来的都是客",只要光顾之后就成为光顾者。

3. 购买者

购买者是指花钱购买了产品或服务的人。

购买者不一定是用户,但一定是付钱的。用户也不一定是购买者,比如父母购买婴儿服装,父母是婴儿服装的购买者,但不是用户,婴儿是婴儿服装的用户,但不是婴儿服装的购买者。再比如互联网用户,免费使用企业提供的产品或服务,他们是企业产品的使用者,但不是企业产品的购买者。

4. 用户

用户是企业产品和服务的使用者。

用户使用产品或服务,但不一定付费,如免费下载使用、免费体验等。在互联网时代,互联网价值随着用户数量的增长而呈算术级数增长或方程式增长(即梅特卡夫定律)。例如,软件、网络、标准、游戏等的使用人数越多,其价值就越高,也越能吸引更多的使用者。因此系统开发者可以用低价(或是免费)来吸引使用者,一旦使用者数目达到了临界点,网络效用以几何级数增长以后,开发者就可以凭借产品收费或以广告等方式盈利。

互联网时代强调企业与用户之间的互动,用户通过互联网在线平台与企业进行咨询、交流、意见沟通、交易,双方建立起更加紧密的联系。企业通过互动,提升用户对品牌的认知度和忠诚度。

5. 朋友

互动之后建立起了友情,企业与顾客便成了朋友。

一个成功的企业往往是"将顾客视为朋友,顾客视其为朋友"的典型。当企业为顾客提供保姆式的服务,让他们慢慢懒得去选择和思考,只知道出现问题后第一个想到的就是你这个朋友时,市场便唾手可得。从本质上说,顾客非常愿意结交一个强大、体贴、靠得住、愿意在自己遇到困难时提供帮助的朋友。

6. 粉丝

粉丝是对企业及其产品、品牌、代言人、企业家等特别狂热、崇拜、爱好、支持的人,是企业及其产品的追随者和支持者。相比朋友关系,粉丝对企业及其产品、品牌等有着更强的情感依赖,有时甚至是一种非理性的情感。

粉丝和用户并不是一个概念。一个企业拥有很多的用户,却不代表着这些用户都是企业或产品的粉丝。

需要注意的是,在消费过程中,消费者的身份转换并不一定是按照上述顺序依次进行的。如在免费文化下,顾客可能先成为企业的用户,使用体验企业的免费产品或服务,而后再去购买,成为企业的购买者。又如企业通过与消费者的互动,双方建立了友情成了朋友,而后消费者再去购买企业的产品或服务,成为企业产品的购买者。

这样,我们根据消费者不同身份之间的转换便可以将消费过程划分为若干个不同阶段,而由于消费者身份转换路径的不同,又可以区分出不同的消费过程。

(二) 消费全过程的价值经营

一般来说,一旦企业与消费者之间建立了联系,比如,潜在消费者看到企业的广告或产品、走进专卖店等,价值环流即开始启动。无论是否达成交易,双方互为价值的主客体关系将会持续下去,除非一方消失,而最大的可能是双方的关系停留在某个阶段,保持不变。但对企业来说,它想要的是客户,而企业在很多情形下又无法直接将潜在消费者变成客户,这就必须想办法促使消费者的身份不断进行转换。那么,企业应该怎么办呢?

由于消费者在消费过程每个阶段的需求点是不同的,只有当这些需求被满足后,消费者才会将消费过程继续下去。因此,企业必须在消费全过程中不断地创造价值,并将这些价值传递给消费者,通过价值来满足需求,即开展全过程的价值经营,才能促使消费者身份不断转换。而在消费者身份转换的每一个阶段,都伴随着商品价值环流的涌现。我们将商品全价值经营的过程用图7-4来表示。

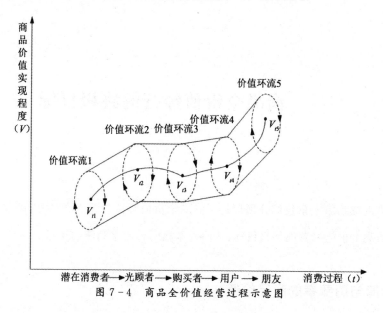

图7-4　商品全价值经营过程示意图

如果我们用 V 来表示商品价值实现程度,消费过程(t)每一个时点的价值环流所实现的价值为 V_{ti},其中,$i=1,2,\cdots,n$,则在商品全价值经营过程中总的商品价值实现程度可以表示为:

$$\sum V = V_{t1} + V_{t2} + \cdots + V_{tn}$$

有一些企业认为,如果顾客没有购买商品,就没有价值。其实不然,在企业与消费者的生命周期里,双方的价值关系将是永恒的,并不会因为没有交易或者交易结束而消失。交易可以中断,但双方的关系不会中断。正所谓"生意不成情意在",这里的"情意"就是价值。尽管没有实现全部价值,但仍然满足了光顾者的一些需求,实现了部分价值。而光顾者虽然自己没有购买东西,但很可能因为产品或服务好而介绍朋友来购买,从而对企业进行了价值回馈。反之,如果企业因为没有达成生意,就对光顾者冷眼相对,甚至恶语相加,那么,所造成的损失不仅仅是气走一两个光顾者的问题。试想光顾者负气而走,并出去广而告之,那么企业信誉就会一落千丈,生意萧条,从而带来负面价值"回馈"。因此,作为企业,应对这样的过程应进行主动的规划和干预,即开展全过程的价值经营。

第八章 商品全价值经营的终极目标

在第六章和第七章我们分别探讨了商品全价值经营的起点和过程,在本章,我们将探讨商品全价值经营的终极目标,从而为本篇内容画上圆满的句号。

企业价值与消费者的商品价值

(一) 企业价值

我们前面已经定义了商品价值,商品价值是指商品满足特定消费者需求的某种属性。确切地说,商品价值是指企业的商品价值,因为不同的企业即使生产相同的商品,其满足特定消费者需求的结果也是不一样的。

下面我们定义企业价值。从商品全价值经营的视角,我们定义企业价值是企业所经营的所有商品价值的总和。人们在企业价值中经常提到的品牌价值、商誉价值等无形资产的价值已经体现在商品价值之中,所以不需要另行计算。

企业价值体现在 3 个维度上:消费者购买的商品数量、购买价格与购买品类。如图 8-1 所示。

与企业价值相关的一个概念是企业的社会价值。

社会价值是指企业通过价值经营活动满足社会或他人物质的、精神的需要所做出的贡献和承担的责任,包括依法缴税、促进就业、环境保护、产品质量保证、员工成长等方面。

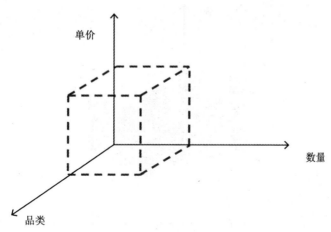

图 8-1　企业价值的 3 个维度

（二）消费者的价值

与企业价值对应的另一个概念就是消费者的价值。

严格地说，消费者的价值这个概念并不严谨，因为它存在下列两种可能的含义：

1. 企业为消费者创造的价值。即消费者购买、使用企业商品满足其需求而获得的价值。

2. 消费者对企业的价值。对企业而言，消费者的价值在于购买企业的商品，同时给予企业资金、市场信息以及口碑等方面的回报。

除非特别说明，我们将消费者的价值定义为第一种含义，即消费者的价值是指消费者购买、使用企业商品满足其需求而获得的价值。很明显，消费者的价值与企业商品和消费者需求相匹配的程度成正比，即匹配的程度越高，消费者的价值越高。企业商品和消费者需求相匹配的维度有三：数量、层次、强度，如图 8-2 所示。

另外，消费者的价值与其购买和使用的企业商品的价格成反比。即商品价格越低，消费者的价值越高。这样就出现了一个有趣的现象：似乎商品价格在消费者的价值和企业价值中起着相反的作用。因为在企业价值的构成中，商品价格是与企业价值成正比的一个因素，即商品价格越高，企业价值越高。但其实，从商品全价值经营的角度看，二者并非像大家想象的那样存在严重冲突，因为企业价值和消费者的价值都有另一个共同的更重要的影响因素——"企业商品和消费者需求相匹配的程度"。

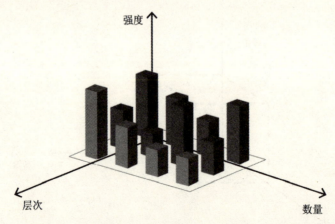

图 8-2　企业商品和消费者需求相匹配的 3 个维度

对于消费者来说,如果企业商品和消费者需求不相匹配,不论商品价格多低,他也不会购买,因此消费者的价值也就无从谈起;同样对于企业来说,如果企业商品和消费者的需求不相匹配,消费者不会购买,不论商品价格多高,商品价值根本无法实现,企业价值也同样无从谈起。所以在"企业商品和消费者需求相匹配"这个因素制约下,商品价格是一把双刃剑,合理的价格才是双方都愿意接受的结果。即使是在垄断市场,商品价格过高也会导致消费者的愤怒。

我们看一看下面这个案例,从中不难体会到商品价格的双刃性。

案例8-1

迈兰制药公司药价暴涨引起愤怒[①]

美国一名参议员的女儿执掌的迈兰制药公司被曝近年来暴涨药价。调查显示,美国迈兰制药公司近年来让旗下 20 多种药品大幅涨价,其中最受关注的就是一款名为 EpiPen 的抗过敏药。

一些医生介绍,EpiPen 是治疗过敏性反应的肾上腺素注射笔,对过敏人群而言可谓居家必备,但其价格在短短 9 年间从 56.64 美元暴涨至 317.82 美元,涨幅达461%。美国消费者权益保护组织"捍卫公众利益组织"负责人罗伯特·韦斯曼举例说,在邻国加拿大,每支肾上腺素笔的售价约为 112 美元,而美国出售的 EpiPen 价格

[①] 美国一制药公司猛涨药品价格遭质疑殃及特朗普[J].北京晨报,2016-08-26.

却是前者的 3 倍,"令人愤怒"。他痛斥迈兰公司"威胁民众生命,侵吞国家利益"。

在 2015 年接受美国《财富》杂志采访时,迈兰公司首席执行官希瑟·布雷施形容 EpiPen 是她的"心头宝"。在她执掌迈兰公司期间,这款过敏药的年销售额从 2 亿美元增至超过 10 亿美元。

不少人注意到,就在这些药品大幅涨价的同时,布雷施的年薪从 2007 年的 245.3 万美元上涨至 2015 年的 1893.1 万美元,涨幅达到 672％。

迫于民众压力,美国参众两院不少议员介入此事,呼吁当局展开调查,控制药价涨幅。当时的民主党总统候选人希拉里·克林顿 24 日也发表声明,批评迈兰公司"把谋利放在(满足)病人需求之前"。更为玄妙的是,当时的共和党总统候选人特朗普的一名竞选"金主"、百万富翁约翰与迈兰制药公司存在大量现金往来,这给特朗普与希拉里的较量增添了负分,让特朗普倍感窝火。

康涅狄格州联邦参议员理查德·布卢门塔尔致信迈兰公司,呼吁其将 EpiPen 降价,"鉴于这种肾上腺素笔的实际垄断地位……让美国民众普遍能够买得起这款产品,至关重要"。

在该报道出现的 2016 年 8 月 24 日,在纳斯达克市场的迈兰公司股票价格下跌超过 5％,收于 43.15 美元。

正价值与负价值

价值经营活动贯穿企业与消费者接触的全过程,在此过程中,并不是所有的价值经营活动都对满足消费者需求起到积极作用,有时也可能产生负面效应,因此,要分清价值经营过程中的正价值和负价值。所谓正价值活动,即对满足消费者需求起积极作用的价值经营活动;相应地,对满足消费者需求起负面作用的价值经营活动,被称为负价值活动。在现实中,也可能存在零价值活动的情形,零价值活动是指在满足消费者需求方面没有积极作用也没有消极作用的经营活动。

在价值创造过程中,如果企业出现方向性错误或者人为的闪失,会给顾客带来负面价值。比如,企业对顾客需求产生了错误研判,使其价值创造的努力方向与顾客的真实需求相偏离,从而无法满足顾客需求。这在产品设计方面体现得尤为突出。拿索尼公司来说,索尼曾是多媒体领域的创新动力源泉,有着悠久的历史,创造过很多设计一流的产品,建立了成熟又成功的电影工作室,发行过大量的畅销音像产品,也是世界上最大的游戏品牌之一。但如今,苹果公司的 iPhone 和 iPad 等产品在全世界广受欢迎,势如破竹,而索尼的产品却给人大大落伍于时代的感觉,索尼公司甚至显得有点举步维艰。今天的索尼并不缺乏创新,只不过是为了创新而创新,甚至脱离市场,结果其创新活动所带来的只是负面价值,这是索尼在技术研发领域一个非常致命的缺陷。类似的失误不胜枚举,比如在液晶电视研发上,索尼公司曾坚持认为液晶技术是一种过渡技术,没有必要大力研发,而是把主要目光放在自身的优势技术上,结果使其产品背离市场的发展趋势。再比如,索尼于 1999 年就研发成功并开始销售记忆棒随身听,这比 iPod 早了足足两年的时间,但是因为顾及记忆棒随身听对集团内部索尼音乐公司可能造成的影响而没有大造声势,结果浪费了时间导致 iPod 后来居上。很多公司在设计研发时常常会落入这样的"思维陷阱":"给消费者设计一种产品,并不是因为消费者需要,而仅仅是因为企业能够做出来。"这个理念与我们倡导的商品全价值经营刚好相反,所以索尼公司陷入困境就不难理解了。

在价值呈现与传递过程中,也可能会产生负面价值。比如,企业通过明星代言来向消费者传递价值,但万一代言人出现负面新闻,其所代言的品牌可能也会"躺着中枪"。柯震东"涉毒"新闻一出,其所代言的炫迈口香糖就成为躺着中枪的例子。柯震东在炫迈口香糖的广告中有一句"洗脑"一样的台词:吃了炫迈,简直停不下来。而网友借此恶搞"柯震东吸毒简直停不下来"的段子很快在社交网络上传播开来,而台湾媒体在得知这一消息后,竟然误认为炫迈是一种新兴毒品,在电视新闻中报道出来。这个新闻又成为新的段子,在社交网络二次传播……不过,有些个人或企业却通过负面新闻炒作而提高了知名度。比如,从"张钰""兽兽""闫凤娇"等事件,再到"优衣库"不雅视频事件,无论是炒作"女猪脚(女主角)",还是炒作品牌,这种手段都屡试不爽。这是为什么呢? 因为此种事件,是人性和本能的激发,只要有一点风吹草动,就会在人群中广泛流传,变成风口浪尖上的"热点"。然后,在这些事件中各个环节各取所需,品牌获得关注度和流量,"女猪脚"可能变成网红,身价立马翻番,甚至一些借势的品牌也能获得一些流量。可见,负面新闻炒作是一把双刃剑,可能带来负价值,也可能对品牌知名度产生正价值,企业需要谨慎把握。

总之,企业在价值经营过程中应尽量减少和避免负价值的产生。企业在选择满足哪些消费者的需求以及消费者的哪些需求时,要从自身价值创造能力的实际出发,谨慎考虑。比如,近年来春秋航空公司将一些"过度维权"乘客拉入"暂无能力服务的旅客名单"(黑名单),拒绝为他们提供服务,正是因为该公司认为这些乘客会给企业带来负价值而出此对策。再比如,互联网领域专业招聘网站——拉勾网,依靠口碑取得爆发式成长,在发展中遇到的问题主要是研发进度方面,用户需求太多,需要满足的点很多,但研发节奏跟不上。这表明,虽然企业发现了需求,但在价值创造过程中,企业自身的能力不够,这也是值得注意的问题。

需要说明的是,虽然零价值活动不影响企业为顾客创造的价值总和,但对满足消费者需求起不到作用的活动,实际上是在做无用功,考虑到所有的活动一般多少都会有成本,因此企业也应该尽量减少零价值活动。

关于消费者价值和企业价值的 4 个定理

关于消费者价值和企业价值的 4 个定理涉及 3 个方面:在消费者价值与企业价值的关系方面有两个定理(定理 1、定理 2),在"价值环流"方面有一个定理(定理 3),在"社会价值"方面有一个定理(定理 4)。

定理 1   以损害消费者价值的方式去追求企业价值最大化,企业价值终将丧失。

如前所述,消费者的价值与"企业商品和消费者需求相匹配的程度"成正比,而与商品价格成反比,因此以损害消费者价值的方式去追求企业价值最大化的可能情形是:企业商品和消费者需求相匹配的程度过低,或者商品价格过高,或者二者兼而有之,所有这些情形都会导致消费者放弃购买和使用,因此看上去很美的企业价值最终根本无法实现。

定理 2   以长期损害企业价值的方式去追求消费者价值最大化,消费者价值终将无法保证。

在短期以牺牲企业价值的方式去追求消费者价值最大化,目的是为了打击竞争对手、争夺消费者,这是常见的可行的竞争策略。但这种策略不能长期实施,因为长期实施这种策略的结果是企业将长期入不敷出,企业因此将面临生存危机。如果企业消失,当然消费者价值自然也就会随之消失。不少互联网公司总习惯以"烧钱"的方式开拓市场,但一旦后续投资跟不上,企业生存就难以为继了。2015 年洗车 O2O 倒闭潮,为我们提供了这样的案例。

案例8-2

洗车 O2O 倒闭潮

洗车与汽车维修、汽车保险相比,属于高频服务,据统计,中国车主每月洗车的次数是2.3次,因此洗车 O2O 业务,其实是通过上门洗车服务,积累巨量用户信息(车牌、车型、手机、地址等)的服务平台,这个平台一定会向汽车后市场其他低频服务拓展,并最终形成事实上的汽车后市场的入口。对于公司来说,还有比拓宽业务渠道更有价值的服务吗? 于是我们看到洗车 O2O 公司如雨后春笋般出现,但这种盎然的势头仅仅持续了一年时间就成了历史。

2015 年 1 月,云洗车关闭洗车业务;2015 年 1 月,厦门本地服务平台智富惠关闭洗车业务;2015 年 4 月,嘀嗒洗车关闭洗车业务;2015 年 7 月,车8 宣布关闭上门洗车业务;2015 年 9 月,小雨洗车全面关闭;2015 年 10 月,赶集易洗车并入 58 旗下的呱呱洗车,停止原有洗车业务;2015 年 10 月,e 洗车大量裁员并停止上门洗车业务;2015 年 11 月,我爱洗车公司解散,老板失联。

上门洗车对于消费者来说,有价值吗? 回答是很有价值。上门洗车之所以有价值,是击中了用户的痛点,在此之前,用户的洗车场景是这样的:开车出门,在离家最近或者顺路的洗车行进行清洗。由于工作日时间较为紧张没时间洗,节假日往往出现排队洗车的情况,这意味着要花费更多的时间成本,加上往返的油耗和洗车本身的费用,用户体验非常糟糕。上门洗车就非常直接地解决了这些问题,尽管洗车费用比洗车行高出几块钱,但并不会产生油耗和过多的时间成本。用户在产生洗车的想法后,只需在手机上进行预约,就有技师上门服务了。

对于消费者如此有价值的业务,为什么纷纷倒闭了呢? 原因在于惨烈的价格大战。因为市场需求是有限的,为了抢占市场,蜂拥而入的各家洗车 O2O 公司不顾一切开展了价格大战。"1分钱洗车"的传单轮番轰炸小区,但企业运营的成本开支并不小,一套完整的运营上门洗车设备大约需要1500元,再加上人工和推广费用,洗车O2O简直是名副其实的"烧钱游戏"。于是在资本寒冬来临时,这样的"烧钱游戏"终于难以为继了。

定理3   如果价值环流中断,企业价值和消费者价值都将丧失。

在商品全价值经营过程中,伴随着消费者身份的不断转换,消费者需求不断得到满足,商品价值也逐渐趋向最大化。在消费全过程中,企业需要不断地挖掘消费者的需求,并据此进行恰当的价值匹配,进而推动价值环流不断向前推进,否则,企业为消费者带来的负价值过多,超过了正价值,就会出现价值环流中断,如图8-3所示。

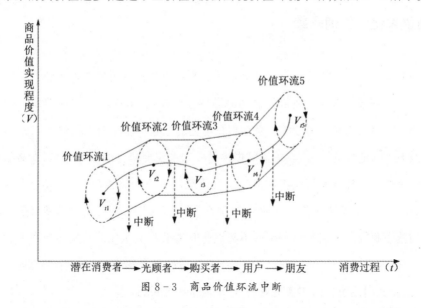

图8-3   商品价值环流中断

实际上,在消费的全过程中,消费者的价值实现是一个自始而终的过程,而不仅仅是最后一瞬间的事。在这个过程中,价值会不断叠加或者减少。消费者在价值实现过程中不断进行价值判断,做出是否继续或终止的行为决策。

而一旦价值环流中断,商品价值的实现就成为泡影,而消费者的价值以及企业价值随之就都无法实现。

保持价值环流的关键是使企业商品价值和消费者价值和谐匹配,因此企业在价值经营全过程中,自始至终都要致力于满足消费者的需求。

定理 4　企业社会价值的损害,最终会导致企业商品价值和消费者价值的损害; 相反,企业社会价值的提升,最终能导致企业商品价值和消费者价值的提升。

如果企业在经营活动中,不承担相应的社会责任,不依法缴税,不促进就业,不保护环境,不提供产品质量保证等,一方面可能会因违法而将受到法律的惩罚,另一方面也可能会受到道德的谴责和社会舆论的广泛批评,企业声誉和形象将受到负面影响,最终会影响消费者的购买决策,从而影响商品价值和消费者价值的实现,进而影响企业价值。反过来,如果企业积极承担社会责任,就会提升企业的社会价值,从而提升企业的社会声誉和形象,最终会促进商品销售,对商品价值、消费者价值以及企业价值的实现都会带来积极作用。

价值最大化和价值永续

商品全价值经营的终极目标当然是消费者价值和企业价值的最大化。但因为商品价格在消费者价值和企业价值之间的微妙相反作用,似乎同时实现消费者价值和企业价值的最大化是不可能的。然而根据前述的企业价值定理 1 和定理 2,消费者价值和企业价值的任何一方,不可能以损害另一方来实现自身的最大化,二者必须保持适度的平衡。这样就有可能实现商品全价值经营真正的终极目标,达成一个共赢的结果,即在保持消费者价值和企业价值适度平衡的前提下,同时实现消费者价值和企业价值的不断提升。当然这种价值不断提升的结果并不能分别达到各自数学意义上的最大化,而是在保持消费者价值和企业价值适度平衡这个约束条件下的价值共同最大化,企业因此也可以实现基业长青、价值永续的目标。

1. 企业为消费者创造最大化价值

在现代市场形势下,利润是企业生存的基础,而消费者是利润的源泉,企业只有树立"以消费者为中心"的经营理念,快速响应并满足消费者个性化、多变的需求,为消费者创造最大化的价值,才能在激烈的市场竞争中获得生存和发展。

消费者价值最大化就是企业通过创造与消费者需求相匹配的商品价值,使消费者需求在数量、层次、强度上得到最大化的满足,同时保持价格合理。

因此,要使消费者价值最大化,企业可以从数量、层次、强度 3 个方面来努力。消费者价值最大化不仅取决于单次交易的价值量,而且取决于交易次数。尽管单次商品交易是一瞬间的事,但只要企业能够不断满足顾客的消费需求,商品价值的交换将是长久的。因此,要实现消费者价值最大化,必须挖掘顾客终身价值,做好顾客终身价值管理。

2. 企业自身价值实现最大化

企业的经营目标是追求自身价值最大化。企业通过市场来出售自己的商品以实现其利润,但企业行为要受到来自消费者的需求约束,这种约束是由消费者对商品的认识和偏好以及消费者自身的购买力等因素决定的。因此可以说,消费者是企业价值实现的源泉,消费者价值决定了企业成长的空间,向消费者交付最大化价值是实现企业价值最大化的重要保证。

企业价值最大化体现在 3 个维度上:消费者购买数量的增加、购买更高价产品和购买多品类产品。

不同企业实现自身价值最大化的路径有所差异,有的企业以市场占有率见长,如格力集团在空调产品的市场占有率上位居行业首位;有的企业以品类见长,如美的集团为消费者提供多品类电器产品;还有的企业在产品创新上有优势,如曾经的苹果手机。当然,企业也会在多个维度上追求最大化,比如格力不仅在空调产品数量上占优势,还通过拓展产品品类、提升产品单价来实现企业价值最大化。

3. 企业还应为社会创造价值

随着社会文明的不断进步,消费者的个人素质和消费观念也在发生着变化。消费者在做出购买决策时信息往往是不充分的,他们在做出购买决策时,越来越多地倾向于关注企业生产经营以外的信息,如品牌资产(如美誉度、知名度和满意度等)和社会责任行为,以此来判断企业及其产品是否符合自己的价值取向。在这一过程中,消费者收集企业信息和企业使消费者感知自身的信息都会花费大量的成本。那么怎样快速、有效地使消费者感知企业信息和品牌信息,是企业价值呈现与传递活动的一个重点和难点。如果企业实施积极的社会责任行为,如慈善捐赠、引领行业环保标准等都会使消费者迅速、准确地感知企业信息,有助于企业在消费者中建立良好的企业形象和品牌形象,提高和维护消费者的品牌满意度和忠诚度。另外,由于品牌资产具有"外部性"特征,因此很容易产生口碑效应,为企业赢得更多的潜在顾客,提高企业的市场份额。

因此,商品价值的交换不仅仅是企业与消费者双方之间的事,还有社会、环境的相互作用与影响。企业尽到了社会责任、义务，为社会做出了贡献，社会也为企业提供保护、扶持、生产资源、荣誉、公信力等，有利于企业的生存与发展。

4. 价值永续

基业长青、价值永续应该是每个企业都梦寐以求的目标，那么，在全价值经营的过程中，企业该如何努力才能使价值环流不断循环，同时又使价值链不断向前延伸呢？这是一个关乎企业长远发展的问题，我们不得不时时刻刻进行深入的思考。

前面已经讲到，企业商品全价值经营定位的决定因素是企业的价值取向。因此，企业如果想要尽可能地做到价值永续，就应该以正确的价值取向为指引，不断整合资源和提高能力，而企业的价值创造能力是否与企业的价值定位目标相匹配，将直接决定企业能否创造出符合消费者需求的商品价值。如果两者不匹配时，就需要对其进行调适使之匹配。当企业的价值创造能力达不到企业的价值定位目标要求时，就需要提升企业的价值创造能力，而要提升企业的价值创造能力，就要鼓励创新。

那么，何为"创新"？管理学家彼得·德鲁克认为，创新就是为客户创造新的价值。但是，在创新的过程中，并不是所有企业都能坚守这一准则，它必须灌注到研发体系和市场体系当中。一般来说，企业价值创造能力包括产品创新能力和商业模式创新能力两个方面，那么，企业应该怎么在这两个方面提高创新能力呢？

一方面，企业要提升产品创新能力。华为的任正非曾讲过，"产品研究过程中，评价标准要调整一下，注重产品的商业价值和利益，而不是片面重视发明创造。将新颖性、实用性、先进性相比较，更应突出实用性，形成面向客户的研究体系"。也就是说，企业要通过挖掘消费者需求，找到满足需求的价值元素，从而构建与需求相匹配的商品价值体系才是产品创新的主要方向。而产品创新能力包含了利用各种工具和手段进行需求挖掘和价值匹配等。

另一方面，企业还要提升商业模式创新能力。商业模式创新实际上就是对将消费者变为客户的转换路径进行的创新，也就是消费过程中企业与消费者之间沟通方式的创新。

总之，企业只有以消费者需求为导向，确立符合企业、消费者和社会三者之间最大公约数的正确价值取向，并不断调适价值创造能力来秉持和坚守企业价值取向，同时不断进行产品创新和商业模式创新，才能不断满足消费者需求，才能实现企业价值与消费者价值、社会价值的共赢与永续发展，做到价值永续。

第三篇　商品价值环流剖析

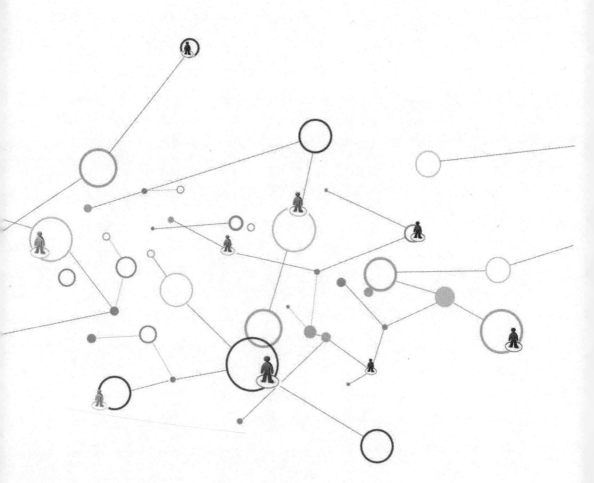

前面我们已经谈到,在商品全价值经营过程中包含着无数个商品价值环流,在分析消费全过程的价值经营方法前,我们先对某一时点的商品价值环流进行解剖,弄清其运行的过程与方法。

本篇将以消费需求为出发点,对包含价值发现、价值创造、价值呈现与传递、价值体验、价值交换、价值实现、价值回馈等过程的商品价值环流进行剖析,找到价值与需求的匹配方法,通过为消费者创造价值,来满足消费者的需求。

第九章　价值发现

　　所谓价值发现,是指通过市场调查、消费者研究、数据分析等方法来挖掘消费者的显性需求、隐性需求和新需求,并针对消费者的需求曲线,找出与其匹配的价值曲线的过程。价值发现是商品价值环流的起始点。

消费需求的发现和挖掘

　　价值经营的出发点是消费者需求,价值发现首先就是要发现和挖掘消费者的需求。

　　消费者的需求就是指消费者具有货币支付能力的实际需要。具体包括两个方面的内容:一是消费者的实际需要,二是消费者愿意支付并有能力支付的货币数量。消费者的实际需要对消费者需求起决定性作用,而消费者收入水平会对消费者需求量构成限制。更通俗地说,如果一个消费者实际不需要某种商品,即使其收入增长或者商品价格下跌,他也不会去购买这个商品;而如果一个消费者实际需要某种商品,他才可能有购买的愿望,但最终购买愿望能否实现,则受其收入水平的影响。如果收入水平不足,他可能会放弃购买、推迟购买,或者减少购买的数量,而一旦其收入增加,就会重新产生购买行为,尽量去满足其对商品的实际需求。但是理性的消费者绝不会愿意用更多的钱去购买与过去完全同质的商品。因此,只有提高商品的档次,才能满足收入增加后的消费者的实际需要。当然,消费者收入增加也可能会使消费者产生新的需求。

我们可以将消费者的需求分为现有需求和新需求,前者可进一步细分为显性需求和隐性需求。

(一) 显性需求和隐性需求

消费者的现有需求可以分为显性需求和隐性需求。

显性需求是消费者自己知道、有明确感受、可以描述出来的需求,如进入奶茶店的消费者,会直接告知需要什么产品、什么口味,店员根据消费者描述直接为消费者制作奶茶,这类显性需求是极易被发现和满足的。

而隐性需求则是消费者潜在的需求,即需求实际上是存在的,但消费者或者在某个时刻没有想到,或者有朦胧的想法但不能清晰感受和描述。例如,一个女性消费者有购买靴子的需要,于是她去商场,但最终不仅购买了靴子,还购买了一件衣服。在决定去商场购买靴子的时候,她并没有想要买衣服(但买衣服的需求其实存在,只不过是隐性需求),但她在商场看到了喜爱的衣服时,隐性需求转变为显性需求,购买行为随之发生。

我们再看一个隐性需求的例子。大家去海底捞吃火锅,人多时需要等位,可是等位的人越来越多,椅子就不够用了,后来的人只好站着等,这时就会有很多的抱怨声,甚至有的人会选择离开。而恰巧此时服务员端来水果和糕点,让正在等位的人享用,大家就会觉得这个服务太贴心了。我们分析一下在这个场景中,等位的人都希望能够坐在椅子上等,这是显性需求,而在等位的过程中,能够吃些点心、水果,这其实是隐性需求。这个例子有意思之处在两点:隐性需求(在等位时吃些点心、水果)是显性需求(坐在椅子上等位)派生而来的,消费者决定去海底捞吃火锅时对此并没有这种想法。一般情况下,消费者的显性需求被满足时,消费者一般不会感到兴奋或惊喜,而不被满足时,消费者则会产生抱怨,比如给等位的顾客提供椅子坐。而当消费者的隐性需求被满足时,消费者一般会感到兴奋或惊喜,而不被满足时,消费者却不会产生抱怨。可能有人会认为:满足消费者在等位过程中吃水果和糕点的隐性需求增加了企业的成本,但满足这个隐性需求的价值在于留住了顾客,并且会吸引更多其他的顾客。

在价值经营过程中,企业既要发现和满足消费者的显性需求,同时又要能够挖掘和刺激他的隐性需求。

在电子书盛行、网络购书成为主流、实体书店纷纷倒闭的当下,在寸土寸金的日本东京银座,有家名为"一室一册·森冈书店"的小书店,通过"一间房,一本书"的经营方式创新,仅开业半年,就开始盈利,并产生了巨大影响力,成为东京银座的文化标签。那么森冈书店何以成功? 也许答案就在于书店的经营方式满足了读者单纯读书目的之外的某种隐性需求。

案例9-1

一室一册·森冈书店

书店老板森冈督行按照传统模式经营书店时,发现很多人进书店并没有抱着明确的目的,他们不过是来挑挑拣拣,碰碰运气看能否遇到一本好书。很多时候,他们总是会在几本书之间纠结,而现在森冈书店所做的事就是帮助读者做出选择。因为森冈坚信:收藏一件精品比收藏一麻袋垃圾要有价值得多。为此,他组建了一支搜索团队,分析用户的社交数据,发掘读者的阅读兴趣,罗列出用户可能最感兴趣的书和他们认为最值得推荐的书。此外,他们每周精心挑选一本好书在店内售卖的同时,会再根据这本书构建一个相关主题,策划一系列与这本书有关的展览、活动等。就这样,由于信息的对称,读者很容易就能在森冈书店买到自己喜欢的书,而这些丰富的参与互动体验,更是读者无法在网络上获取的。

可以看出,读自己喜欢的书是读者的显性需求,但是怎么便捷地找到喜欢的书并能更丰富地体验感受到喜欢的书所带来的多重享受就是读者的隐性需求。相比网络卖书和电子书盛行的竞争优势,实体书店能够生存发展的核心就在于深入挖掘读者的隐性需求,并能够提供差异化的服务来深度满足这些多层次的需求。

(二)新需求

消费者的需求有可能是已知的,也有可能是未知的,对于企业来说,前者就是如何选择和满足需求的问题,后者则是如何去挖掘和创造需求的问题。在商品全价值经营过程中,企业不仅仅要去选择和满足需求,还要去创造需求。因为,有时候消费者也不清楚自己到底需要什么。这时候,"企业创造需求"就显得格外重要。为此需要企业不断创新,通过新产品创造出新需求,进而激发消费者的购买欲望。比如,近年来从 iPod、iPhone 到 iPad,苹果公司每次推出的新产品,都能将技术转化为消费者所渴望的产品,并迅速地吸引消费者购买,苹果产品和设计不仅让人满意,更让人惊喜,不仅满足了需求,更创造了需求。同样,靠运动紧身衣起家的美国服饰品牌 UA (Under Armour) 也是创造消费需求的典型,UA 用"棉是我们的敌人"的口号,引领了以吸汗涤纶为材料的体育装备潮流。

(三) 发现和挖掘消费者需求的方法

对于消费者的需求,企业应该如何去发现和挖掘呢?

1. 市场调查

市场调查就是指运用科学的方法,有目的地、有系统地搜集、记录、整理有关市场信息和资料,分析市场情况,了解市场的现状及其发展趋势。市场调查的主要目的是掌握消费者的消费趋势和倾向,从中发现和挖掘消费者的需求。

传统的市场调查方法主要包括观察法、实验法、访问法和问卷法。

(1) 观察法,即由调查人员根据调查研究的对象,利用眼睛、耳朵等感官,以直接观察的方式对其进行考察并搜集资料。例如,市场调查人员到商场观察商品的外观和消费者购买情况。

(2) 实验法,即调查人员将调查的对象控制在特定的环境条件下,对其进行观察以获得相应的信息。控制对象可以是产品的价格、品质、包装等,在可控制的条件下观察市场现象,揭示在自然条件下不易发生的市场规律。这种方法主要用于市场销售实验和消费者使用实验。

(3) 访问法,可以分为结构式访问、无结构式访问和集体访问。

结构式访问是指采用设计好的、有一定结构的访问问卷进行的访问。调查人员要按照事先设计好的调查表或访问提纲进行访问,要以相同的提问方式和记录方式进行访问。提问的语气和态度也要尽可能地保持一致。

无结构式访问是指没有统一问卷,由调查人员与被访问者自由交谈的访问。它可以让调查者与被访问者根据调查的内容,进行广泛的交流。

集体访问是指通过集体座谈的方式听取被访问者的想法,收集信息资料的访问。

(4)问卷法,即通过让被调查者填写调查表的方式获得所调查对象的信息。在一般进行的实地调查中,以问卷调查采用得最为普遍。

除了这些传统方法外,互联网和信息技术的发展,为发现和挖掘消费需求提供了新的工具和方法。

随着互联网特别是移动互联网的发展,商家和消费者通过网络紧密相连,商家能够更加贴近消费者,通过与消费者建立良好的互动关系,更加及时、深入地了解消费者的需求。另外,在线调查能够快速获取众多消费者的意见反馈。网络口碑内容中包含着大量的来自消费者自发的对品牌和产品的反馈、意见、建议甚至投诉。这些一手的信息反馈,未经研究人员的诱导,也不受传统调研问卷的框架所限制,包含了丰富的消费者洞察,如消费者使用偏好、习惯、需求、关注的性能和购买驱动因素等,它们能为商品的改进与开发提供极具价值的参考。

市场调查的结论并非总是可靠。例如日本索尼公司盛田昭夫在 1979 年 3 月想推出欣赏音乐的单放机时,索尼公司工程部坚决反对盛田昭夫提出的只有放音功能,而没有录音功能的单放机;最初的市场调查结果表明,人们根本不喜欢这种产品。但盛田昭夫力排众议,坚持要开发小型单放机,并且为其起了个响亮的名字"Walkman"(随身听),后来的销售事实证明当初的市场调查结论是很不可靠的。Walkman 上市两个月之后,销售量就达到了 3 万台,所有人的疑虑被一扫而光,Walkman 开始变得非常流行。

2. 消费者调查研究

市场调查的调查对象一般比较广泛。而消费者调查研究一般针对企业商品的使用者或者意向购买者进行调查研究,调查消费者购买商品的原因、要求,或者使用商品的体会或者抱怨,从中发现和挖掘消费者的需求。

商品使用者的抱怨是发现和挖掘消费者需求的一个非常好的途径。比如:

"杯子中的水太容易变凉了"——催生了保温杯的需求;

"手机屏太小看不清字"——催生了大屏手机的需求;

"我不知道我今天究竟走了多少步"——催生了计步器的需求等。

3. 大数据分析

由于消费方式的在线化,消费者在网络上的消费行为都会留下数据痕迹,所以我们可以通过基于互联网的大数据分析系统,对海量的结构性及非结构性的历史数据进行分析和挖掘,以得到消费者的个性化需求。麦包包是淘宝第一箱包品牌,其成功主要是通过强大的数据分析来锁定消费者需求,从而掌控先机。利用 IT 技术,麦包包实现了对淘宝、拍拍和有啊三大 C2C 平台数百家箱包店铺,以及数十家 B2C 箱包网站的信息和数据抓取,从而判断市场前景。如今,麦包包的数据抓取范围已经走出中国,开始监控亚马逊、eBay 和欧洲的一些电子商务平台。奇迹背后是精准的需求分析。提前两个月,麦包包就在做市场分析,计算出各种款式的受欢迎度,以及在淘宝和它所有在线零售市场可能的销售数额,然后倒推回去做产品设计、包装及宣传推广。精准的计算,让麦包包能够快速根据消费者反应组织生产,把库存积压降到了最低点。

需求曲线

从微观角度看,消费者对某种商品存在偏好,可能是因为这种商品的价值结构与他的需求结构更加吻合。消费者在某一时点的需求结构主要体现在需求类型与需求强度两个方面。我们可以将消费者的需求结构用曲线描述出来,即需求曲线。如图 9-1 所示。

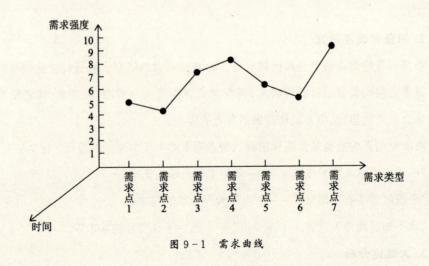

图 9-1 需求曲线

不同的消费群体或个人在某一时点的需求类型及强度存在差异,我们可以用需求曲线来区分,如图 9-2 所示。不同的人群对健康、安全、团体、温馨、身份、地位、审美等各种需求的强度各不相同,其中,知识分子相比公务员而言,更注重商品带来的情感体验,如温馨;企业家相比知识分子和公务员更在意彰显个人的身份和地位。即使在同一群体中,不同的消费个体在同一种需求上的强度也会存在差异。

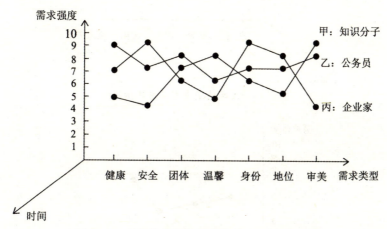

图 9-2　用需求曲线描述消费者的需求结构差异

不同的消费者因其收入水平、性别、年龄、社会地位等因素不同,其需求曲线也存在差异,而同一消费者的需求曲线也会在不同的时间和空间里存在差异。拿吃烤鸭来说,有的消费者不仅想吃到美味的烤鸭,还想领略悠久的烤鸭文化,比如到北京旅游的消费者要到前门全聚德烤鸭店吃烤鸭,这些消费者的需求点除了对美食的生理需求、感官舒适性需求外,还有领略传统历史文化的精神需求;有的消费者想在家里或在办公室忙里偷闲吃烤鸭解解馋,这些消费者的需求点不仅是对美食的生理需求、感官舒适性需求,更强调对消费过程的便利性、快捷性的需求。如果我们将前者称为 A 类消费者,将后者称为 B 类消费者,则两类消费者的需求曲线就存在差异,如图 9-3 和图 9-4 所示。

定制价值曲线

企业发现消费需求后,接下来要根据消费需求进行价值匹配,即根据需求曲线来定制价值曲线。

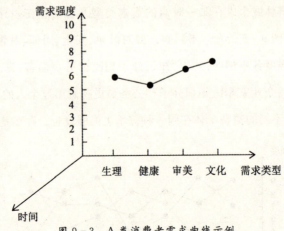

图 9-3 A 类消费者需求曲线示例

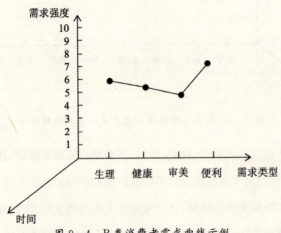

图 9-4 B 类消费者需求曲线示例

　　企业首先根据消费者的需求体系,找出与这些需求相匹配的价值体系,然后根据每一种需求的强度,对相应的价值元素的重要程度进行组合,这样就可以描绘出商品价值曲线,如图 9-5 所示。

　　由图 9-5 可知,价值曲线是由多个价值点连接而成的,找到与消费者需求相匹配的价值点是定制价值曲线的前提和基础。在上例中,A 类消费者的价值点在于烤鸭产品本身的功能性、健康性、感官舒适性以及消费环境的历史性、文化性等,其价值曲线如图 9-6 所示;而 B 类消费者的价值点除了烤鸭产品本身的功能性、健康性、感官舒适性外,更突出消费过程的便捷性,其价值曲线如图 9-7 所示。

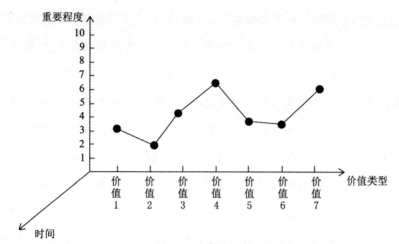

图 9-5　价值曲线

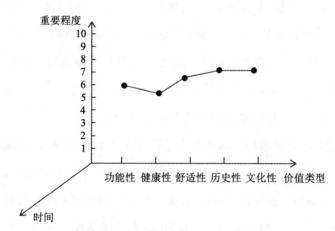

图 9-6　A 类消费者价值曲线示例

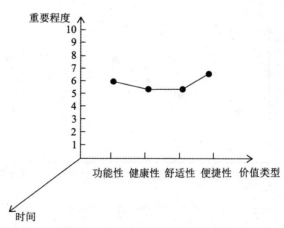

图 9-7　B 类消费者价值曲线示例

　　根据企业所选择的目标消费群体的需求曲线,企业可以定制出相应的价值曲线。红领集团的个性化定制就是一个典型案例。作为一家传统制衣企业,红领集团自主摸索出"互联网＋服装定制"的发展路径,在"哀鸿一片"的传统服装业中闯出了一条"涅槃重生"的新路。红领集团自主研发的西装个性化定制系统,建立起人体各项尺寸与西装版式尺寸相对应的数据库。该系统可以对顾客的身形尺寸进行数据建模,通过计算机 3D 打版形成顾客专属的数据版式。数据信息被传输到备料部门后,在自动裁床上完成裁剪。每套西装所需的全部布片会被挂在一个吊挂上,同时挂上一张附着顾客信息的电子磁卡,存储顾客对于西装的驳头、口袋、袖边、纽扣、刺绣等方面的个性化需求。针对这些个性化需求,公司通过平台数字化运营系统进行自动排单、裁剪、配里料、配线、配扣、整合版型等,实现对同一产品的不同型号、款式、面料的转换,以及流水线上不同数据、规格、元素的灵活搭配。目前已有超过 1000 万亿种设计组合和 100 万亿种款式组合可供选择。因此,红领集团可以为每一位客人定制出专属的价值曲线。而流水线上的电脑识别终端会读取这些信息并提示操作,在流水线上实现个性化定制的工艺传递,最终实现真正的"量体裁衣"。

　　比如,红领集团某顾客的需求类型主要包括安全需求(如西装蔽体)、便利需求(如节省时间、定制方便)、尊重需求、自我认同需求(如穿上后有自信)、舒适需求(如定制西装穿上后感官上的舒适、心情上的愉悦)等,我们将顾客的各类需求及其强度用需求曲线描述出来,如图 9-8 所示。根据顾客的需求曲线,红领集团可定制出其对应的价值曲线,如图 9-9 所示。

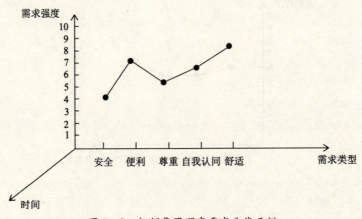

图 9-8　红领集团顾客需求曲线示例

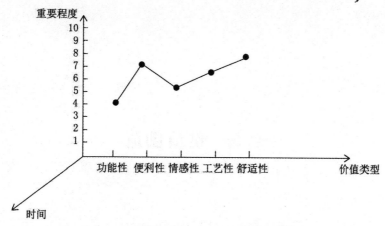

图 9-9　红领集团为顾客定制价值曲线示例

由于消费者的需求是不断变化着的,同一消费者在不同时间和空间下其需求曲线存在差异,因此,与之相对应的价值曲线也应不断调整。为了更准确地把握消费者需求,绘制价值曲线,企业需要利用网络平台,与消费者保持沟通,获取最及时的信息,并及时调整价值曲线。而且通过数据库的信息储存对于同类型消费者的价值曲线构造有参考作用,可以更加便捷迅速地定制价值曲线。

比如上面提到的红领集团,其服装工厂目前就是采用的 C2M 模式来进行定制化生产。所谓 C2M(Customer to Manufacturer),就是借助互联网搭建起消费者与制造商的直接交互平台,去除了商场、渠道等中间环节,从产品定制、设计生产到物流售后,全过程依托数据驱动和网络运作。C2M 模式通过数据驱动,可以根据消费者的个性需求变化适时进行价值曲线调整,在流水线上实现了单件流和个性化产品的大规模生产。

第十章　价值创造

前面我们谈到,企业通过挖掘,找到消费者的需求曲线,在此基础上定制出相应的价值曲线,那么,企业如何根据价值曲线以商品为载体将价值创造出来呢?

价值创造的内容

价值创造,有狭义和广义之分。狭义的价值创造就是指在商品设计和制造阶段,通过一系列手段和方法将价值附着在商品这个载体上,让商品能够承载特定的价值的过程,换言之,价值创造的目的就是通过赋予商品特定的价值,使消费者的需求在类型和强度上得到相应的满足。而广义的价值创造则贯穿商品从设计、制造、消费、使用的全过程,换言之,商品价值不仅仅是被设计和制造出来的,在商品呈现、传递、体验、使用过程中,商品价值也可能不断被创造,而使得商品总的价值不断得到提升。

本章我们主要探讨狭义的价值创造,即探讨如何赋予商品特定的价值。

(一) 赋予商品特定的功能价值

商品的功能价值主要满足消费者生存、繁衍、健康、安全等基本需求,包括功能性、配套性、便捷性、健康性、安全性、可靠性等价值属性。企业应根据价值曲线赋予商品相应的功能价值。

所谓赋予商品相应的功能价值,其实就是设计商品时,要将消费者的需求以商品功能的形式展现出来。换言之,设计人员要将消费者的需求转变为商品的技术指标或者设计要求,并最终以商品功能的形式体现出来。

例如消费者对别墅的需求是:外形漂亮、功能齐全、布局合理、面积有效使用率高、安全可靠、通风、采光、冬天保温夏天隔热、舒适、环境好、价格合理、装修时能按自己的意愿进行适度改造等。

设计人员则要确定:

别墅的总体风格是欧式还是中式?(满足"外形漂亮"的需求)

层数和面积设计?(满足"功能齐全、舒适、价格合理"的需求)

朝向如何设计?(满足"通风、采光、冬天保温夏天隔热"的需求)

整体功能结构如何划分?(满足"功能齐全、布局合理"的需求)

每层如何布局?(满足"布局合理、面积有效使用率高"的需求)

采用什么框架结构?(满足"安全可靠、装修时能进行适度改造"的需求)

外墙、屋顶和门窗如何设计?是否设计天窗?(满足"外形漂亮、安全可靠、冬天保温夏天隔热、舒适等"的需求)

阳台如何设计?(满足"功能齐全、布局合理、舒适"的需求)

采用哪些建筑材料?(满足"安全可靠、冬天保温夏天隔热、价格合理等"的需求)

花园和小区整体环境如何设计?(满足"环境好"的需求)

等等。

(二)赋予商品特定的情感价值

商品的情感价值主要满足消费者心理上的身份认同感、自我识别感、被尊重感等需求,包括象征性、稀缺性、文化性、历史性、情感性等价值属性。企业应根据价值曲线赋予商品相应的情感价值。

(三)赋予商品特定的审美价值

商品的审美价值主要满足消费者心理上的愉悦、感官上的舒适等纯自我需求,包括工艺性、艺术性和舒适性等价值属性。根据价值曲线对审美价值的要求,企业应将特定的审美价值附着在商品上,提供给消费者。

Christian Louboutin 2015 年推出的一款口红定价为 90 美元,价格是香奈儿高级口红的近 3 倍。定价如此之高，除了品牌定位之外，这款口红的艺术性价值或许更有说服力。这款子弹形状的口红（见图 10－1）可以同时作为项链佩戴（见图 10－2），管壳是以古巴比伦建筑、装饰艺术为灵感创作的，可以在上面看到古埃及 Nefertiti 王后所佩戴的王冠的影子。所以，此款口红告诉消费者这不仅是一支口红，更是一件艺术品，特定的艺术性审美价值满足了消费者的心理需求。

图 10－1　Christian Louboutin 口红

图 10－2　口红当成项链佩戴

　　很多企业不重视产品包装的设计。其实消费者关注产品时，首先看到的是产品包装，简陋的包装和精美的包装给消费者的视觉感受是完全不同的。需要说明的是，精美的包装并非一定是成本昂贵的奢华包装。

　　例如，插线板的包装在大家的印象中基本上都是塑料袋式的，而小米的包装设计却给了人们完全不一样的感觉，原来即使是插线板这样似乎毫不起眼的大路产品，其包装也可以设计出极简素雅风格的样子，而包装成本相对于塑料袋可能并没有增加多少，甚至没有增加。由此我们会发现小米插线板的细节设计是颇为讲究的，考察后发现小米插线板的设计很好地满足了用户的使用功能需求、安全需求和审美需求，如图 10－3 所示。

案例10-1

小米插线板及其包装设计

　　小米插线板为纯白纸盒包装，纸面平整，转角 90°垂直。包装正面只有小米的商标，背面有详细的参数和制造商说明，整体感觉极其简洁素雅。打开包装后发现，原来电源线的捆法也可以是门艺术，两边有专门防折圈。总之，产品给人的第一感觉是设计精美。

插座正面为磨砂材质,整个侧边都为光面。3个新国标组合孔和3个在一般插线板上看不到的 USB 插孔,由一个总开关控制。整个 USB 模块的最高输出为 5V 3.1A,单口最高 2.1A 输出,官标电源转化率达 82%。在安全性方面,小米插线板带有 20μA 的漏电保护,3个新国标组合孔都有儿童防护盖,防误插入和触电。插座背面也有功率参数。另外很少见的是,背部 4 个螺丝孔上加有硅胶垫圈,放在桌面上很稳。插座的体形很"窈窕",像笔盒一样,但每个插位的间距做得比较宽,余量较多,所以用户不用担心多个插头同时使用时空间不够的问题。小米插线板与市场上销售的其他常见的插线板一对比,优势就显而易见了。

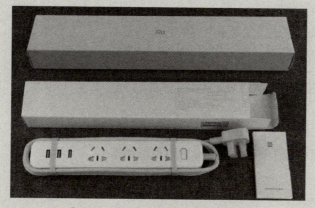

图 10-3 小米插线板及其包装设计

(四) 开发商品的新功能

在赋予商品功能价值的价值创造过程中,开发商品的新功能或者进行商品功能的升级换代,是满足消费者隐性需求和新需求的重要途径。

2015 年年初,媒体关于国人纷纷到日本抢购智能马桶盖的新闻一时成为热点话题。人们之所以到日本抢购智能马桶盖,正是因为它比传统马桶盖承载了更多的功能价值(如健康性),满足了人们对生活品质提升的需求。智能马桶盖具有便圈加温、温水洗净、暖风干燥、杀菌等多种功能,可以使人们的生活更加健康卫生,同时也使家居用品更加人性化。因此,即便其售价远远超过普通马桶盖也是供不应求,常常脱销。

Ralph Lauren 公司于 2015 年推出的男性可穿戴智能衬衫也是一个典型例子。此衬衫的特色是在胸部的环形位置用了一种延伸性能相当的银纤维织物连接一个小小的"黑匣子"，它能够跟踪识别人的心率、呼吸频率、运动强度、能量输出、压力水平、走路步数以及热量消耗等生物特征。这些信息可以直接载入 iPhone、iWatch 或者 iPod Touch 五代以上。衬衫原本只是一件衣服，具有遮羞蔽体的功能价值和时尚帅气的审美价值，而今融入高科技的智能设备，无疑是拓展了衬衫的功能价值（健康性）。无独有偶，施华洛世奇这家以水晶配饰为主业的公司，也在同年推出与包括手镯、手表带和吊坠等 9 个配饰相兼容的水晶健身跟踪器，可以计算佩戴者的步数，跟踪睡眠模式，计算行驶距离和消耗的卡路里，并与该公司的智能手机应用程序同步，可谓在水晶饰品的装饰审美价值之外添加了健康性功能价值。

价值创造的主体： 从 1.0 时代到 3.0 时代

（一）价值创造 1.0 时代：企业进行价值创造

长期以来，企业对于产品的研发、设计、生产和服务的改善，更多是依靠企业自身建立的系统来完成的，企业先将目标消费者的需求定义清楚，按照相应的价值曲线将价值以商品的形式设计、生产制造出来，然后提供给消费者。这可以被称为企业价值创造的 1.0 时代。企业单向进行产品和服务创造，然后提供给消费者，即 B2C 模式。

（二）价值创造 2.0 时代：企业和消费者共同参与价值创造

在互联网时代，B2C 模式已经很难保证一个企业能够取得绝对竞争优势。因为消费者的话语权在互联网上被扩大了，来自任何一个角落的消费者都可能对企业的商品提出自己的看法，甚至消费者希望与企业进行互动，并希望他的意见得到应有的重视。今天的企业如果不能实时地倾听消费者，那么就可能无法真正把握和满足消费者的需求。"以用户为中心"，将产品做到极致，制造"让用户尖叫"的产品是互联网时代产品生产的"真理"，因此，企业应当将用户反馈融入产品设计、制造的大体系之中，不断调整并及时更新动态。所以说，企业价值创造的 2.0 时代就是消费者参与价值创造的时代。

实际上,让消费者参与到产品的设计生产过程中来就是消费者参与价值创造的一种方式。消费者远在产品正式问世之前,就积极参与产品的生产过程,支持产品改进和问世。这群消费者和品牌的关系紧密,并且是口碑宣传的最佳代言人,能够帮助企业以消费者为本去改善产品,并让更多的潜在客户获得前置体验。因此,企业要利用好与潜在用户的关系,提前让消费者参与到产品设计流程中来。众筹、个性化定制都是可用手段。

在消费者参与创造价值的时代,企业不仅要让消费者主动创造和参与到整个过程中,同时也要更加主动地与消费者进行对话,并且要实时关注消费者的意见,按照消费者的个性化需求进行设计生产。小米,就是让消费者参与价值创造的典范。人们常常问"小米的成功有何秘诀",小米创始人黎万强对此问题的回答是:"第一是参与感;第二是参与感;第三,还是参与感。"[①]构建参与感,就是把做产品、服务、品牌、销售过程开放,让用户参与进来,建立一个可触碰、可拥有,和用户共同成长的品牌。让用户参与设计和运营正是小米成功的秘诀。为此小米总结出了"参与感三三法则",即三个战略和三个战术。三个战略,即做爆品(产品策略)、做粉丝(用户策略)、做自媒体(内容策略)。三个战术,即开放参与节点、设计互动方式、扩散口碑事件。[②] 例如,为了让用户深入参与 MIUI(小米基于 Android 进行深度优化、定制、开发的第三方 Android 系统 ROM)的研发过程,小米设计了"橙色星期五"的互联网开发模式:在周一开发;周二开发/四格体验报告;周三开发/升级预告;周四内测;周五发包(在计划图中用橙色表示)。让用户深入参与 MIUI 研发过程的三个战术是[③]:

(1) 开放参与节点,即除了工程代码编写部分,其他产品需求、测试和发布,都开放给用户参与;这种开放,让企业和用户双方获益。

(2) 设计互动方式,即基于论坛收集客户需求,固定每周五更新。

(3) 扩散口碑事件,即 MIUI 产品内部鼓励分享机制—"爆米花奖",最早参与测试的 100 个用户,拍微电影《100 个梦想的赞助商》。

---

① 黎万强.小米眼中的新营销:参与感是灵魂[EB/OL].(2013-10-31).创事记_新浪科技_新浪网,黎万强微博,http://tech.sina.com.cn/zl/post/detail/i/2013-10-31/pid_8436548.htm.

② 黎万强.参与感:小米口碑营销内部手册[M].北京:中信出版社,2014:17-23.

③ 小米营销:用口碑擦出用户参与感[EB/OL].(2014-10-20).和讯网,http://tech.hexun.com/2014-10-20/169496420.html.

通过这样的用户参与机制，MIUI 收获了好口碑和增长速度，为后来小米手机的火爆发布打下用户基础。小米认为用户模式是互联网上最好的产品开发模式，用户模式大于一切工程模式。

（三）价值创造 3.0 时代：企业、消费者和外部设计师共同参与价值创造

未来的价值创造，仅由消费者参与还是不够的，有必要借助企业外部的设计力量来共同参与。企业外部的设计力量可能包括供应链合作企业、同行(基于合作协议)、相关领域其他企业的设计人员、社会上的独立设计师、感兴趣的专业人士等。这些外部设计力量通过虚拟组织模式连成一体从事商品开发，所有设计人员通过网络进行沟通和研究。这种组织模式非常灵活，企业可以按照任务需要来组织设计人员，既能扩大企业的设计队伍，又能节省开发人员费用。

由企业设计人员、消费者和外部设计师共同参与产品设计，这就是价值创造3.0时代的创造模式，也是未来将会流行的价值创造模式。美国超级高铁 Hyperloop 系统的开发采用的就是这样一种模式。不过在目前开发阶段，消费者还没有参与其中。

案例10-2

Hyperloop 系统的开发模式

2013 年 8 月，美国特斯拉创始人埃隆·马斯克将自己提议已久的超级高铁计划 Hyperloop 摆上了台面。Hyperloop 系统是一套全新的高速运输体系，该运输系统并非以火车而是以"铝制胶囊"为运输工具：将"铝制胶囊"置于钢铁管道之中，然后像发射炮弹一样将它发射至目的地。马斯克表示，Hyperloop 时速可达 1126 公里，乘客由洛杉矶到达旧金山只需要 30 分钟时间，仅为飞机需要飞行的时间的一半。在公布 Hyperloop 计划后，马斯克表示自己只提供理念和技术，但希望能与别的公司一起推进该项目。随后，超级回路技术公司 HTI(Hyperloop Technologies Inc.)正式接手 Hyperloop 项目。HTI 不是一个很标准的公司，更像是一个松散的团队，由美国各地的约 100 名工程师组成。团队用自己的空闲时间来研究这个设想，酬劳是股票期权。千万不要小瞧了这些成员。申请参加这个团队并不容易，已经有大约 100 人被拒之门外，而成功者几乎都在波音、美国宇航局、雅虎、空中客车、

SpaceX 和 Salesforce 这样的公司干全职工作。这是一个高智商者的组织。根据兴趣和技能,成员被分成了不同的工作小组,涵盖了这个宏大项目的各个方面,包括路线规划、传输舱设计以及成本分析等。工作主要通过电子邮件和网络来完成,每周大家都会讨论进度状况。HTI 称,未来将邀请更多人参与到该项目的讨论中来。马斯克此前举办了一项 Hyperloop 设计竞赛,面向所有人开放,鼓励高校大学生和独立工程团队参加。

价值创造方法的创新

如前所述,广义的价值创造贯穿商品设计、制造、消费、使用的全过程。从理论上讲,价值创造的方法是无穷无尽的。为避免与后续章节内容重复,我们在这部分仅仅从设计和制造视角探讨价值创造方法的创新思路。

总体而言,价值创造方法的创新可以从消费者和企业两个视角来考虑。

(一)基于消费者视角的价值创造方法的创新

从消费者视角,有三种价值创造的创新路径。

1. 寻找未满足的消费者需求

寻找未满足的消费者需求即消费者有某种需求,但尚没有商家发现或者重视这种需求,因此市场上没有相应的产品(服务)能满足消费者的这种需求。Walkman 的开发过程为我们提供了这方面的一个好案例。

案例10-3

Walkman 的开发

在 Walkman 推出之前,人们有随时随地随身听音乐的需求,但消费者的这种需求被忽视,当索尼公司的盛田昭夫认为消费者这种需求很大时,他想发明专门便于人们欣赏音乐的单放机。刚开始的时候,索尼公司工程部坚决反对盛田昭夫提出的只有放音功能而没有录音功能的单放机。而且最初的市场调查结果表明,人们不喜欢这种产品。但盛田昭夫注意到,他的孩子们和朋友们一天到晚都喜欢一边学习和工作,一边听着优美的音乐,而许多人喜欢拎着笨重的录放机在汽车内、公园里和海滩上欣赏音乐,凭直觉盛田昭夫深信人们一定喜欢可以让人一边干活一边欣赏音乐的单放机。他力排众议,决定开发小型单放机,并且为其起了个响亮的名字"Walkman"(随身听),要求工程师务必把它做到方便人们随身携带的尺寸。为此索尼专门成立了一个 Walkman 小组,由盛田昭夫自任项目经理。1979 年 7 月,首款 Walkman 被成功开发出来。上市两个月之后,Walkman 的销售量就达到了 3 万台,所有人的疑虑被一扫而光,Walkman 开始变得非常流行。除了推广"随时随地欣赏音乐"的概念以外,Walkman 还通过很多名人在杂志上进行了广泛宣传。于是,Walkman 迅速为广大年轻人所青睐,成为一种新文化的标志。1980 年 2 月,Walkman 开始在全世界销售,并很快在全球引发了一场听觉革命。据统计,从 1979 年推出 Walkman 到 2010 年 10 月索尼公司宣布停产的 31 年间,索尼一共推出了 18 款功能和形式各异的 Walkman,它成为索尼公司设计的一款创造销售奇迹的经典产品:总销售量达到 2 亿多台。索尼 Walkman 也成为日本产品走向国际化的一款标志性产品。

2. 寻找满足程度低的消费者需求

在市场上有一些产品(服务)能在一定程度上满足消费者的某种需求,但满足程度很低。最常见的情形是商家没有针对消费者的这种需求进行专门设计,消费者不得不在市场上寻找通用产品或者其他替代产品来满足自己的需求。

例如,现在中国老年人的队伍越来越庞大,但在生活的多领域专门为老年人开发的产品却十分缺乏,市场上的主流产品多适合年轻人,不得已老年人只能使用这些主流产品来替代,因此在这方面其实存在很多价值创新的机会。

我们再看一个做得很好的例子。以前爱运动的人只能穿所谓的"球鞋"进行体育活动,不管体育活动是什么,"球鞋"都是一样的;现在商家开发出了篮球鞋、网球鞋、跑步鞋、登山鞋、走路鞋等适合各种不同运动的专用鞋,来满足消费者的各种专门需求。从统一的"球鞋"到适合不同运动的专用鞋,这是价值创新的一个典型范例。

3. 寻找消费者的潜在需求

与第一种情形不同的是消费者现在并没有感觉到有这种需求,但其实需求处于潜在状态,如果商家推出相关产品(服务),消费者的潜在需求就会被迅速激发出来。iPad 就是一个很好的例子。

案例10-4

iPad 的需求创造

2010 年 1 月 27 日,乔布斯在旧金山发布苹果的新产品。屏幕上显示出一台 iPhone 和一台笔记本电脑,中间标着一个问号。"问题是,两者之间还可能存在别的东西吗?"乔布斯问道。"这个东西必须能用来很好地浏览网页、电子邮件、照片、视频、音乐、游戏和电子书。""我们有这样一个东西,它叫 iPad。"但 iPad 最初的市场反应并不好。由于产品在同年 4 月才上市,看过乔布斯演示的一些人不太清楚 iPad 究竟是个什么东西。一个增强型 iPhone?《新闻周刊》的丹尼尔·来昂斯(Daniel Lyons)表示"非常失望"。在发布会的第二晚,乔布斯在一封电子邮件中写道:"在过去 24 小时内,我收到了约 800 封电子邮件,大多数是在抱怨。没有这个,没有那个。我今天有些郁闷,有点受到打击了。"到 4 月份,iPad 开始销售,人们亲手拿到产品后,舆论开始反转。《时代》和《新闻周刊》都为其做了封面报道,之前刻薄评论 iPad 的丹尼尔·来昂斯修正了自己的观点:"在观看乔布斯演示的时候,我的第一感觉就是,这好像没有什么大不了的。后来,我有机会用了一下 iPad,一下就爱上了它,我也想要一个。"结果不到一个月,苹果公司就销售了 100 万台 iPad,9 个月后 iPad 销售量达到 1500 万台,iPad 成为苹果公司有史以来最成功的消费产品,可以说这是价值创造创新的一个杰作。[①]

(二)基于企业产品视角的价值创造方法的创新

从企业产品视角,有以下 5 种价值创造的创新路径。

---

① [美]沃尔特·艾萨克森.史蒂夫·乔布斯传[M].北京:中信出版社,2011:455 – 459.

1. 提升产品的现有功能。例如手机的照相功能随着新产品的不断推出而在不断提升中。

2. 增加产品的新功能。例如很多手机后来都增加了指纹识别功能。

3. 减少产品的某些功能。例如很多手机后来去掉了手写笔输入功能。

4. 在保持和提高产品功能的同时,降低产品的制造成本。例如手机随着生产规模的扩大,新技术、新材料和新方法的使用,制造成本在不断下降中,一款手机的价格走势通常也都是高开低走的。

5. 在保持和提高产品功能的同时,降低产品的使用成本。例如手机采用新技术后能降低使用能耗,延长一次充电后产品的使用时间。

当然,基于消费者视角的价值创造方法的创新和基于企业产品视角的价值创造方法的创新,二者并不矛盾。事实上,在实践中二者多是结合为一体的。我们在这里只是想说明进行价值创造时企业创新的思考路径。

第十一章 价值呈现、传递与体验

　　企业根据价值曲线以商品为载体将价值创造出来以后,接下来,如何将价值呈现和传递给消费者呢? 这也是商品价值环流的一个重要环节,如果价值没有被呈现出来或者呈现、传递不到位,那么定制的价值曲线就无法与需求曲线最终匹配。所以,价值呈现与传递的重点在于使企业提供的商品能从市场中脱颖而出,跳入消费者的视野当中,从而使消费者能有机会去体验、认可和接受商品的价值。

　　价值呈现、传递与体验好似"接力棒"游戏,企业和消费者之间以商品为载体进行价值的"传"与"接",两者是否对位对于商品价值环流的有效运行至关重要。

价值呈现

　　商品呈现或者说商品展示(display),具有强烈的视觉传达、告知和诱导的意图,试图通过特定的环境和方式来吸引、诱导顾客,以取得所需的诉求效果。

　　商品价值呈现,或者说商品价值展示,是指企业通过呈现商品或者说展示商品,向消费者展示商品的价值,以吸引消费者前来购买、使用该商品。

(一) 商品价值呈现的内容

一般来说,商品的价值呈现包括下列 4 个方面的内容。

1. 商品展示:商品实物或者实物的图片、视频、文字描述。

2. 商品价值的描述和显示:描述和显示商品价值的文字、图片、视频和实物展示。

3. 证明商品价值的证据呈现：

● 产品合格证,许可证。

● 厂家及其产品标识,如企业名称、企业地址、联系方式、产品名称、产品商标、产地、条码等。

● 食品和药品的各种标识,如生产日期、有效期、主要构成成分、存储条件说明、绿色产品标识、有机产品标识、非转基因产品标识等。

● 符合各种产品质量的国际标准、国家标准、行业标准或者地方标准的标识。

● 延伸服务保证,如送货、安装、三包服务、维修等售后服务保证。

● 原产地标识。

● 名牌标识。

● 获得的各种荣誉。

● 产品品鉴,如食品免费品尝、产品拆解、用材展示、汽车试驾、香水试用、电器产品现场试用等。

● 实验展示,如抗压实验、抗摔实验、密封效果实验、防水实验、防火实验、防滑实验、安全实验、与其他企业的产品对比实验等。

● 名人使用展示,等等。

4. 商品生产过程的展示：产品生产场所的现场考察、生产过程的视频观看、生产过程的远程监督等。

（二）商品价值呈现的形式

同样的商品,其价值呈现的效果与呈现方式和呈现环境紧密相关。

商品呈现的方式多种多样。但不同的商品呈现方式,其价值效果可能会有很大的不同。

1. 静态展示与动态展示

例如服装挂在商场衣架上和模特穿着走秀的展示价值大不相同：前者属于静态展示,展示效果单一而且看不出实际穿着的样子;后者是动态展示,能让人多角度欣赏服装穿着的整体效果。

2. 平面展示与立体展示

房屋装修材料在销售场所多是以平面方式放在地上或者货架上的,一般消费者很难想象最后装修出来的样子。以装修材料中瓷砖的售卖为例,若是在商场用瓷砖装修出完整的立体空间,呈现给消费者的是非常直观的整体装修效果,那么与瓷砖的单片呈现或者成片堆集放置相比,效果就会有天壤之别。

3. "一起"展示与"单独"展示

商品混杂在一起进行展示,一般辨识度不高。而如果某一种商品在橱窗、人流入口处、转角处、场所中心等地带被"单独"展示,则该商品就会显得与众不同,辨识度高,能较容易地捕捉到来来往往的客人的注意力。不仅如此,单独展示的待遇会给光顾的客人这样的感觉,商家之所以给予该商品与众不同的待遇,一定是因为该商品本身是与众不同的,所以值得特别注意。

虽然单独展示的效果相对突出,但因为企业展示商品的空间一般总是有限的,所以企业总是不得不在其众多商品中选择少数商品给予"单独展示"的机会。预测未来最有竞争力的商品,或者统计销售量在前几位的商品是最有可能成为这样的幸运者的。轮流给予一些有竞争力的商品"单独展示"的机会也不失为一种可行的方法。

4. "明星展示"与"一般人展示"

商品由明星进行广告展示要比由一般人进行广告展示推荐的价值大,因为明星行为有更大的关注度和更广的传播度。最典型的是女性服装展示,服装穿在一般女模特身上的展示价值与穿在女明星身上的展示价值大不相同,所以有不少服装厂家不惜重金聘请女明星代言。

需要特别强调的是明星代言商品与明星使用展示商品的区别。代言商品是指商品的形象代言,包括做商品广告、出席企业营销活动,目的是推销商品。明星代言一个商品,并不一定会使用该商品,如果消费者知道明星不使用代言的商品则明星推荐的效果会大打折扣。但如果某明星代言某个品牌的服装,则商家通常会为该明星量身定制服装,代言的明星穿着定制的服装参加有影响力的社会活动或者企业的营销活动,展示的价值会大大提升。

当然,请明星代言的成本也很高,企业需要在代言费用和效果之间进行权衡。明星代言也未必一定能带来理想的价值展示效果,毕竟商品本身的因素才是商品价值的决定因素。

5. "说得好听"的展示与"眼见为实"的展示

企业在展示产品及其价值时,无论是其做的广告,还是在销售场所工作人员的宣传介绍,总会给消费者这样一种疑问:说的倒是挺好,但不知道实际是否如此? 为了消除消费者心中的疑虑,企业可以采用"眼见为实"的展示方式。

例如,说电视机显示图像效果好,那就打开电视让消费者看图像;说冰箱制冷快和效果好,那就将冰箱通上电工作让消费者看制冷速度和效果;说耳机音质好,那就让消费者欣赏音乐,感受耳机的音效,等等。

当然并不是所有的问题都能如此简单地被解决。有时候需要采用更有难度的实验方法来向消费者展示商品的价值。比如说手表防水性能好,那就做防水试验证明;说产品耐腐蚀,那就做腐蚀试验证明;说汽车安全性能好,那就做汽车碰撞试验证明。小米手机在初期被人怀疑是山寨机,雷军曾经在论坛现场砸小米手机,以证明小米手机具有经得起"摔打"的品质。

案例11-1

雷军反驳小米手机是山寨 当场摔机试真假

2011 年 8 月 16 日,雷军携小米手机正式亮相,引来无数粉丝围观。1.5GHz 双核处理器、4.0 英寸夏普屏成为小米手机吸引人气的法宝,而 1999 元的售价更是成为小米手机的撒手锏。不过小米科技毕竟是初出茅庐,市场对其的信任度还是不够,难免有质疑之声。网上有言论指出,小米手机装着很高级的壳,里面却是国产的山寨机。

在腾讯微论坛现场,雷军亲自拿着自己的小米手机做实验,将其从 1.4 米的高度摔下,来反驳这些指责。"我示范一下,只是表达一种态度:我对小米手机的品质非常在意,我们非常努力在做好手机。"值得注意的是,尽管小米手机砸在水泥地上,电池飞出,但手机仍然能正常开机,没有任何问题。雷军称,小米手机是大屏高端智能手机,比传统手机复杂很多,也娇贵很多,摔跌试验只是其中一种。

这也是雷军第二次现场演示,此前,雷军曾在记者群访的时候摔手机,把旁边负责产品开发的周光平博士"摔"得心惊肉跳。这一次周光平脸上同样体现"纠结"两个字,所幸小米手机最终都安然无恙。

周光平介绍,小米手机一般经历五轮抗摔实验,第一轮摔下来后做高低温测试,高温75℃,低温到零下35℃,再做振动测试。第二天做第二轮,第三天做第三轮,要连续摔五天。此外,小米手机还将经历水冲实验、粉尘实验,即将小米手机放进粉尘试验箱内进行旋转,看是否进粉尘;"屁股实验",放到屁股下面坐,看是否会坏。经过几个月测试后,手机质量才算有保证。

6. "看外表"的展示与"看内部真实"的展示

如果商品的材料构成或者内部结构是商品价值的重要组成部分,那么消费者"眼见"的商品外表并不总能告诉消费者商品"真实的价值"。

例如实木家具,其价值体现点一定包括家具的构成材料:是否真是实木?什么种类的实木?如果使用了多种实木,分别在什么位置?使用的实木的品质如何?因为市场上实木家具的概念比较混乱。

(1) 可能是全实木家具,也可能是这样的实木家具:"一眼可见"的主板是实木,而背板和隔板不是实木。

(2) 即使是全实木家具,也可能有猫腻:可能宣称全部用的是同一种实木,也可能主板是宣称的高价实木,而背板和隔板是廉价的其他种类的实木。

如果家具被涂了色漆之后,消费者更不容易分辨油漆掩盖的材料,一不小心,市场上所谓的实木家具就会误导消费者。

解决消费者疑问的最好方法是:一方面向消费者坦陈市场上实木家具的各种概念差异,让消费者观察家具各个组成部分的材料是否一致,比较不同种类材料的差别;另一方面现场呈现涂油漆后的实木家具的实材切口断面,让消费者看到内部真实的家具用材。毕竟不同类型的材料价格差异很大,消费者要基于自身的需求和消费能力进行决策。

对于一些电子产品,对产品进行拆解,考察其内部结构和使用材料,是考察呈现商品价值的好方法。看了小米插线板的拆解图(见图11-2)就不难理解为什么市场上小米插线板有那么好的销售业绩：在上市短短两年的时间里，它就销售了750万个，平均每天的销量都达到1万个以上。

案例11-2

小米 USB 插线板拆解报告(型号：XMCXB01QM)①

小米 USB 插线板内部结构紧凑，布局规整，一体铜条边缘没毛刺，光洁如新，三条铜条相互隔离距离足够，牢固无松动。船型翘板开关模块与一体铜条之间是双面夹接导通，不用担心松动，地线与铜条焊接采用过孔焊接方式同样非常牢固，线材进入壳体后通过限位板与螺丝压紧防止线材拉扯脱出。铜条与 USB 模块 PCB 连接处，焊点饱满牢固。铜条细节部分，可见加强筋设计，壳体上做了对应的单向卡扣固定铜条。使用千分尺测量一体铜条厚度，3 根一体铜条厚度都是 0.6mm。USB 模块输出口使用了德仪智能识别芯片 TPS2513＋TPS2514，三个口全带识别，以整体设计和做工来说，都是非常不错的。

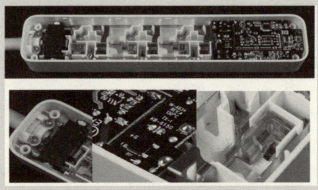

图 11-2　小米 USB 插线板拆解图

7. "自卖自夸"的展示与"竞品对比"的展示

商品价值呈现的一个好方法是直接将不同厂家的商品进行对比。对比有两种模式。

(1) 傍大款式的对比。将自己的产品与业内公认最好的产品进行对比，表明自己

---

① 小米 USB 插线板拆解(型号：XMCXB01QM)[EB/OL].(2017－01－12).充电头网.

的产品有与之相同、相似甚至更好的配置、性能和品质，而价格更加便宜，从而彰显自己商品的价值。

例如，中国手机厂家在发布会上，经常看到商家身着乔布斯式的服装，模仿乔布斯的语言风格，将自己的产品与苹果手机进行对比。

(2) 伤害式对比。俗话说，没有对比就没有伤害。商家将自己的产品与竞争对手的产品进行对比，表明自己的产品有超越竞争对手的价值。不过，这样的对比可能会受到竞争对手的反击而陷入"罗生门式"的争议中。

例如，百事可乐喜欢与可口可乐进行对比，通过贬损对手来彰显自己的价值。

案例11-3

百事可乐通过与可口可乐进行对比彰显自身价值

世界上第一瓶可口可乐于 1886 年诞生于美国，这种饮料以神秘的魅力征服了全世界数以亿计的消费者，成为"世界饮料之王"。世界上第一瓶百事可乐同样诞生于美国，那是在 1898 年，比可口可乐的问世晚了 12 年。在饮料行业，可口可乐是市场领导者，而百事可乐是市场追随者。作为市场追随者，百事可乐向可口可乐发出强有力的挑战，宣称要成为"全世界顾客最喜欢的公司"，并在与可口可乐的交锋中越战越勇，最终与可口可乐形成分庭抗礼之势。百事可乐是如何做到这一点呢？

由于可口可乐早于百事可乐 10 多年就已经开始大力开拓市场，到百事可乐问世时，可口可乐早已声名远扬，控制了绝大部分碳酸饮料市场，并在人们心目中形成了定势，一提起可乐，就非可口可乐莫属。百事可乐在第二次世界大战以前一直不见起色，曾两度处于破产边缘，可乐市场仍然是可口可乐一统天下。在 1929 年开始的大危机和二战期间，百事可乐为了生存，不惜将价格降至 5 美分/镑，是可口可乐价格的一半，以至于差不多每个美国人都知道"5 分镍币可以多买 1 倍的百事可乐"的口头禅。尽管如此，百事可乐仍然未能摆脱困境。

二战后，美国诞生了一大批年轻人，他们没有经过大危机和战争洗礼，自信乐观，与他们的前辈们有很大的不同，这些年轻人正在成长，逐步成为美国的主要力量。他们对一切事物充满热情与好奇，这为百事可乐针对"新一代"的营销活动提供了基础。这一切都是在 1960 年百事可乐把它的广告业务交给 BBDO(巴腾—巴顿—德斯廷和奥斯本)广告公司以后才明白过来的。当时,可口可乐以市场占有率 5∶1 的绝对优势压倒百事可乐。BBDO 公司分析了消费者构成和消费心理的变化,将火力对准了可口可乐"传统"的形象,同时做出种种努力来把百事可乐描绘成年轻人的饮料。经过 4 年的酝酿,"百事可乐新一代"的口号正式面市,并一直沿用了 20 多年。10 年后,当可口可乐试图对百事可乐俘获下一代的广告做出反应时,它对百事可乐的优势已经减至 2∶1 了。而此时,BBDO 又协助百事可乐制定了进一步的战略,向可口可乐发起全面进攻,被世人称为"百事可乐的挑战"。其中两仗打得十分出色。

第一场漂亮仗是品尝实验和其后的宣传活动。1975 年,百事可乐在达拉斯进行了品尝实验,将百事可乐和可口可乐都去掉商标,分别以字母 M 和 Q 做上暗记让人品尝,结果表明,百事可乐比可口可乐的口味更受欢迎。随后,BBDO 公司对此大肆宣扬,在广告中的表现是,可口可乐的忠实主顾选择标有字母 M 的百事可乐,而标有字母 Q 的可口可乐却无人问津。广告宣传完全达到了百事可乐和 BBDO 公司所预期的目的:让消费者重新考虑他们对"老"可乐的忠诚,并把它与"新"可乐相比较。可口可乐对此束手无策,除了指责这种行为比较不道德,并且吹毛求疵地认为人们对字母 M 有天生的偏爱之外,毫无办法。结果,百事可乐的销售量猛增,与可口可乐的差距缩小为 2∶3。

第二场漂亮仗是百事可乐做了与可口可乐的比较广告。"百事可乐"赢了一局后,一发而不可收——它针对可口可乐的"老传统"形象,发动广告大战,把自己描绘成"年轻、富有朝气、富有进取精神"的代表,仿佛喝了百事可乐,人也会变得朝气蓬勃一样。而可口可乐被塑造成"老迈、落伍、过时"的象征。且比较手法层出不穷。其中突出的有,1996 年的"超级市场篇":可口可乐的年轻送货员到一家超市送货,放好货后见四下无人,便悄悄地溜到百事可乐的货架前,小心翼翼地偷了一罐百事可乐,刚想拉开盖子品尝,剩下的百事可乐忽然一下子全倒了下来,令他尴尬、惋惜不已。这则广告风趣幽默,其寓意让人回味不已。

经过这样一番大张旗鼓的宣传,喝百事可乐渐渐成了"新潮流"的代表,而喝可口可乐则成为"因循守旧、不合时尚"的象征,百事可乐的销售额猛增。待到"可口可乐"对此做出反应时,"百事可乐"已牢牢地巩固了自己的阵地,最终与可口可乐形成分庭抗礼之势。

8. 单纯的产品展示与融合企业品牌和文化的展示

单一商品的价值展示显然不如融合企业品牌和文化的展示效果好,因为企业品牌和文化有更长的生命周期和更大的影响力。基于企业品牌和文化的商品价值展示,使得商品价值的呈现能借助企业及其品牌的整体影响力,可能会有事半功倍之妙。所以企业在进行商品价值呈现时,不要忘了企业品牌和文化的价值呈现,二者交相辉映,彼此促进,能达到更好的价值呈现效果。"例外"品牌服饰商品的价值呈现给我们提供了一个好的案例。

案例11-4

"例外"品牌的例外价值呈现

"例外"品牌服饰商品的价值呈现,既不走大众路线也不走大牌路线,而是选择美学场景的体验和文化营销来促成口碑的扩散,同时呈现品牌价值、企业文化价值和商品价值。"例外"服饰专卖店以原木和裸墙装饰为特色,店里运用大量的木板、麻布以及裸露的灯泡等简朴的材料,让人感觉不像是走进了一家服装店。而"双面例外"店的设立,在国内首创服装与图书相结合的零售模式。所谓"双面例外",既是服装的例外也是阅读的例外,是"例外×例外"的双倍加乘效果。而北京SOGO生态店即"状态"生态店的开业,可谓"双面例外"的升级版,除了服装和图书,这家店面装修全面采用环保和回收材料,还散布着一些家居用品,体现了一种"例外"的生活方式,构造了一个与当代生活美学有关的生活空间,从而创造出了一种商品世界和内心世界相结合的审美空间,令目标消费者内心深处的精神需求在这里得到了释放和满足。

9. 一般环境的展示与"高大上"环境的展示

俗话说得好："人要衣装，佛要金装。"打扮巧妙，乌鸡也会变凤凰。在商品价值呈现时，不同的呈现环境会给消费者带来不同的商品价值体验。

商品展示环境需要设计，即要通过对展示空间的设计和规划，综合展示道具及灯光照明和色彩的设计，达到突出商品、传递商品信息、促进产品销售的目的。

所谓高大上的环境，可以从场所、色彩和风格等方面进行设计。

(1) 场所。高大上的展示场所，是指大品牌云集的商场、大型博览会和展览馆、高档会议和活动场所、专卖店等。在这样高大上的场所展示商品会给消费者带来特别的感觉，暗示消费者这里的商品不一般。

(2) 色彩。在具体展示环境设计中，色彩是最重要的构成因素之一。因为色彩对人的视觉认知的传播速度最快，色彩的巧妙组合会使商品更引人注目。好的色彩设计是商品色彩和展示环境色彩的和谐统一。所谓"物无一文，声无一听"，陈列的美是通过和谐的色彩与统一的风格来实现的。例如在服装展示中，"先看色彩后看衣"，消费者看到的色彩并不是服装商品色彩的单项呈现，而是服装色彩和环境色彩的搭配呈现，是服装的季节款式、风格、面料等综合元素的搭配呈现，是和与之配套的服装的对比色彩的和谐搭配呈现。比如在夏季西服的搭配中，衬衫宜选蓝色、亮灰或浅灰色，这样的色彩搭配效果明亮、清爽。而冬季西服里衬衫宜选择中灰、藏青、暗红色，因为这样的色彩搭配效果厚重、温暖。适当的色彩搭配，可以提高服装的魅力、感染力。橱窗是专卖店重要的展示窗口，因为对比色效果突出、明显，所以在橱窗展示时通常会选用对比色进行商品与环境的搭配设计。

(3) 风格。风格是展示环境设计的另一个重要构成因素。好的风格就像给画配了一个好看的画框，即刻传达出设计的总体特征，具有强烈的感染力，使消费者见物生情。

例如，巴恩陶器的家居商店营造出温馨如家的气氛，呈现出一种家的风格。产品都是按照家中的实际位置来摆放。展厅的气氛比传统家具店更轻松，顾客可以坐在沙发上慢慢选择。而且在巴恩陶器有广阔的体验空间，"设计屋"可以马上按照顾客需要的尺寸定做其喜欢的产品。展览的柜台设计也更加注重体验。比如吸引感官的设计，发人"深思"的信息和口号，以及请顾客亲身体验产品功效的展台等。

又例如前述"例外"品牌案例中，商品布局呈现出一种与一般服饰专卖店完全不同的例外生态化风格,给消费者留下深刻的印象。

10. 线上展示与线下展示

2016年10月13日,阿里巴巴集团董事局主席马云出席杭州云栖大会时演讲称,未来30年是人类社会天翻地覆的30年,世界的变化将远远超出想象,"电子商务"这个词很快会被淘汰,"新零售、新制造、新金融、新技术、新资源"这5个新的发展将会深刻地影响世界。新零售概念被抛出后迅速引起大众热议。到底何为"新零售"? 马云提到互联网时代,传统零售行业受到了电商互联网的冲击。未来,线下与线上零售将深度结合,再加现代物流,服务商利用大数据、云计算等创新技术,构成未来新零售的概念。纯电商的时代很快将结束,纯零售的形式也将被打破,新零售将引领未来全新的商业模式。

曾经,人们将线下零售商的纷纷倒闭,归咎于电商的冲击。但数据显示,即便是经过这些年的高速发展,电商的销售额占全部零售市场的比例也不过15%。马云也多次表示,电商的目的不是与传统零售业争抢市场。"如果电商可以和线下85%的传统零售商合作,那将是一个皆大欢喜的结果。"所以"新零售"模式其实就是线下、线上、物流结合的模式。

按照"新零售"模式,商品价值展示就应该包括线上展示与线下展示两种方式的结合。

但线上渠道与线下渠道的结合不是一件容易的事。二者并存可能导致两方面的冲突: 价格的冲击和消费者的争夺。

(1) 价格的冲击。来自淘宝的数据显示,网上开店和传统物流相比,店主可以节省60%的运输成本和30%的运输时间,营销成本比传统的线下商店降低55%,渠道成本可以降低47%。综合上述成本因素考虑,同样的商品在线上和线下渠道存在20%到30%的差价完全正常。20%的差价足以让线下渠道产业链产生巨大的动荡,传统线下渠道商苦心经营的实体店面系统和励精图治的审货管理,在线上渠道的冲击下将毫无抵抗之力。

(2) 消费者的争夺。中间环节简化带来的价格优势,加上网络传播的快速、便利,使得线上渠道作为新兴的渠道模式在吸引消费者的同时造成了对传统线下渠道的挤压,由此导致很多线下零售商的倒闭。

因此线下、线上、物流结合的"新零售"模式,必须解决如何平衡线上渠道与已有线下渠道的利益冲突问题。这也是线上展示与线下展示结合所要解决的问题。

有两种解决方法：

一是线上与线下渠道实现产品差异化。这种方法不至于引起线下渠道商们过度恐慌，同时也对线下渠道进行了有效弥补，能够扩大企业的销售份额。这种情形下，因为商品的差异化，商品的线上展示与线下展示不存在利益冲突，所以二者可以在展示设计上形成互相支持的态势。

二是线上和线下渠道的一体化融合。如何把线上销售与成百上千的实体店整合起来，形成一张完整、结实的网，而不是互不相干的两张皮，是企业迟早都必须面对的问题。那么线上和线下渠道如何融合呢？ 商品的价值又该如何呈现呢？可以从以下几个方面来考虑。

● 企业可以线上线下统一商品和定价，但是线上和线下的促销策略不同，从而使得网上平台和实体店互为补充，和谐共存。这时候线上和线下展示的产品和价格是一样的，只是展示的促销措施不同。

● 消费者可以在线下体验看货，进而获得个性化的、定制化的全方位专属服务，同时在线上完成购买。这种情形下，线上展示和线下展示可以完全相同，进行互为补充的一体化设计。

● 消费者也可以线上订购，线下取货并享受相应的服务，让购物更放心。这种情形下，商品的线上展示和线下展示可以完全相同，也可以略有区别地展示各自的服务重点，形成互相支持的格局。

● 越来越多的企业在这方面进行了有益的探索。美的公司给我们提供了一个很好的案例。

案例11-5

美的公司线下线上相结合的"新零售"模式结硕果

2014 年 4 月 1 日，美的开出天猫旗舰店，开始借助大数据，与天猫试水 C2B 反向定制。3 年的时间，天猫已成为美的电商从起飞到飞跃地平线的加速器。通过天猫大数据挖掘潜在粉丝用户、洞察消费需求、孵化全新品类，美的看到了新零售的无限可能。

2016 年年底,美的在天猫单渠道年销售额率先突破 100 亿元,开创了家电行业的全新格局。

2017 年仅用 7 个月的时间,美的在天猫的销售额再度突破百亿元。在 2017 年天猫的 718 狂暑季上,美的包揽了天猫电器城空调、冰箱、洗衣机三项冠军,其中空调同比增幅超 500%。

虽然目前美的网上销售额占比还只有 20% 多,但增长势头强劲。美的线上零售平台给整个公司带来了很多重要变化。例如:

● 借助天猫大数据的消费预判,美的连坐 16 年"冷板凳"的小众单品洗碗机一年内增长 1900%,成为消费升级中的热门单品。

● 2016 年 11 月,美的成为数据银行的首批试用商家。通过天猫数据银行,美的将线下及线上渠道的消费者人群与天猫用户进行匹配。消费者每次与美的互动产生的数据都会沉淀至美的私有的数据银行,让消费者数据资产变得可评估、可优化、可运营,最终实现消费者数据资产的激活和增值。在 2017 年 419 智慧家居日活动中,美的通过数据银行完成数据资产沉淀,产生近千万新增用户。

● 2017 年天猫 618 期间,基于大数据的精准触达,美的大家电用户的购买转化率较 419 当天大幅提升 112%,小家电潜客群体的意向用户交互指数高达 203%。

● 继 2016 年美的全品类加入村淘销售,2017 年美的将天猫店铺的商品同步到村淘,打通全品类商品线上线下售卖模式,扩展线下村点及合伙人规模,进一步扩大村淘销售规模。

● 2017 年 5 月初,美的空调率先实现"服务通"。用户在天猫购买美的空调产品后,订单自动同步到美的售后系统,减少用户预约操作和等待时间。美的随后还打通了热水器、烟灶、净水器等品类,实现全面服务通。美的空调和热水器在江苏、浙江、天津等区域试点,同款商品在商场与天猫旗舰店同步发售,同时实现门店送装一体,并协同菜鸟网络,实现配送时效最快当日达。

而 2016 年"双十一"优衣库天猫店铺全部商品不到半日售空的案例,更向我们展示了商家如何将线上流量引导向线下,实现线上线下有效融合的新样本。

案例11-6

2016年"双十一"优衣库天猫店铺向线下引流[①]

2015年，优衣库一举成为天猫服饰类目销售冠军，可谓出尽风头。然而，2016年的双十一，在开局顺利的情况下，消费者在一早却发现，优衣库天猫旗舰店的所有商品均已售空。记者了解到，优衣库2016年在双十一开始后2分53秒销售额破亿，是全品类最快破亿的品牌；开售一个多小时，为网上销售准备的商品便全部销售一空，天猫统计显示，优衣库又位列2016年双十一天猫服饰销量榜首。

但优衣库不到半日全部售空缺货一事，在业界引发热议，让人很不解。有业内人士认为，作为一家严谨的日本企业，备货不会出现问题，更不用说是全部缺货。这背后一定隐藏着什么内幕，网上甚至传出优衣库因为刷单被处罚的消息。

记者在优衣库天猫官方旗舰店的页面上看到一则活动规则公告，称目前官方旗舰店的双十一活动商品已经售罄，顾客如有需求，请前往优衣库实体门店选购精选优惠商品。而在页面左下角还提示"欢迎莅临线下门店"的字样。

优衣库方面告诉记者："与往年不同的是，今年，优衣库在双十一前进行消费者调查后，决定主打新零售体验经济，打造'优智狂欢节，门店更精彩'活动。即线上下单，线下门店24小时内便捷取货。以线上线下部分精选商品同步优惠、门店自提和支付宝买单惊喜等多重门店活动，让顾客感受到创新服务再升级。"公司的公告说明：在11月1日—11月13日活动期间，消费者购买双十一精选商品，可选择"门店自提"的收货方式，在线下400余家门店快速提货；同时，在优衣库全国400家余店内使用支付宝买单，即可抽取价值11元的门店购物现金抵用券，该券可在线下门店使用，全国限量60万份。

记者在优衣库利星名品店内看到，收银台前排起了长龙，以年轻人和老年人居多。店员告诉记者："门店和网上都是同款同价5折起，持续时间为双十一当天到11月17号。优衣库往年的促销基本都是如此，开售一个多小时，线上的备货就已售罄。"

---

① 优衣库回应为何双十一天猫店铺商品半日售空[EB/OL].(2016-11-14).联商网.

据有关人士分析认为："阿里今年大力推全渠道，需要有标杆的品牌做表率，优衣库无疑是最好选择之一，全渠道主要表现就是线上下单，门店发货，或者线上下单，线下取货。对消费者而言，物流是大问题，选择线下提货，是自发的，优衣库只是提供选择并未强制，当然对品牌而言，节约了物流成本。"

很显然，优衣库 2016 年双十一的玩法是成功的，至少在消费者看来，线上线下同价，线上下单、线下取货的体验很好。而且，其他的业内人士也认为，优衣库的目的达到了，他们做得很好，尤其是今年提出来的门店取货，进一步带动了线下的客流。

价值传递

在价值的发现、创造和呈现环节，我们通过发现消费者需求体系创造出了商品的价值体系，并通过生产具体的商品以承载此价值体系，而在价值传递环节，我们需要通过适当的手段将此商品价值体系传递给消费者，以激起消费者的共鸣，唤起消费者的购买欲望，从而促成交易。然而，在消费过程的不同阶段，价值传递的方式、技巧是不尽相同的，而不同的传递方式和技巧所导致的效果也截然不同。因此，企业需要根据消费过程中消费者身份转换的各个节点的具体情况而灵活选择传递的方式、技巧，从而确保价值传递的精准性和高效性，为消费者完美的价值体验创造良好的条件。

1. 商品价值呈现是价值传递的一种形式

首先要说明的是商品的价值呈现或者说价值展示与商品的价值传递环节是紧密相关的。商品价值展示的目的就是要向消费者传递商品的价值。所以商品价值展示也可以说是一种价值传递的方式。

但商品的价值呈现不能与价值传递画等号，因为价值呈现只是价值传递的一种方式，商品的价值传递还有其他多种方式。其中广告自然是最重要的价值传递形式。

2. 广告是商品价值传递的重要媒体

广告可以迅速抵达大量的观众，其优美准确的文案或者构思精美的图片或者意蕴悠长的广告片都可以向消费者提供有价值的信息，同时带给消费者有价值的体验。

如从视觉来创造一种体验：潜在消费者目睹"the last drop"（最后一滴）的麦氏咖啡带来的感觉是"good"（妙）；从听觉来创造一种体验：潜在消费者不仅可以"Whenever you hear"（随时聆听），而且听到时的感受都"enjoy your ear"（享受聆听）；从触觉来创造一种体验：这句广告标语中虽然没有提到体验的内容，但"Melts in your mouth not in your hand"（融化在口，而非融化在手）的触摸感足以让潜在消费者体察到 M&M's 牛奶巧克力的品位；从味觉来创造一种体验：一个"fresh"（新鲜）既把七喜饮品的高质量信息呈现出来，又把消费者饮后的感觉"fresh"（新鲜）也一语道破。

名表帕蒂克·菲利普的印刷广告也是一个极好的例子。帕蒂克·菲利普是世界上最古老、最昂贵的名表品牌之一，它所代表的气派和身份闻名全球，它还是一项重要的投资。在它的一则广告上，一位优雅的年轻女士身穿休闲皮夹克坐在长椅上，背后她的小女儿穿着花格子裙子，爬上来捂住妈妈的眼睛，玩"猜人"游戏。母女都开心地笑着，画面给人轻松的感觉，母亲带着一条样式简洁的结婚金手链，看不见手表。标题写着："你永远不会真正拥有一块帕蒂克·菲利普，而只是为你的下一代守护着它，建立自己的传统。"整个广告向消费者呈现了这样一种情感价值，那就是拥有帕蒂克·菲利普可以带给你真实的幸福感，而且帕蒂克·菲利普是母亲留给女儿的财产。

3. 互联网经济时代的价值传递

随着互联网尤其是移动互联网发展的日新月异，人们获取信息的方式发生了巨大改变，报纸、广播和电视等传统的传播方式渐渐没落，而互联网的传播方式随之大行其道。同时，随着受过高等教育的人数大大增多，中产阶级逐步崛起为社会的中坚力量。因此，当我们今天考虑商品的价值传递也就是各种营销传播方式时，我们必须要根据受众群的心理和行为的改变而不断革新我们的价值传递方式和技巧。在传递方式方面，我们可以通过微博、微信或微电影等互联网时代的新传播方式使企业与消费者的信息传递更迅速、更有效。在传递技巧方面，企业应逐步摒弃在大众传播时代那种以企业为中心的自吹自擂式的"大声吆喝"，而是以平等的姿态与消费者沟通互动，在不知不觉中令其产生对企业商品价值的认同感。

如果说以前的大众消费时代强调的是群体概念，那么现在及未来的时代则是越来越强调消费者个体，即个性化将大行其道。这也就意味着消费者会主动选择自己喜欢的方式，在喜欢的时间和地点获得自己喜欢的产品或服务。而移动互联网时代体现平等、共享、去中心化理念的各种工具恰能让企业捕捉和挖掘消费者的需求，也使企业更便利、快捷地向消费者传递价值。例如著名奢侈品牌 Michael Kors 更多地通过当下最热门的图片分享社交应用 Instagram 来展出其旗下时尚名贵的皮具商品。而在众多社交网络里，Instagram 已成为时尚事件是否热门的重要指标，很多著名品牌已经把它当作品牌发布的试金石，并根据图片视觉的点赞和标签进行大数据分析，从而得到时尚界和大众的反馈信息。同样，著名避孕套品牌杜蕾斯运用自媒体平台新浪官方微博频频展开借势营销，凭借新颖、幽默、富有创意的文案，巧妙结合当下热点事件来与广大网友互动，屡次成为转发量颇高、人气爆棚的营销事件。而杜蕾斯的商品价值也在戏谑的调侃互动中完成了悄悄的传递。

因此，在传统媒体时代，品牌的营销推广可能要花费巨资，且难以预见其效果到底如何，但在互联网的新媒体时代，只要商品确有价值，而价值的呈现内容也富有创意，令广大网民觉得有趣或有价值，那么他们就会帮你免费传播，使价值传递呈几何级数式增长。

价值体验

价值体验顾名思义是指消费者在购物过程中对商品价值的一系列体验，从企业角度来看，就是企业在消费过程中创造的一系列体验性元素和细节，使消费者能够准确、完整、深刻地接收到企业所传递的商品价值，从而进一步促成价值交换。

价值体验是消费者验证商品价值的关键环节，企业可以根据消费者反馈的价值体验效果及时调整商品价值体系，更好地为消费者创造价值，从而满足消费者的需求。

（一）价值体验的方式

体验是感知商品价值的直观途径。对于体验，一是要刺激消费者的感官。人的感官由视觉、听觉、味觉、嗅觉与触觉构成，刺激其感官也就是要刺激这五官，为消费者创造值得回忆的感受。二是调动消费者的情感。感官的刺激其实还只是初步，最重要的是通过感官的刺激，激发人们内心的一种情绪，比如说快乐、自豪、高兴等，调动他们的情感感受。三是促使消费者思考和采取行动。商品体验不仅是将商品呈现给消费者,而且是通过引导消费者去思考、去行动,使其从中体会到个体的自由、过程的快乐,进而使他们接受商品与品牌。四是形成某种关联。让消费者将商品和品牌同一个较广泛的时空系统(一种亚文化、一个群体)产生关联,从而建立个人对某种品牌的偏好,同时让使用该品牌的人们渐渐形成一个群体。

1. 视觉体验,吸引眼球

视觉能使我们感受到颜色、外形和大小等客观情况,产生对体积、重量和构成等物理特征的印象。视觉也使我们产生主观感受。黄金贵重的外表、钢铁的坚硬、仪器的精密——所有这些理解都源于视觉,并成为顾客体验的一部分。

商品在视觉方面吸引眼球主要可在以下几个方面创新：一是在产品设计和包装上(如爆果汽饮料、QQ汽车等);二是在产品名称和文化上(如水井坊、金六福白酒等);三是在核心技术上(如可口可乐、纳米冰箱等);四是在标识颜色搭配上,形成强有力的颜色和视觉冲击力,如可口可乐的红色、麦当劳的红黄色等;五是在终端陈列上,形成系列化,占领有效终端,排列为不同形状的"堆头";六是促销方面,给顾客带来舒服的视觉体验,如德芙巧克力的电视广告,以流动的丝绸来突出巧克力的爽滑口感。

2. 听觉体验,激发心跳

消费者的购买行为往往在瞬间产生,有时,听觉上的感受会让消费者怦然心动,如南方黑芝麻糊的"一股浓香,一缕温暖"以及广告画面的吆喝声,无形中让你回想起儿时乡间的那一种感觉;如英特尔的独特"声音"、牛排的"滋滋"声等都会让你记忆犹新,有瞬间心动的感觉。在营销活动中,企业还可以在产品设计方面塑造独特的"声音",如农夫山泉开瓶盖的声音、手机独特的铃声等;也可以在广告宣传过程中形成独特的声音,如背景音乐声、形象化的声音等;还可以在终端通过声音来刺激听觉从而吸引人气和激发心跳。

3. 触觉体验,身临其境

触觉是最直观的体验,如通过触摸、亲身体验等来促使消费者身临其境,从而驱动内心的欲望来产生购买行为,如在购买服装过程中的试穿、购车前的试驾等。要想让消费者满足触觉体验和身临其境,就必须在产品设计方面做到让消费者易于触摸,适合消费者亲密接触,或者是塑造体验场所和终端。无论是 IT 数码产品还是家私,无论是汽车还是服装,都应加强与消费者之间在触觉方面的互动,通过视觉的吸引和感官上的进一步亲身体验,让消费者身临其境,产生美好的想象,进而激发和加强其购买欲望,促使其购买行为的产生。

4. 嗅觉体验,诱惑心动

嗅觉是人类最强烈的感觉之一。一些气味令人讨厌,而另一些气味则芳香怡人、愉悦身心。气味的有无和差异可以成为一种能增强激素、产生诱惑力的元素,当气味注入各种产品时,会使产品更加迷人,为顾客带来非一般的体验。

嗅觉体验可以体现在产品设计方面,如英国高级衬衫品牌 ThomasPink 特别在店里装设感应器,有顾客经过时就会自动散发出刚洗完烫过的棉布味道;英国一家旅行社在几处店面里使用了电子气味散发器,散发出设计好的椰子芳香,据说是为了让客人立即联想到有着热带风光的海滩风情;Infinity 车型在美国上市之前,日产设计公司就皮革的气味对 90 多种样品进行了测试,最终选定了美国人喜欢的 3 种气味;迪士尼乐园卖爆米花的服务人员发现生意清淡的时候,就会打开人工爆米花香味,以此来吸引大批顾客上门。

嗅觉体验也可以体现在广告策略方面。如在美国,佐治奥公司在杂志广告上推出了"香页"香水广告,由于在广告页上铺有许多细微的芳香油滴,撕开广告,便有该牌号的香水飘出,浓淡相宜,十分诱人。劳斯莱斯汽车在《建筑文摘》上刊出了香页广告,香页里传出的是该车车座上的真皮气味。宝洁公司为一种带有柑橘香味的去屑洗发水展开广告攻势,他们在公共汽车站张贴能散发香味的海报,旨在吸引更多的青少年和女性受众;如其户外张贴海报上,一位年轻女子一头秀发随风飘扬,上面还有"请按此处"的字样,如果按一下,一股雾状香味气体便随之喷出,海报底部的宣传语写着:"感受清新柑橘的芳香。"

5. 味觉体验,产生行动

味觉体验主要是通过免费品尝而产生的,一般来说,通过味觉的感受很容易产生购买行为。许多食品、烟酒、保健品等均通过免费派送和现场品尝来刺激消费者产生行动,一方面是免费品尝后许多消费者都会或多或少地购买,另一方面通过消费者味觉的体验可以进一步有针对性地对产品口味进行创新。

因此,通过强化感官体验可以突出企业和产品的识别,让消费者体验商品价值,引发消费者购买动机和增加商品的附加值。

6. 心觉体验,自在随心

现代心理学家认为,心觉是指人类通过五种感官——听觉、视觉、味觉、嗅觉和触觉来接收外在的刺激,反映给大脑某个未知细胞或器官所体现出来的心理感觉,如快乐、悲伤、恐惧、痛苦等心理表现,可以说是意识的感觉或存在的感觉。比如星巴克通过各种感官刺激给消费者带来一种轻松自在的感觉。

由万达集团与国际顶尖舞台艺术制作公司弗兰克·德贡娱乐集团合作打造的舞台节目“汉秀”,糅合了音乐、舞蹈、杂技、高空跳水、特技动作等多种表演形式,整个剧场通过声、光、电的运用,辅以量身定制的拥有可移动座椅的舞台建筑,形成了非常戏剧性的科技呈现,给观赏者献上了一场跨越千年的文化视听盛宴。在视觉体验上,其灯光效果由超过 1268 个灯具、900 万流明光能量、200 公里灯光线缆组成,让人目眩;投影由 3 个可移动的 LED 巨屏(4K＋高清分辨率)、19 个 3D 高身帧速率运动追踪相机组成,效果美轮美奂;由 400 个压缩空气点打造的“遮掩气泡”和“沸腾水效”,18 台干冰机、230 个喷泉水柱形成的特效场景,犹如梦境。在听觉体验上,由 350 个扬声器、18 个重达 2.5 吨的低音扬声器、1200 个音频通道打造的音响效果,超强震撼。在心觉体验上,高度超越奥运会两倍的 27.5 米高台跳水,81.6 米飞行距离、6 米/秒飞行速度等特技表演,场面引人入胜。整个表演为消费者提供了空前的娱乐价值体验。

(二) 价值体验的环境氛围

体验店的氛围营造很重要,这里的氛围指的不是构成交易场所的现实的自然和社会因素,而是指引发消费者主观感觉,包括视觉、触觉、听觉和嗅觉等方面的因素,这些因素能够影响消费者的感官反应,促使他们产生相应的心理感受。比如,化妆品价值呈现应偏向于“试探、试用”的触感效果,可以通过美容指导员亲切的恳谈和优雅的待客礼仪来劝诱消费者接受“试用”过程以建立起信赖感。又如食品首先是一种视觉性产品,所以大量陈列与堆头陈列才能捕捉到消费者目光,还要注意这类产品的外包装设计、颜色、结构是否有一套拴住顾客视觉的 CIS(企业识别系统)来凸显它的存在,以便在陈列架上能够自我推销;像香水则既是视觉性产品(外包装设计),又是嗅觉性产品,在让消费者"试闻"过程中,企业就能抓住顾客的个性,将符合其个性需求和感觉的产品推荐给顾客。又比如像音响或唱片之类的产品,"听觉感官"与"现场气氛"就很重要,好的唱片也要有好的音响加以配合,以便让顾客获得良好体验,产生购买行为。

价值体验的环境还包括服务体现的软环境。例如,一家人陪同孕妇进入展厅来选购瓷砖,导购发现孕妇穿的鞋子不是很舒服,便拿出一双新拖鞋给她换上,并赠送给她。过了几天,这个家庭正是基于导购这一人性化服务的细节决定到这家店购买。由此可以看出,该展厅之前并未考虑到顾客是孕妇的情况,只是围绕介绍各种瓷砖来提供导购服务,但恰恰是该导购的这一温馨举动有意或无意地迎合了特殊顾客即孕妇的隐性需求,也就是根据特定消费者的个性化需求来提供服务,从而给消费者以极好的服务价值体验,最终促成了这笔原来也许并不一定会发生的交易。

可见,企业在消费过程中应该设置一些更加人性化、生动化、体贴化的体验性细节,营造出更好的服务环境氛围,使商品的价值得以充分的扩散,以在传播的强度和深度上感染目标人群。

(三)价值体验的效果

当我们立足于企业角度来考虑价值体验的问题时,应侧重于考虑消费者能否完全体验到企业传递的商品价值。如果答案是否定的,那意味着价值环流的其他环节有可能出现了问题,例如价值发现有偏差、价值创造不到位、价值呈现不完全、价值传递有错误或者有衰减等。归根结底,是企业的商品价值曲线未能与目标消费者的需求曲线完全吻合。此时,企业就可以根据消费者的价值体验反馈及时排查各个环节的问题,从而在满足消费者需求的基础上实现企业自身价值的最大化,甚至在这一过程中,有可能发现新的需求而找到新的商机,使企业发展更上一层楼。

第十二章　价值交换与实现

在商言商,企业的本质是获得利润。所以,当消费者通过体验感知商品价值,企业要做的工作是让消费者对商品价值产生认同,进而进行价值交换,实现商品价值。

价值交换

商品价值交换是指消费者对商品价值产生认同,最终通过等价交换的形式实现商品所有权的转移。它是商品价值经营最基本的一个环节,是商品价值实现的必要过程。

(一) 价值交换的核心是价值认同和价格认同

心动决定行动。心动即消费者对某种商品产生了兴趣,有购买欲望。这是购买行为的起点。让消费者心动的因素有很多,可以是商品店铺的装修、服务员的热情招待、产品外观的精美或者是广告的趣味性等。只有某一点触动了消费者才会让其有购买的欲望,从而采取购买行为。

判断决定选择。商品价值的判断源于每个消费者自己内心设定的评价指标,不同消费观念的消费者对产品的价值判断不同。例如奢侈品,对于低收入人群来说,是不值得的,但对于土豪而言,这是一种身份的象征,价格就无所谓。因此,最终商品的选择与购买行为是在消费者对消费对象的价值做出符合自身需求的判断后实施的。

尽管价值认同是顾客购买决策的前提,但一般情况下,顾客所能支配的货币有限,如何以适量货币购买到称心如意的商品,也是顾客做出购买决策时会考虑的因素。顾客为此权衡利弊,以实现效用最佳化的目的,即构成了顾客价格行为的动机。

价格往往具有衡量商品价值的功能。消费者总是把商品价格和商品价值、商品品质联系起来,把价格视为商品价值大小的标志,把价格看成商品品质优劣的衡量尺度,认为价格高的商品,价值越大,品质就好。所谓"一分价钱一分货""好货不便宜,便宜无好货",就是此种心理的反应。

价格认同能够让顾客具有自我意识的比拟功能。商品价格不仅表现商品的价值,还是消费者社会地位的象征,以及文化修养、生活情操的标志。顾客通过对商品价格的选择,满足其自身的各种社会性需要。如一些音乐爱好者宁愿省吃俭用,也要买一架价格昂贵的名牌钢琴,以显示他们的文化修养和生活情操。

价格认同源于消费者对商品价值的认同,只有那些综合起来的体验"感觉"符合消费者的价值判断,才能得到消费者的认同。企业通过某种销售方式能更好地刺激消费,带动消费者的需求,推动购买欲望,促成价格认同。

(二)透过案例看价格认同的种种迷雾

要实现价值交换,必须先达成价格认同。而价格认同在整个商品价值经营过程中是最困难的环节。如果商品价格过高,会损害消费者的利益,消费者不会认同;如果商品价格过低,会损害企业的利益,企业不会认同。这个矛盾就是商品价格认同的难点。而事情的诡异之处在于:消费者并非总是认为价格越低越好,而企业也并非总是认为价格越高越好,双方对价格的认同常常迷雾重重。因此商品如何定价,才能使消费者和企业双方的利益达到平衡,双方的需求都得到满足,是价格认同的关键所在。

我们试从几个不同的视角,透过鲜活的案例,来探讨价格认同之谜。

1. 商品价格要多高,才能彰显商品的高价值?

消费者希望得到高价值的商品,因为价格是商品价值的表现形式,所以问题诡异地变成了:商品价格要多高,才能彰显商品的高价值?

让我们看看上海汽车车牌的价格和美国 NBA 球星库里(Stephen Curry)的工资这两个案例。

案例12-1

上海汽车车牌的价格

上海市 2017 年 7 月份车牌拍卖于 22 日结束,平均成交价为 92250 元,创造了价格新高。只不过是一块铁皮,为什么上海的车牌这么贵呢? 值不值呢?

竞拍中标者认为上海的车牌值这个价! 理由是:

● 上海的车牌是上海市区的汽车通行证。

● 上海个人申请参加车牌拍卖的资质,延续了 2012 年以来的收紧之势,汽车牌照的申请门槛已越来越高。按照 2012 年的规定,申请沪牌的自然人只要持有有效身份证明或持有本市居住证明、具有完全民事行为能力即可。根据 2014 年出台的规定,只具有《临时居住证》或不具有机动车驾驶证的自然人将无法获得资格,个人客车额度竞买人通过拍卖获得客车额度后 3 年内不得再次登记参加拍卖。而 2016 年的管理规定则要求申请人持本市居住证明且自申请之日前已在本市连续缴纳满 3 年社会保险或个人所得税。并且规定如果个人已经有一块车牌的或从旧车上退出来导致手上有额度单的,都不可以再参加拍牌。

● 7 月份拍卖投放的沪牌共 10325 张,比上月增加了 13 张。当天共有 269189 人参与竞拍,中标率仅为 3.8%,处于历史最低水平,说明上海的车牌获得的难度将更大。[①]

"汽车牌照的拍卖资质越来越高"和"价格创新高而中标率创新低"的事实说明上海车牌的未来价值将更高。

---

① 上海逾 26 万人参与车牌拍卖均价破 9 万元创新高[EB/OL].(2017－07－22).中国新闻网.

案例12-2

美国 NBA 球星库里的工资

美国 NBA 球星斯蒂芬·库里自然不是商品,但其在 MBA 打球却是一项劳务,而劳务自然有价值高低之说。库里的工资就是库里劳务的价格。2017 年 7 月 1 日,NBA 自由球员市场大门一打开,勇士和库里就达成了 5 年 2.01 亿美元的"超级顶薪"合同,这是当时的历史最高薪,库里也成为首个 2 亿元先生! 下个赛季他可以拿到 3468 万美元薪酬。库里值不值这么高的薪酬呢? 看看下列事实:

● 库里刚刚到期的合同是在 2012 年夏天和勇士签的,4 年 4400 万美元,可谓"小学生"合同。过去 3 个赛季,勇士飞速崛起,而库里的表现是其中最直接的原因。他连续两个赛季拿下常规赛 MVP,带领勇士队 3 年拿到了 2 个总冠军。

● 库里单赛季创造了 3 项似乎是难以打破的纪录:2015—2016 赛季,库里单赛季三分球命中数达到"恐怖的"402 个,比此前的纪录大幅提高了 100 多个;历史上首位全票常规赛 MVP;带领勇士创造了单赛季 73 胜的 NBA 历史纪录。

● 关于库里在球队的地位和作用,国外的一个媒体特意制作了一个数据分析来对比库里在场与其不在场上时队友投篮的命中率,结果令人吃惊。库里在场时,其中核心球员杜兰特(Durant)、汤普森(Thompson)、格林(Green)和伊格达拉(Iguodala)的命中率分别提高了 5.3%、8.0%、7.8%、8.5%,而角色球员麦考(McCaw)、麦基(McGee)、帕楚里亚(Pachulia)的命中率更是惊人地分别提高了 18.7%、15.7%、14.0%! 可见库里的影响力真是大,他无疑是整个勇士队当之无愧的队魂和领袖。[①]

●《旧金山纪事报》记者 Ann Killion 曾在推特上写道:"斯蒂芬·库里到底值多少钱? 在 2010 年,Lacob 购买金州勇士队时花了 4.5 亿美元。如今,勇士的市值为 26 亿美元。"对此,詹姆斯转发了 Killion 这一推特,并写道:"那请你再次告诉我,为什么对于一名球员应该得到多少薪水要存在工资帽呢? 不要回答这个问题。我觉得斯蒂芬·库里今夏应该得到一份 5 年 4 亿美元的合约。"[②]

[①] 勇士队的核心只能是库里,杜兰特没戏? 一个数据让人信服! [EB/OL].(2017-08-03).新媒网.
[②] 库里值多少? 詹姆斯回应记者:今夏应拿 5 年 4 亿[EB/OL].(2017-07-02).虎扑篮球.

所以,对于库里的顶薪续约,美专家们都表示认可,凯文—佩尔顿分析认为,即便库里签了这份超级顶薪,相比他在球场上所创造的无穷价值,这也依然是超级白菜价合同。

2. 商品价格定多少,才能完全覆盖商品的成本?

企业不能长期做亏损的生意,所以在确定商品价格时,常常会有一个基本的逻辑判断标准：商品的价格至少要能完全覆盖商品的成本。但这个看上去很确定的简单逻辑在现实中有时候却变得不确定,变得有些复杂,因为消费者可能基于自身的需求根本不认同这样形成的价格,甚至消费者有时候根本不认同这样的价格形成逻辑。消费者的逻辑是：或许是企业的商品成本因为自身的技术和管理原因而变得过高,所以商品成本本不应该那么高,问题在企业自身;或许企业的真实成本确实高,但企业难道不明白薄利多销的原理? 成本与销售量相关,现在的成本不等于销售量上升后的成本,我们不傻,才不会接受现在那么高的价格;或许我们就是喜欢免费的东西或者便宜的东西,如果你卖贵,我们就不用,等等,不一而足。

新华字典 App 的使用价格这个案例或能给我们一些启示。

案例12-3

新华字典 App 的价格争议

2017 年 6 月,来自商务印书馆官方出版、中国社科院语言所修订的《新华字典》App 正式登陆苹果应用市场,安卓市场要稍后发布。据悉该 App 是由新闻联播原播音员李瑞英配音。然而,令人吐槽的是,新华字典 App 免费版每天只能查两个字,购买完整版需要 40 元,网友吐槽称："比纸质版还贵。"市场上最新版本的《新华字典》双色本在网上售价仅为 19.8 元。

"我们加入了许多纸质版字典没有的功能。"商务印书馆负责人回应时举例说,区别于纸质版字典,亮点之一在于发音。商务印书馆请来《新闻联播》原播音员李瑞英,对每一个汉字录制了原声播读。另一个区别于纸质版《新华字典》的亮点,是这部数字字典笔顺的部分,官方版的《新华字典》App 嵌入了动态、静态两种标准笔顺,并且支持"我来写写看"这样的功能,包括跟写和默写两种模式,让学习者能够顺利了解正确的笔顺笔画。记者了解到,这一字典 App 从筹备到问世一共花了 3 年多的时间。未来《新华字典》App 还将提供闯关竞赛等内容服务,可供读者在社交网络上分享学习的乐趣。"我们更希望把它定义成一个学习工具,而不仅仅是一本字典。"

就 App 付费等相关问题，App 的设计制作方表示，收费和定价的参考依据是版权和软件开发的成本，"我们一直做付费软件，基本上正版的工具书做出的软件都是收费的。在定价上，也要把开发软件的投入成本、设计等因素考虑进去"。

客服称付费 40 元购买后可以使用字典的全部内容，但如果使用或添加闯关游戏等，则需要再进行充值和购买。记者充值时看到，该 App 提供了 40 元、88 元、128 元、218 元以及 488 元五种充值金额。[①]

面对争议，中国权威媒体新华网发文称："《新华字典》App 作为一款产品被推向市场并收取费用，可说理所应当。无论出版方出于自身考虑定出多高的价，用句时髦的话说：这事儿没毛病，更不牵涉伤害了谁的感情。""App 不是要替代纸质版，它专门提供移动终端上的便捷服务，其目标人群定位与纸质版的并不相同，所以属于正常的产品差异化，哪里就脱离群众了？"

新华网的文章更是高调地提出："围绕其定价爆发的舆论争议，特别是争议中带有无端猜测的内容，反映出我们的社会对文化知识类产品不够尊重，进而也是不尊重产品背后的智力劳动。一个小型 App 问世尚需诸多人力和技术的支持，像《新华字典》App 这种体量的产品，背后必然需要诸多资深的内容编辑、产品设计、技术支持、平台运营等人员的大量辛苦劳动。他们不是躺在前辈呕心沥血的成果上靠权威混饭吃，他们和他们的劳动理应得到社会的尊重，并获得适当的利润作为回报。"[②]

不难发现，无论是商务印书馆、App 开发商，还是新华网文章的作者都认为《新华字典》App 的价格应该覆盖开发成本。新华网转发的文章作者甚至给异议者扣上"不尊重知识"的大帽子。其实，这个传统的"成本＋利润"定价模式在互联网上是完全不适用的。在互联网这个大平台上，产品只有做到最优秀，才能留在人们的手机中；只有做到最贴心，才能让人心甘情愿掏钱买单。而《新华字典》在这方面恰恰是反互联网逻辑的。在人们还没有接纳它进入手机之前，它就设置了较高的门槛，在人们还没有习惯它的便利之前，它就急忙索取回报。事实上，大多数的付费软件和游戏都满足二八定律。通常只有 20％ 的人付费，而免费版能够满足用户的基本需求。在大量用

---

① 新华字典 App 每天只能免费查两字？商务印书馆回应[J].北京青年报,2017－06－13.

② 尊重知识产权，不妨从《新华字典》App 开始[J].科技日报,2017－06－16.

户的基础上，再设定不同的收费内容扩展软件功能。虽然只有 20％的用户付费，但只要用户基数足够大，20％也是一个非常庞大可观的量了。那 80％不付费的用户，也绝对不是没有价值的，他们是用户的流量基础，他们会将软件推荐给潜在付费用户。可以说，正是那 80％的免费用户，撑起一个软件的知名度。①

所以，给《新华字典》App 定价多少，确实是开发和运营商的自由。尽管国外类似产品的定价都很高且大大高于纸质版的价格，但在国内的互联网产品模式下，《新华字典》App 40 元的定价，虽然开发和运营商提供了这样或那样的解释，看上去理由充足，在市场上难获认可却是不争的事实。

上面这个案例说明在新经济模式下，人们思维方式的改变才是最大、最难的挑战。

3. 价格要定多低，才能形成爆款的商品？

几乎所有的商家都梦想：自己的商品有一天会大卖特卖，形成爆款。但几乎所有的商家，特别是那些在电商渠道的商家也都知道：高折扣低价格才是商品形成爆款的不二法则。问题是：商品价格要折扣到多低，才能形成爆款的商品？

让我们看看武汉一位电商打造爆款的失败经历。

案例12-4

武汉一位电商打造爆款的失败经历②

陈女士在武汉硚口区经营汉派服装已有 10 多年，资产近千万。"看到别人赚钱赚得疯狂，一家网店年销售额就有几千万，我也按捺不住想赶这个集。"陈女士回忆道。2013 年 9 月，她租下一间 110 平方米的办公室，请了运营、美工、客服以及仓储、会计等 11 位员工，开始了电商之旅。

按照淘宝店最惯常的操作手法，她选了一件颜色鲜艳的短款棉衣，想打造"爆款"。棉衣进价 80 元，可在网上一搜，竞争者竟只要 75 元包邮。她一狠心，定下 70

---

① 《新华字典》App 高调试水，互联网时代如何转换思维？[J].中国财经,2017－06－22.
② 胡彩丽.3 天销售 700 万元 武汉电商老板揭示天猫生存真相[J].楚天金报,2014－02－17.

元包邮的策略。也就是说，每卖一件"爆款"棉衣，她就要亏15元。但在"没有最低只有更低"的淘宝上，唯有这样才能将消费者吸引进来，毕竟，大家的产品都非独有。

接下来，就是通过大量推广活动来吸引消费者。淘宝页面最上方的醒目广告位叫"钻石展位"，右侧的推荐宝贝排名叫作"直通车"，这两个最重要的位置需要在千千万万个商家中竞价，价高者得。陈女士请的运营人员不断出价，买下了直通车排名第一的位置，这时，才发现价格竟然已涨到了2.5～3元。也就是说，每一名顾客点击直通车进店，哪怕不买产品，陈女士也要掏近3元的推广费。服装类产品因竞争过于激烈，竞价当然会水涨船高。

推广开始的第一天，陈女士的店就吸引了近千人浏览。当日直通车花了近3000元，卖掉了80件货，进账5600元，但算上每件衣服赔本15元和推广费，当天净亏4200多元。为了赚钱，她只好加大"烧钱"力度。接下来的3个月时间，她每天花在直通车上的费用少则3000元，多则5000元，而销量最多的一天为240多件。

然而，让她失望的是，那些进店的顾客，总是直接买了最便宜的棉袄走人。其余那些略有赚头的棉衣，销量少得可怜。随着她的货越卖越多，她也越亏越多。

"每天看着人蜂拥进店，销量却始终带不来盈利，而钱哗哗地流走，我每天急得睡不着觉。3个月下来，我连带人工成本，总计亏掉了50多万元，实在太害怕了，只好暂停店铺运营。"想起那段时间，陈女士至今仍心有余悸。

一般来说，消费者会根据自己的需求去购买真正有价值的商品，而价格是价值的货币表现形式，商品的价格有高、中、低档的区别，它们分别标志着商品不同的价值大小。由于不同的消费者社会地位、经济收入、文化水平、个性特点的差异，在选购商品时的价格倾向也不同。

在人们收入水平不断提高的现在，消费者愿意为具有更高价值的商品支付更高的价格。高价值商品往往在数量、层次、强度上更多地满足了消费者的需求。比如一些商品价值中包含着无法用数量计算的"美感""优越感""舒服感"以及其他丰富多彩的精神性元素等，这些商品由于突出了个性，反映了消费者的主观爱好，符合时代的消费风潮，因此，消费者愿意花更高的价格来购买。

当然，人们更喜欢支付比较少的价格或者免费获得高价值的商品，就像现在消费者能免费使用优秀的杀毒软件和地图导航软件一样，那样消费者价值的获得感觉自然十分好。只是有时候，人们并非总能如愿以偿。毕竟市场仍然相信，好东西总是不便宜的。

综合上述这些案例，我们不难发现，商品的价值认同并无固定的方法和模式可言。不同的商品特性、不同的竞争态势、不同的消费者价值感知等都决定了商品价格认同方法的差异。在互联网大潮的冲击下，传统的商品定价方法和模式面临巨大的挑战，而人们思维方式的转变更是艰难，需要行业从事者不断进行探索。

（三）价值交换的过程和形式

人们所理解的价值交换最简单明了的就是顾客支付相应价格的金额，从而获得相应的商品，完成交换过程。但是，价值交换的过程实际上伴随着价值体验的过程，而价值体验的好坏决定顾客是否进行价值交换。价值交换是围绕商品而展开的，除了最主要的物权转移，就是伴随商品购买过程中的一系列行为创造的价值。在整个商品交换过程中，客户和商家分别获取了自己所需的价值，主要是以商品为依托，客户获得满足自身需求的商品同时获得愉悦的消费过程体验，企业出售商品获取利益的同时，得到客户的好评，提升企业的信誉度和品牌形象。

1. 消费者获得的价值

当商品完成交换后，消费者便能使用商品，享受使用商品带来的各种好处，如果使用得非常得心应手，效果很好，消费者就认为为获得商品而支付的价格是值得的。消费者从使用商品中获得的种种好处或者说便利就是消费者从交换中获得的价值。

消费者从使用商品中获得的价值只是其从商品交换中获得价值的一种表现形式。事实上，除了商品使用环节，消费者在消费全过程的其他环节，都有可能获得相应的价值。

在光顾商品销售场所时，消费者获得了更多商品的认知，可能也享受了逛街的乐趣。

在购买商品时，享受了商品售中的各种服务，回家时可能会有"今天收获多多"的愉快感觉。

当人们从网上购物时,收到商品、打开包装看到商品的一刹那,心情是快乐的。有些"剁手族"甚至觉得,打开包装看到商品那一瞬间的心情快乐无比,是最重要的收获,之后,是否使用商品倒并不介意。事实上,很多人有这样的经历:不少商品买回家后就再也没有用过,时间一长,甚至忘了商品放在什么地方了。

所以,不同的消费者从消费全过程中都能获得不同的价值。

2. 企业获得的价值

(1) 资金回报

企业是一个营利性组织,企业进行商品价值交换首先是要获得资金回报,赢得利润。

(2) 企业的品牌形象

企业的品牌形象是企业或企业产品(服务)在社会公众中所表现出的个性语言,体现消费者对品牌的评价与认知。企业的品牌形象不仅能够影响到企业乃至整个产业的生存环境,同时更是赢得消费者信赖的重要途径,使品牌产品在更大的广度和深度上吸引消费者,为企业带来丰富的经济与社会的双重效益。产品形象是企业品牌形象的基础,是和品牌的功能性相联系的形象。当消费者对产品评价很高,产生较强的信赖时,他们会把这种信赖转移到抽象的品牌上,对其品牌产生较高的评价,从而形成良好的企业品牌形象。

(3) 顾客的满意度

如果企业的顾客保持率比较高,那么就不需要每个时期都花费很多资源去获得新的顾客。满意的顾客可能会更频繁而大量地购买商品,而且有可能购买企业的其他产品和服务,从而为企业带来了许多无形的长期价值。一般来说,顾客满意度对企业收益的影响主要表现在以下几方面。

价格溢价——如果企业产品拥有良好的质量和客户服务,客户会愿意支付大量的额外费用;

口碑——满意的客户不仅会劝说他人光顾,并且他们的意见比企业的所有广告更有分量;

经营成本降低——企业的满意度高,其保修费会相应降低,并且总体上在服务补救上的成本也会降低;

客户成交率——在销售过程中能取得高客户满意度的公司的成交率也高；

顾客忠诚度——满意的客户将来再次光顾的可能性较大。

价值实现与回馈

（一）价值实现

商品价值实现的过程不是仅仅体现在消费者使用商品后的需求满足，而是贯穿消费者消费的全过程。在每一个阶段，商品价值的实现以相应的需求得到满足为标志。

在消费者搜集或反馈商品信息阶段，企业向消费者推送商品信息的过程，就已经开始了价值的传递，因其满足了消费者对市场信息的需求；同样消费者主动给企业反馈商品改进信息的过程，也满足了其自我实现的需求（如建议得以采纳感到自身价值得到了实现），上述无论哪一种情况都使商品价值得到了部分实现。在商品设计生产阶段，消费者参与其中，这本身也是价值实现过程的一部分。在消费者光顾阶段，消费者购买的不仅仅是一种产品，更是一种体验，企业通过商品展示、客服沟通、环境营造，让消费者看一看、摸一摸、听一听、闻一闻、坐一坐、躺一躺，向消费者进一步传递价值，让消费者开开心心地享受消费过程，从而满足了消费者的需求。其中，导购服务是这一阶段商品价值实现的关键一环，所以服务在商品价值实现中的作用不容忽视。然后，消费者通过支付金钱购买商品，拥有了商品的所有权，消费者需求得到满足，商品的价值进一步得以实现。此外，企业为消费者提供超出预期的个性化服务，以及给予消费者后续更多的支持和回报，创造了更多附加价值，使商品价值得到进一步延伸（商品价值交换并不代表价值的终结）。

因此，伴随着消费者需求逐步得到满足，商品价值也不断得以实现，直至最大化。

（二）价值回馈

消费者需求得到满足后，会通过商品评价、重复购买、在朋友圈中介绍等方式，以金钱、口碑、信息等形式回馈给企业，这就是价值回馈。

1. 重复购买价值

消费者的重复购买行为可分为重复购买原产品、购买原产品的更新品和购买原企业的新产品。顾客重复购买的总价值是其重复购买原产品的价值(由于所购买产品使用耗竭或产生相似购买需要而重复购买同种品牌、同种规格的产品)、购买原产品的更新品的价值(由于原购买产品退出产品生命周期或消费者人为加速折旧而购买同种品牌换代产品)和购买原企业新产品的价值(购买忠诚品牌企业的其他新产品)之和。

事实表明,对于喜爱和信赖的产品,消费者对其价格变动的承受能力较强,即价格敏感度低。消费者所喜爱的品牌的价格上涨,或者竞争对手的低价策略往往不会导致忠诚顾客的需求的大幅度减少,因此忠诚顾客的价值还表现在其保障企业稳定的高额利润和减少抵御竞争风险所需的成本方面。

2. 口碑价值

顾客口碑价值包括两方面:一是由于顾客向所属群体宣传其所喜爱的品牌而导致所属群体其他成员购买该品牌的价值总额;二是由于顾客宣传其所喜爱的品牌而使该企业品牌形象提升,导致该企业无形资产的价值总额增加。

顾客对品牌企业越忠诚,在信息传达过程中的情感可信度越强,对信息接受者的影响越大。作为一种广告效应,忠诚的消费者往往会把自己愉快的消费经历和体验直接或间接地传达给周围的人。无形中,他们就成了企业免费的广告宣传员,这远比狂轰滥炸的巨额广告投资促销效果更好。正所谓最好的广告是忠诚的消费者。作为一种示范效应,忠诚消费者一经形成,不仅对企业的现有消费者与潜在消费者的消费心理、消费行为和社会方式提供可供选择的模式,而且可以激发其仿效欲望,并有可能使其消费行为趋于一致,甚至引发流行现象。据调查,每位非常满意的顾客会将其满意的经历告诉至少 12 个人,其中大约有 10 人会在产生相同需求时光顾该企业;相反,一位非常不满意的顾客也会把不满告诉至少 20 个人,这些人在产生相同需求时几乎不会光顾被批评的企业。

3. 信息价值

顾客信息价值指顾客以各种方式(抱怨、建议、要求等)向企业提供各类信息从而为企业创造的价值。忠诚顾客为企业提供的信息主要有:顾客需求信息、产品服务创新信息、竞争对手信息、顾客满意程度信息、企业发展信息等。

忠诚顾客更倾向于提供基于企业现状的、合理可行的建议和忠告,而企业对信息的重视又更促进顾客忠诚度的提升。顾客信息对企业是重要财富,这已是不争的事实。同时还应看到顾客提供信息,主要是希望得到信息的回馈结果。由于企业与顾客之间存在信息的不对称,企业与顾客都希望了解对方的更多信息以便决策。因此企业是否重视顾客信息对产生忠诚顾客以及培养顾客忠诚都十分重要。

此外,忠诚顾客的价值还表现在其减少营销费用,节约市场调查成本,对企业意外事故的理解和承受能力较强,和对企业的竞争力和抗风险力较强上。在顾客选择企业的时代,顾客对企业的态度极大程度地决定着企业的兴衰成败。正是由于深谙此道,麦当劳和 IBM 的最高主管都会亲自参与顾客服务,阅读顾客的抱怨信,接听并处理顾客的抱怨电话。因为他们心中有一笔账:开发一个新顾客的成本是留住老顾客的 5 倍,而流失一个老顾客的损失,只有争取 10 个新顾客才能弥补。

忠诚的消费者还可以带来经营安全效应。忠诚消费者会很乐意尝试企业的其他产品,这就使得交叉销售得以成功,从而实现了企业经营的多元化,大大降低了企业的经营风险。另外还会带来竞争优势效应,忠诚的消费者不仅为其他企业进入市场设置了现实壁垒,也为本企业进入新市场提供了扩张利器,这使得企业在市场竞争中具有领先于对手的相对优势。

总之,企业通过与消费者之间的价值传递,一方面消费者从企业获取了包括物质享受、精神愉悦等多种层次的价值,另一方面,商家获取相应的金钱用于进一步为消费者创造价值。这种价值回馈开启了新一轮的价值环流,进而创造更大的社会价值。

第四篇　**消费全过程的商品价值经营方法**

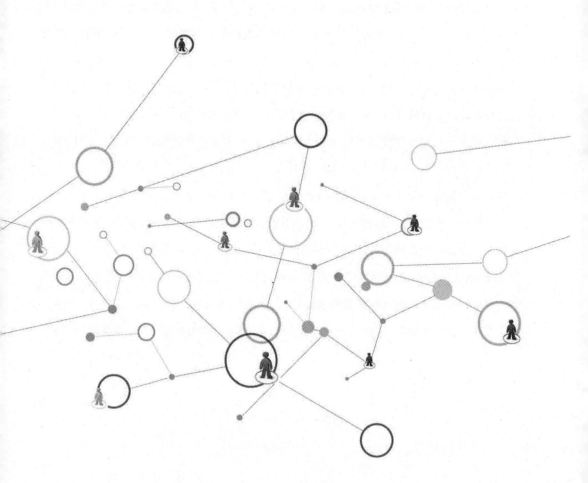

前面我们已经谈到,商品不只是静态的产品,还包括动态的消费过程。特别是在过剩经济时代,尽管产品创新依然重要,但在消费过程上做文章,则显得愈加重要。当前一些新兴的互联网企业,其商业模式的创新主要是在针对消费者的消费过程方面进行的创新,更确切地说就是在消费过程的价值经营方法上进行的创新。因此,本篇将专门探讨消费全过程中的商品价值经营方法。

在第二篇中,我们对消费过程的不同阶段进行划分,依据的是在消费过程中消费者不同身份之间的转换的观点。由于不同企业与消费者之间的具体沟通方式不同,在消费全过程中,消费者身份转换呈现出不同的路径。路径的不同,实际上就代表着企业为促成消费者身份转换的实现而采取的不同经营方法,而在消费者身份转换的每一种路径的每一个阶段,都存在着多种不同的价值经营方法。因此,要找到消费全过程中的商品价值经营实操"秘诀",我们不仅要搞清楚消费者身份转换的不同路径,而且要进一步深入挖掘出不同路径上的每一阶段的价值经营方法。在接下来的第十三章将首先归纳出消费全过程中消费者身份转换的不同路径,然后第十四至十七章将深入分析每一种路径下不同阶段的价值经营方法。

值得一提的是,不同路径就代表着不同的价值经营方法,甚至在同一路径下同一转换阶段不同企业也存在不同的价值经营方法,由此也可以体现出其背后不同的商业模式,这样,实际上也为我们分析商业模式提供了一个全新的视角,即从消费者的消费过程如何实现的角度来分析商业模式,这也是本书的一大"亮点"。不过,本书重点不在于探讨商业模式本身,而在于揭示消费过程背后的商品价值经营逻辑与方法。

第十三章　消费者身份转换的不同路径模式

在企业与消费者以商品为媒介进行价值交换的过程中,企业根据消费者的需求不断将商品的价值传递给消费者,使得消费者与企业之间的关系不断发生变化,从而推动消费者相对于企业的身份不断转换。由于不同企业与消费者之间的沟通方式不同,在消费全过程中,消费者身份转换便呈现出不同的路径。下面我们主要归纳出了四种路径模式:基本型路径、免费型路径、粉丝型路径和朋友圈路径模式。

基本型路径

一般来说,企业往往是先确定目标消费群体,然后采取一定的方式吸引消费者光顾;消费者成为企业的光顾者之后,花钱购买企业的商品成为购买者,使用产品后便成了用户;如果企业不断与用户保持互动,建立友情,彼此便成了朋友。这是企业促成消费者消费过程实现的最基本的价值经营方法,我们称之为基本型路径。长久以来企业与消费者之间的沟通大多采取此种路径,即消费者→光顾者→购买者→用户→朋友。在该路径下,从企业与消费者"尚未接触—接触—达成交易—经常互动—建立友情"整个关系的建立过程中,企业通过不断进行需求与价值的匹配,推动消费者身份不断转换,直至成为朋友,然后成为企业的回头客或介绍新顾客购买。完整的路径如图 13-1 所示。

图 13-1　消费者身份转换的基本型路径

对于该路径,需要说明的是：

1. 这是一个完整的理想路径。即理想的价值经营不是仅仅将消费者变成用户而已,而是希望最终将消费者变成朋友。

2. 不同潜在消费者变成用户的过程差异会很大。有些消费者可能"一见倾心",立即决定购买商品,迅速成为用户;而另外一些消费者成为用户的过程可能反反复复,需要一段时间才做出决定。

3. 用户成为朋友的过程不是必然的,即路径可能在消费者成为用户后终止。事实上现实中这种情形最多。用户能否成为朋友完全取决于商品能否给用户带来好的体验以及企业能否提供后续的增值服务。

免费型路径

免费型路径的关键特征当然是免费。对于消费者而言,免费意味着没有投入便能满足自己的某些需求,自然是好事,因此消费者肯定是欢迎企业的免费行为的。然而企业不是慈善机构,追求利润是企业的基本特征,真正意义上的完全长期免费自然也是不可能的。因此从价值经营角度来说,如何使"免费行为"产生利润,最终使"免费行为"成为企业实现利润的方式,才是整个模式的关键。

免费型路径大致包括 3 种情况。

1. 路径 1:"免费试用,满意付款"

第一种路径模式"免费试用,满意付款",全称是"免费试用,满意付款,不满意退货"。其路径如图 13-2 所示。

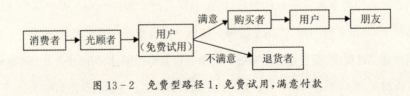

图 13-2 免费型路径 1:免费试用,满意付款

类似于该免费试用模式,企业可以演变出有偿试用型路径模式,即消费者可以先不支付足额费用而只是支付少量费用,有偿试用企业的产品,如果用户满意,可以购

买该产品。比如房地产企业推出"先租后买"的销售模式,实际上就是一种有偿试用型路径,即消费者先租用房子(可视为有偿试用),而后购买该房子。在这种情况下,消费者身份转换路径为:消费者→光顾者→用户(租用者)→购买者→用户→朋友。需要强调的是,无论是免费试用型路径,还是有偿试用型路径,都是针对同一产品。

2. 路径 2:"免费试用,满意再买"

第二种路径模式"免费试用,满意再买",是指消费者先免费试用企业的产品或服务,如果使用满意,以后再继续购买该产品。该模式与第一种模式的区别是,如果用户对产品使用效果不满意,消费者并不需要退货;如果用户对使用效果满意,消费者以后付费购买该产品。免费试用的产品相当于企业的广告品,其路径如图 13-3 所示。此种路径突出的是体验对购买决策的决定性影响,即让用户通过免费体验对产品或服务产生认同感进而做出购买决定。比如,近年来国内外一些网站为网民提供了数量庞大的免费试用品,实际上是通过规避传统广告形式的灌输性、疏离感,以免费试用的方式让潜在的客户去亲身体验商品的独特卖点,进而赢得消费者最终认同的。在此种路径中,一般来说,免费试用产品是由企业提供给消费者的,但也可能不是由企业直接提供给消费者的,比如朋友送的,当消费者用了以后觉得满意可能自己就会去购买。对企业来说,这可以被理解为一种价值回馈,即企业的老客户推荐他人购买和使用该商品。

图 13-3 免费型路径 2:免费试用,满意再买

3. 路径 3:"免费引流,转嫁变现"

第三种路径模式"免费引流,转嫁变现",全称是"免费商品吸引来客流量再转嫁变现"模式。

具体变现方式进一步细分为 3 类。

(1) 转嫁到本企业其他商品销售上:"送 A 卖 B"

"送 A 卖 B"模式,即免费送 A 产品来吸引消费者买 B 产品,亦即企业通过提供某种免费产品(产品 A)来吸引消费者到销售场所或者网络平台,进而吸引消费者在销售场所或者网络平台购买其他付费产品(产品 B),如图 13-4 所示。与上述免费试用型不同的是,消费者购买的付费产品与免费产品不是同一种产品。比如,在某网站上浏览新闻和查询服务是免费的,但在网页上玩游戏项目则是要付费的;在美容院听美容知识讲座是免费的,但做美容项目是收费的;在加油站洗车是免费的,但加油是收费的;有些商场开业时,会免费赠送某种商品以吸引消费者光顾,当然消费者购买其他商品都是要收费的。

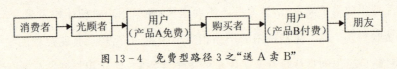

图 13-4 免费型路径 3 之"送 A 卖 B"

(2) 转嫁到广告销售上:"送 A 卖广告"

"送 A 卖广告",即以免费送 A 产品来吸引其他企业(广告商)来投放广告,亦即企业通过为消费者提供某种免费产品(产品 A),而吸引消费者来销售场所或者网络平台,形成流量,再以流量吸引其他企业(广告商、广告主)来投放广告,如图 13-5 所示。对企业来说,广告商是大顾客,最好在经营过程中,能与之成为朋友。Google、百度、360 等搜索引擎就是把免费用户群作为有效目标受众群出售给广告商而获取巨大回报的,广告商实际是购买在这个巨大"产品"面前的曝光率。

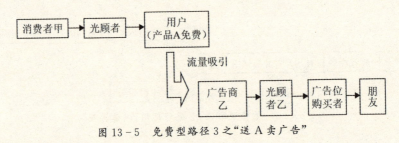

图 13-5 免费型路径 3 之"送 A 卖广告"

(3) 转嫁到其他企业的产品销售上:"送 A 让第三方买单"

第三种转嫁型路径"送 A 让第三方买单"模式,即所谓的"羊毛出在狗身上,由猪买单"模式,是指平台企业(第一方)通过免费提供产品 A 的方式不断吸引用户(第二方),形成流量,从而吸引其他企业(第三方)来销售产品,平台企业从第三方的销售收益中分成,如图 13-6 所示。此种路径中,消费群体甲始终免费使用平台企业的产品

A,真正的收费客户是第三方(即被流量吸引来的其他企业),因此此种路径中企业提供的免费产品的成本支出实际上已经转嫁给第三方。

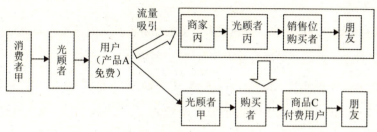

图 13-6 免费型路径 3 之"送 A 让第三方买单"

淘宝、QQ、微信、Google、百度、360 等都是此种路径的典型代表。这类似于电视台做各种各样的节目争夺收视率,用节目吸引人气并划分出观众的年龄、性别、爱好,然后将这些分门别类的观众"卖给"合适的厂家,让厂家在他们面前展示、销售自己的商品。其中最常见的是作为游戏企业和各种各样的电商企业的引流入口来分享收益,而游戏企业甚至可以直接在平台上接入游戏进行销售。

当然以上几种模式也可组合使用。

粉丝型路径

粉丝,英文 Fans,指崇拜某个人或者喜欢某物或某事的群体。粉丝最初专指追明星的人,现在因为网络社交的流行,普通人也有关注自己的粉丝,所以粉丝现在是一个泛称,指特别关注某个人、团体或者品牌、作品、产品的群体。

按关注对象的不同,我们将粉丝细分为 3 种。

1. 明星的粉丝。最早,粉丝是专门指这些追明星的人。受粉丝崇拜的明星最初是指影视明星、文娱明星、体育明星等。不过,因为网络的发展和社交工具的流行,现在明星的范围也呈现扩大化趋势,受粉丝崇拜的明星还包括著名政治家、著名企业家、名师、名医、名主持人、大 V 博主、网络红人、其他著名的公众人物等。

2. 非明星的粉丝。受粉丝关注的非明星是指没有成名或者只是小有名气的普通人,他们开有微博、微信号、微信公众号、直播节目、QQ 空间,或者建立有微信群、QQ

群。他们的身份五花八门，没有限制，可能是歌手、舞者、演员、作家、模特、企业经营者、管理者、网店店主、医生、教师、公务员、学生、员工、农民、自由职业者，甚至是无业的宅男宅女等。

3. 某种品牌产品的粉丝。受消费者喜爱的品牌产品可能是某一家企业的某种品牌产品，该种品牌产品在业界有很大的名气，受消费者的广泛追捧，例如苹果手机、小米手机、爱马仕包包、LV 手提包、Dior 香水、茅台酒、格力空调等；也可能是不分厂家的某种受追捧的产品，例如中国航空母舰、歼-20 隐形战斗机、苏 35 战斗机等；也可能是服务产品，某个电视台的栏目，例如浙江电视台的《中国好声音》(现在改名为《中国新歌声》)、江苏电视台的《缘来非诚勿扰》、湖南电视台的《我是歌手》、中央电视台的《星光大道》等。

粉丝型路径模式是将粉丝作为潜在的客户，通过培养粉丝，将其转换成企业的客户的模式；或者更直接说，就是面向粉丝或者借助粉丝进行产品营销，将潜在的粉丝价值变现的路径模式。

某个人，不论是明星还是非明星，其粉丝路径如图 13-7 所示。这种路径模式最好是在将粉丝变成企业产品的购买者和用户的同时，保持其原有的粉丝身份。换言之，不能为了一时的产品销售利益使粉丝受到伤害而退粉。

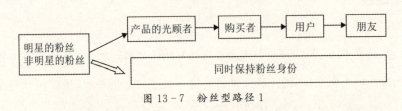

图 13-7　粉丝型路径 1

而如果是品牌产品的粉丝，那么这些粉丝本来就是品牌产品的购买者和用户，所以粉丝路径模式的重点是让粉丝重复购买产品或者继续购买企业的新产品。当然一般企业都希望将自己的产品用户培养成粉丝，所以完整的品牌产品路径如图 13-8 所示。在这种路径模式中，企业当然希望粉丝在重复购买企业产品和新产品的同时，继续保持粉丝身份。

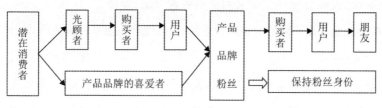

图 13-8　产品品牌的粉丝的身份转换路径 2

朋友圈路径

朋友圈路径是将朋友圈里的朋友作为潜在的客户,通过构建朋友圈子,再将其转换成为企业的客户。根据加入圈子的目的不同,又可细分为两种情况。

一种是朋友关系先存在,然后才将朋友作为目标消费群体,其身份转换路径表现为:朋友→消费者→光顾者→购买者→用户,如图 13-9 所示。例如,随着微信朋友圈的普及,微信用户的朋友圈慢慢成了推销产品的场所,越来越多的人利用微信朋友圈做起了买卖。当然在这个过程中,最好是能始终保持朋友关系。

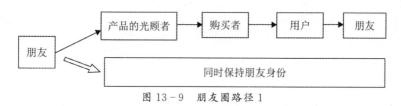

图 13-9　朋友圈路径 1

另一种是朋友关系先不存在,因此需要先选择目标消费群体,然后想方设法与其成为朋友,再成为客户,其身份转换路径表现为:消费者→朋友→光顾者→购买者→用户,如图 13-10 所示。

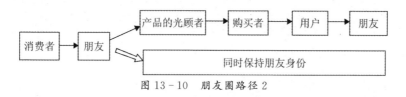

图 13-10　朋友圈路径 2

以上我们大致归纳总结出了消费者身份转换的四种路径,每一种路径根据其具体情况又细分为很多子路径。在不同路径下,企业把消费者变成购买者和用户的方法是不一样的,也就是说存在不同的价值经营方法;即使在同一路径的同一转换阶段,不同的企业也存在不同的价值经营方法,由此便产生出多种商业模式。

尽管商业模式多种多样,层出不穷,但回归商业的价值本源,都要以满足消费者需求为核心。无论企业采用哪种商业模式,消费过程中商品价值经营的基本逻辑并没有变,即都是通过匹配不同阶段的价值与需求,使消费者需求不断得到满足,实现消费者价值,进而实现企业价值,达到双赢甚至多赢的目的。为了深入分析消费全过程的价值经营方法,本书从第十四章到十七章将具体阐述不同路径下的商品价值经营方法。

第十四章 基本型路径下的商品价值经营

在基本型路径下,消费者身份转换路径为消费者→光顾者→购买者→用户→朋友,这是企业把消费者转换成客户的最常见的方法。在该路径下,消费者身份转换的每一个阶段又存在多种价值经营方法,伴随着商品价值环流的不断循环,消费者的需求不断得到满足,从而推动消费者身份不断转换,消费过程得以向前演进。如图 14-1 所示。

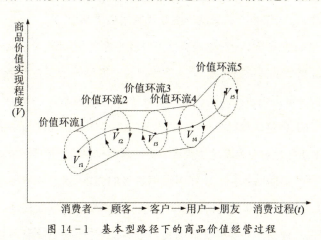

图 14-1 基本型路径下的商品价值经营过程

我们在本章将探讨在消费过程中基本型路径下商品价值经营的 4 个关键问题:前提、核心、过程和方法。

基本型路径下商品价值经营的前提和核心

首先要界定我们探讨商品价值经营的过程是指商品的消费过程。换言之,这时候对于制造型商品,已经完成了设计和制造过程,进入消费过程,作为实体的商品,其狭义上的商品价值创造已经完成,企业试图通过后续的消费过程,在满足消费者需求过程中提升商品价值(亦即广义的商品价值创造贯穿于消费全过程)。对于服务型商品,因为其消费过程与生产过程融为一体,所以探讨消费过程的商品价值经营包括商品生产过程。

(一) 基本型路径下商品价值经营的前提

在过程界定后,我们必须强调,消费过程中基本型路径下商品价值经营的前提条件是企业提供的商品确实始终是能良好满足消费者需求的商品。该前提条件具体来说有 4 层含义。

1. 企业提供的商品不能是假冒伪劣产品。亦即我们探讨的价值经营不是将假冒伪劣商品以欺骗的方法推销给消费者以便让企业从中获得暴利。事实上以欺骗的方法将假冒伪劣商品推销给消费者不仅不是价值经营,而且是反价值经营,是对价值研究这个概念的亵渎,应该为所有从事价值经营的人们所鄙视。

2. 企业提供的商品确实能良好地满足消费者的需求,这意味着企业既不是要把低端商品千方百计高价推销给消费者,也不是要把高端商品千方百计推销给不需要的消费者。尽管这两种情形中的商品不是假冒伪劣产品,甚至在后一种情形下商品在很多人看来是非常好的,但这两种行为都不属于我们心目中的价值经营,请别忘记我们前面对商品的定义:商品是企业为满足消费者多种需求而提供的一揽子解决方案。

3. 企业提供的商品始终要能良好满足消费者的需求,这意味着不能因为成本上升,或者竞争压力加大,企业就理所当然地降低满足消费者需求的程度。

4. 企业提供的商品始终要能良好满足消费者的需求,还意味着当消费者需求变化时,企业提供的商品能相应变化,仍然能良好地满足消费者的需求。

(二) 基本型路径下商品价值经营的核心

消费过程中基本型路径下商品价值经营的核心是企业使其商品高效匹配和满足消费者的需求,完成商品从价值创造到价值实现的全过程,并且在这个过程中无论是对消费者还是对企业而言,商品价值都得到最充分的提升,从而实现商品价值的最大化。

我们从 4 个方面解读消费过程中基本型路径下商品价值经营的核心的具体意义。

1. 商品价值经营的核心首先是要精确把握消费者的需求。在大多数情况下,消费者知道自己有某种需求,但不够精确。例如买了房子有装修的需求,但具体要装修成什么样子,常常并不明确;换季时有买衣服的需求,但具体要买什么颜色什么式样的衣服,常常并不明确。所以要匹配和满足消费者的需求,首先要精确把握消费者的需求。

2. 商品价值经营的核心就是要使企业的商品准确匹配消费者需求和满足消费者的需求,让潜在的消费者变成购买者或者用户。准确匹配消费者的需求是手段,准确满足消费者的需求并实现消费者的身份转换是目标。

3. 在匹配和满足消费者需求的过程中,一方面营销成本、物流成本和资金成本等在不断增加,另一方面,商品价值伴随着成本的上升也在不断上升,与此同时,消费者的身份也相应发生变化。

4. 商品价值经营的核心就是匹配和满足消费者需求的过程要高效,即企业应该以尽可能少的成本去尽可能好地匹配和满足消费者需求并实现消费者身份的转换,从而使得无论是对消费者还是对企业而言,商品价值都得到最充分的提升,实现商品价值的最大化。

基本型路径下价值经营的过程——消费者身份转换的过程

基本型路径下价值经营的过程,也是基本型路径下消费者身份转换的过程。

我们假设 X 企业有高、中、低端系列产品(或者服务方案),假设存在对这类产品有需求的消费者群体 A,那么 X 企业是如何使其产品匹配和满足消费者群体 A 的需求的呢?

首先,企业并不知道对其产品有需求的消费者是谁,在哪?因此第一项工作是广而告之,即通过各种各样的营销方法和手段告知广大的消费者:X 企业有什么样的产品。这一步工作的目标是吸引潜在消费者变成对企业产品感兴趣的客人,其成功与否或者说在多大程度上能成功取决于企业对目标消费者的定位和认知、营销方法和手段的应用效率、营销费用的投入情况等。

如果第一步策略有效，那么消费者群体 A 中有部分人知道了 X 企业的产品是可能满足他们需求的，这部分人我们以 $A_{知道}$ 表示，相应的群体 A 中不知道 X 企业产品的消费者为 $A_{不知道}$，那么

$$A＝\{A_{知道}, A_{不知道}\}$$

随着 X 企业营销活动的开展，在群体 $A_{知道}$ 中，会要一部分消费者对 X 企业的产品感兴趣。如果我们分别用 $A_{感兴趣}$ 和 $A_{没兴趣}$ 来表示对 X 企业的产品感兴趣和没有兴趣的消费者，那么

$$A_{知道}＝\{A_{感兴趣}, A_{没兴趣}\}$$

X 企业的第二步工作是让目标消费者光顾企业，成为产品的光顾者，具体来说就是让群体 $A_{感兴趣}$ 的消费者能便捷地光顾企业，以及企业线上或者线下的各种销售网点，接触销售人员，从而观看和考察企业的产品。这一步工作的成功程度取决于企业及其品牌和产品的吸引力、目标消费者搜寻企业产品的容易和便利程度、到达销售网点的便利程度和成本等。

一般来说，群体 $A_{感兴趣}$ 中，由于种种原因总是只有一部分人最终成功光顾企业产品，假设他们为 $A_{光顾}$，对另一部分没有光顾的人我们假设为 $A_{没光顾}$，那么

$$A_{感兴趣}＝\{A_{光顾}, A_{没光顾}\}$$

很明显 X 企业的第三步工作是让消费者购买企业的产品，使光顾者成为商品的购买者。具体来说，就是让群体 $A_{光顾}$ 中尽可能多的消费者能购买企业的产品，第三步工作能取得多大的成功完全取决于企业的产品与 $A_{光顾}$ 中消费者需求的匹配程度。企业的产品与 $A_{光顾}$ 中消费者需求的匹配程度取决于以下几点。

(1) 企业产品线的广度和宽度。从消费者角度看，产品线的广度越大、宽度越宽，差异化程度越高，消费者需求匹配的可能性越大，但从企业生产角度看，成本也可能越高。因此企业需要在产品差异化和生产成本之间做出适当的平衡决策。

(2) 消费者对企业产品的认知。这取决于消费者接收的关于企业产品信息的全面性、可靠性、针对性和信息获得的便利性。介绍企业及其品牌和产品的文字、图案、视频，特别是对产品特色的描述和展示，实体产品的呈现，销售人员对于产品的宣传，

服务态度和销售环境等都会影响消费者对企业产品的认知。

(3) 消费者需求的精确化过程。前面我们曾说道：很多消费者知道自己对某种产品有需求，但并不精确。消费者是在考察和比较产品的过程中，完成对产品需求精确化定位的。在这个过程中，销售人员的分析和介绍，其他用户对产品使用效果的现身说法都能发挥很大的作用。

(4) 企业让消费者相信企业的产品能匹配和满足其需求所做出的种种努力及其效果。

假设 $A_{光顾}$ 中最终有部分人购买了企业的产品，记为 $A_{购买}$，而将没有购买的那部分人记为 $A_{没购买}$，那么

$$A_{光顾} = \{A_{购买}, A_{没购买}\}$$

总体可以表达如下：

$$A = \{A_{知道}, A_{不知道}\}$$
$$= \{\{A_{感兴趣}, A_{没兴趣}\}, A_{不知道}\}$$
$$= \{\{\{A_{光顾}, A_{没光顾}\}, A_{没兴趣}\}, A_{不知道}\}$$
$$= \{\{\{\{A_{购买}, A_{没购买}\}, A_{没光顾}\}, A_{没兴趣}\}, A_{不知道}\}$$

可见，在对企业类似产品有需求的消费者中，实际购买企业 X 产品的人很可能只占很小部分。如何提高这部分消费者的比例是商品价值经营的重点，我们在后面方法部分将进一步对此进行探讨。

第四步，产品交付。通过消费者自己携带或者选择各种物流方式，企业的产品就可以被送到用户使用地点。

第五步，产品使用。这个阶段消费者应该已经变身为用户。我们用了"应该"这个词，是因为有时候即便产品已经交付，消费者也可能将其"束之高阁"不使用。如果我们分别用 $A_{使用}$ 和 $A_{没使用}$ 来表示购买产品后实际使用和没使用的消费者，那么

$$A_{购买} = \{A_{使用}, A_{没使用}\}$$

如果消费者不使用购买的产品，那么对消费者是浪费，对企业也是损失。因为如果消费者不使用企业的产品，企业一方面无法获得后续服务的收益，另一方面与消费者成为朋友的可能性也基本上不存在了。

为了让消费者正确地使用产品，企业应该向用户介绍产品正确的使用和维护保

养方法,提供各种使用和维护保养服务,解除用户的各种后顾之忧,让用户充分享受产品使用的种种好处。唯有如此,用户才可能使用企业的产品,喜爱企业的产品,喜爱企业及其品牌,才有可能成为企业的朋友。

显而易见,在用户中只有一部分人会成为企业的朋友。

如果我们分别用 $A_{朋友}$ 和 $A_{非朋友}$ 来表示使用产品后最终成为朋友和没有成为朋友的消费者,那么

$$A_{使用} = \{A_{朋友}, A_{非朋友}\}$$

所以汇总起来我们得到如下的表达式:

$$A = \{A_{知道}, A_{不知道}\}$$

$$= \{\{A_{感兴趣}, A_{没兴趣}\}, A_{不知道}\}$$

$$= \{\{\{A_{光顾}, A_{没光顾}\}, A_{没兴趣}\}, A_{不知道}\}$$

$$= \{\{\{\{A_{购买}, A_{没购买}\}, A_{没光顾}\}, A_{没兴趣}\}, A_{不知道}\}$$

$$= \{\{\{\{\{A_{使用}, A_{没使用}\}, A_{没购买}\}, A_{没光顾}\}, A_{没兴趣}\}, A_{不知道}\}$$

$$= \{\{\{\{\{\{A_{朋友}, A_{非朋友}\}, A_{没使用}\}, A_{没购买}\}, A_{没光顾}\}, A_{没兴趣}\}, A_{不知道}\}$$

不难发现,最终成为企业朋友的其实少之又少。企业价值经营的目标就在于要不断提高朋友的比例和规模,而这也正是企业价值经营的魅力所在。

我们把上述企业匹配和满足消费者的过程总结如图 14-2 所示。

图 14-2　企业产品匹配和满足消费者需求的过程

随着这个过程的推进,消费者的身份也在相应转换,如图 14-3 所示。

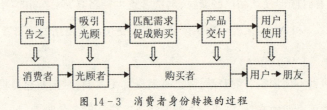

图 14-3　消费者身份转换的过程

随着企业匹配和满足消费者需求的过程,企业的成本开支和收益也相应增加,如表 14-1 所示。

表 14 - 1　企业在匹配和满足消费者需求过程中产生的费用和收益

步骤	广而告之	吸引光顾	匹配需求促成购买	产品交付	用户使用
费用	促销费用	促销费用,销售渠道费用	交易费用	物流费用	使用指导费用,产品保修费用
收益	知名度提高	知名度提高	销售收入		增值服务收益,成为朋友的后续收益

　　一个关键的问题是：企业在匹配和满足消费者需求的过程中,商品价值是否随着成本的增加而相应增加？很多人或许会认为,企业在匹配和满足消费者需求的过程中所增加的所有费用都会转嫁给消费者,因此随着企业费用的增加,商品价格自然相应上涨,而商品价值自然也水涨船高。表面看事情似乎确实是这样的,但其实不然。

　　使商品价值提升的不是企业增加的费用,而是导致这些费用增加的企业行为。具体来说：

　　不是广告费用提升了商品价值,而是广告提高了企业产品的知名度并且让更多的消费者对企业产品感兴趣而提升了商品价值;

　　不是增加销售渠道的费用提升了商品价值,而是销售渠道的增加提高了消费者光顾产品的便利程度而提升了商品价值;

　　不是增加销售人员的费用提升了商品价值,而是增加的销售人员的服务让消费者满意而提升了商品价值;

　　不是免费送货的物流费用提升了商品价值,而是免费送货提升了消费者对产品售后服务的满意度而提升了商品价值;

　　不是产品保修费用提升了商品价值,而是产品保修解除了用户的后顾之忧、增加了用户的好感而提升了商品价值;

　　不是与用户的沟通和指导费用提升了商品价值,而是对用户的有效沟通和指导使用户成为朋友而提升了商品价值。

　　或许你认为二者实际上没有区别,但如果我们换一个角度,你就能很容易看出其中的巨大区别。

　　如果企业投放的广告引起消费者的愤怒和抗议,那么这个广告不仅不会提升商

品价值还会损害商品价值,尽管企业花了广告费用;

如果增加了销售渠道和销售人员,但销售人员的恶劣服务让消费者极不满意,商品价值不会提升而更可能会受到损害,尽管增加了销售渠道和销售人员的费用;

如果免费送的货物常常迟迟不到,或者送的货物常常被损坏,用户不满意度上升,那么免费送货并不会提升商品价值,尽管企业支付了免费送货的物流费用;

如果保修合作伙伴提供的产品保修服务让顾客很不满意,那么商品价值不会提升而更可能会受到损害,尽管企业支付了产品保修费用;

如果与用户的沟通和指导很不顺利,导致用户怨声载道,成为朋友更是毫无可能,那么商品价值不会提升而更可能会受到损害,尽管企业支付了沟通和指导费用。

所以,在正常情况下,随着企业匹配和满足消费者需求的进程,商品价值相应会不断提升,如图 14 - 1 所示。但这并非总是如此,如果存在上面列举的情形,商品价值可能不仅不会提升还会受到损害,想象一下:企业的费用开支在上升,而商品价值在下降,销售不畅,库存积压,企业将会面临怎样的困境?!

只有企业的各种行为能让企业匹配消费者需求的过程便捷、高效,消费者满意度提高,商品价值才会提升;而且企业匹配消费者需求的过程越便捷、越高效,消费者满意度越高,商品价值才会提升得越高,企业的朋友才会越多;而企业的朋友越多,越有利于企业商品价值的提升,如此形成良性循环,是最为理想的情形。

基本型路径下价值经营的方法——消费者身份转换的方法

基本型路径下价值经营的方法,也是基本型路径下消费者身份转换的方法。

作者最初想在这部分画一个商品价值经营方法全图,但随着研究的深入,最终放弃了这种想法。试图列举所有商品价值经营的方法,既无可能也无必要,因为理论上商品价值经营的方法是无穷无尽的。

关键是不管你采用什么方法,必须考虑这些方法匹配和满足消费者需求的效果和效率。首先,必须有效果,即这些方法确实能使企业的产品匹配和满足消费者的需求;然后,也许更重要的是要讲效率,即这些方法要能使企业的产品更高效地匹配和满足消费者的需求,或者说能以更少的费用投入带来更好的匹配和满足消费者需求的效果。

虽然我们不再试图画一个商品价值经营方法全图,但我们还是希望能给读者更多的思路,以期对读者提供更多的帮助。

(一)广而告之,诱导潜在消费者变成对企业产品感兴趣的客人

消费者的信息来源主要有四种:第一是个人来源,包括家庭、朋友、同事、熟人等;第二是商业来源,包括广告、推销员、经销商、产品包装、展览等;第三是公共来源,包括大众传播媒体的相关报道;第四是经验来源,包括处理、检查和使用产品的经验等。这些信息来源对消费者的影响,随着产品的类别和购买者特征的不同而有所不同。一方面,就某一产品而言,消费者最多的信息来源是商业来源,这也是企业能够控制的来源;另一方面,最有效的信息展现来自个人来源。企业应该对消费者使用的信息来源仔细加以识别,并评价它作为信息来源的各自重要性,以有针对性地为消费者获取信息提供便捷措施。

最理想的情形是企业知道目标消费者是谁、在哪,那么企业可以精准推送信息。否则企业就只能广而告之了。

可能的方法包括以下几种。

1. 广告

广告是企业向消费者传递消费信息的主要渠道之一。企业选择广告媒体需要考虑目标消费群体接收信息的习惯。比如,对于儿童消费群体,选择在电视上特别是少儿频道上投放广告比较适宜;对于老年消费群体,在报纸、广播上投放广告比较适宜;而对于中青年消费群体,选择在户外和电视、网络等媒介上投放广告比较适宜。另一方面,要根据企业想呈现和传递的价值点来选择适宜的广告媒体。比如,企业想要向消费者传递出商品的质量可靠性和购买安全性价值,就要选择正规、权威的广告媒体进行发布。此外,在广告传播中,请明星代言是很多企业的做法,但值得注意的是,明星代言也是一把"双刃剑",可能会促进品牌形象,但如果明星出问题的话也可能会给企业带来负面价值。

2. 软性广告或者叫隐性广告

软性广告或者隐性广告并不直接介绍商品、服务,而是通过在报纸、杂志、网络、

小品、电视节目、电影等宣传载体上插入带有主观指导倾向性的文章、画面、短片,或通过赞助社会活动、公益事业等方式来达到提升广告主企业品牌形象和知名度的目的,促进产品销售的一种广告形式。相比一些传统的硬性广告,隐性广告更容易使消费者接受。隐性广告的关键是隐性:在一个广告信息铺天盖地的时代,只有把广告做得不像广告,让受众在没有任何戒备心理的情况下悄然接受,才能取得最好的效果。隐性广告常见的表现形式包括以下几种。

(1) 软文。在宣传与企业产品相关的知识的文章中巧妙地介绍企业产品。例如在介绍什么样的食用油更健康的文章中引入某种品牌的食用油,在讲爬山走路适合穿什么鞋子的文章中介绍某种品牌的鞋子等。

(2) 在电影电视节目中植入广告。如春晚小品是植入广告的最爱,因为观众多,影响力大,传播效果好。在 2010 年春晚中,现场嘉宾桌摆放着赞助饮料娃哈哈饮用水、蒙牛牛乳饮料;互动主持台立面设计上体现"中国平安·平安中国"字样;佳能相机作为道具出现在歌舞《拍拍拍》节目中,相机及相机挂带上的 logo 在镜头中出现;小品节目《50 块钱》中,鲁花食用油在面案或小桌上摆放,贴有企业 logo 的围裙作为道具由演员使用;刘谦近景魔术节目中,使用汇源果汁作为道具。在小品《捐助》中更是植入了搜狐、搜狗、国窖 1573、三亚旅游 4 个广告,其中对搜狐、搜狗的提及次数不低于 10 次。

(3) 节目或者活动冠名赞助。1998 年,伊利借助"我最喜爱的春节联欢晚会节目评选"冠名赞助,成功使伊利由区域品牌成为全国品牌;2005 年,蒙牛酸酸乳以 1400 万元冠名"超级女声",随后追加了 8000 多万元用于带有超女元素的产品包装、路演、广告宣传等,使蒙牛酸酸乳的销售量从 2004 年的 7 亿元飙升至 30 亿元。2012 年"加多宝"冠名《中国好声音》,使得"加多宝"品牌一时名声大噪。2015 年跑男第三季洛阳站,李晨、鹿晗、王祖蓝、郑恺、邓超、Angelababy、陈赫在雄伟奢华的明堂天堂景区奔跑,引爆了洛阳明堂天堂景区的客流。

3. 商品展销会、博览会

各种各样的商品展销会和博览会是推销企业商品的好舞台。广交会曾经是中国商品外贸出口的窗口,许许多多的中国企业正是通过广交会走向国际市场的。现在中国企业当然已经不满足于广交会了,参加世界上著名的展销会是很多企业每年的必修课。越来越多的中国企业的身影出现在汉诺威工业展、巴黎航空航天展、美国底特律汽车展、意大利米兰服装展览会等世界著名的展会上。

4. 国内外有影响力的经济论坛

参加国内外有影响力的经济论坛也是提高企业及其产品知名度的一个好方法。这方面马云和他的企业阿里巴巴是一个很好的范例。马云 2017 年在达沃斯论坛接受央视采访时说到,一定程度上是每年的达沃斯之行塑造了他身上的全球化视野和眼光。他讲到一件事。2003 年,淘宝网有了名气但缺乏成交量,他第一次来到达沃斯论坛,本来是想"听听那些生意做得最好的人有什么秘诀",他是来找生意经的,但是达沃斯论坛上的每一个人都在谈企业的社会责任。听完比尔盖茨和克林顿的发言,马云做了一个对淘宝来说最重要的决定:做支付宝。在马云看来,参加达沃斯这样的年会,就是融入全球化的一个最好的方式。他说,做企业首先要有思想,或者有理念,如果你能够置身于这样一个全球经济发展趋势的头脑风暴之中,这绝对是培养你全球化视野的饕餮盛宴。"跟高手下棋,你的水平会越来越高。参加这样的活动也是同一个道理。"正是借着达沃斯论坛,马云和他的阿里巴巴在国际上的名气越来越大。当然对于大多数人来说,马云的案例只能算是例外,毕竟能参加达沃斯论坛的机会少之又少。但参加其他门槛相对低一些的国内经济论坛,也不失为是一种选择。

5. 活动秀

开展一些与企业产品相关的"某某节"或者比赛、秀之类的活动,也是提高企业知名度的一种方法。2016 年 4 月 17 日,来自广东中山的锁具企业广东镖臣防盗设备有限公司——"玥玛锁具"的生产商,在第 119 届中国进出口商品交易会(广交会)上发布了 760 锁芯技术,并举行中外锁匠挑战赛,邀请中外锁匠上台验证 760 锁芯的"防盗真功夫",凡能在规定时间内使用技术性开锁工具将玥玛 760 保险柜锁芯打开者可获得人民币 100 万元奖金,结果经过初赛、决赛两轮角逐,来自巴基斯坦、孟加拉、马来西亚、秘鲁及中国的 10 名开锁大师都没有成功打开玥玛 760 保险柜锁芯,错失 100 万元奖金。"玥玛锁具"由此声名大振。

6. 信息的人员传播

企业信息的传播方式可以分为由内部人或外部人进行传播两种情况:一是通过派出专业人员到目标消费群体聚集的地方进行现场宣传,将消费信息传递给目标消费者,从而吸收目标消费者光顾,即"到有鱼的地方钓鱼"。比如,针对老年消费群体,医药企业通过到社区进行宣传和咨询活动,将消费信息传递给目标消费人群。二是企业还可以通过"内行人"来传递消费信息。所谓"内行人",就是对产品和相关行业熟悉了解,能带动和影响一批人的消费行为的人。比如,你要购买一个手机,也许会在第一时间想到身边的某某电子产品达人,然后咨询他目前购买什么手机比较合适,而这个人会根据你的需求做详细的分析。通常,内行人不像推销员为企业所雇佣,所以,企业必须有一种途径可以让内行人能够了解、认识自己的产品。比较典型的例子就是 pconline。pconline 是一个将信息传递给电子消费品内行人的有效途径,所有商家在一个产品上线的时候,都会将自己产品的一些测评文章发布到 pconline 上,以达到传递给内行人的目的。内行人很乐意接收这样的资讯。

当然实际向目标消费者传递信息的方法不止上述 6 种。

对于企业来说,选择使用什么方法或者什么方法的组合,取决于这些方法能否达到它们的预期目标,即企业的产品信息是否传递给目标消费者,并且让目标消费者对企业产品产生兴趣。前面,我们已经定义:

A 表示 X 企业的目标消费者群体;

$A_{知道}$ 表示群体 A 中通过 X 企业的营销方法知道了 X 企业产品的消费者群体;

$A_{感兴趣}$ 表示群体 $A_{知道}$ 中对 X 企业产品感兴趣的消费者群体;

我们进一步定义:

$N(A)$ 表示群体 A 中的消费者数量;

$N(A_{知道})$ 表示群体 $A_{知道}$ 中的消费者数量;

$N(A_{感兴趣})$ 表示群体 $A_{感兴趣}$ 中的消费者数量;

我们用知道率 $R_{知道}$、感兴趣率 $R_{感兴趣}$ 分别表示信息向目标消费者传递的效果,那么我们可以计算得到

$$R_{知道} = N(A_{知道}) / N(A)$$

$$R_{感兴趣} = N(A_{感兴趣}) / N(A_{知道})$$

很明显,知道率 $R_{知道}$ 和感兴趣率 $R_{感兴趣}$ 越高,信息传递方法的价值越高。在第一阶段价值经营的关键是提高知道率 $R_{知道}$ 和感兴趣率 $R_{感兴趣}$;或者换个角度说,企业应该选择知道率 $R_{知道}$ 和感兴趣率 $R_{感兴趣}$ 高的信息传递方法。

仍然以 2010 年春晚小品植入广告为例说明：小品《捐助》中被植入了搜狐、搜狗、国窖 1573、三亚旅游 4 个广告，其中对搜狐、搜狗的提及次数不低于 10 次。在小品《捐助》中，自诩为"在中国家喻户晓"的搜狐，采用的是反复提及、强迫记忆的低劣宣传手法，这种手法或许确实提高了知道率 $R_{知道}$ 但未必提高了感兴趣率 $R_{感兴趣}$，事实上搜狗在中国搜索引擎的排名在当年春晚后几乎没有什么变化，仍位居第三，市场占有率在 5%～6% 之间徘徊。而在小品《捐助》中，穷得没钱送孩子上学的寡妇提着高价的"国窖 1573"上台，赵本山还特意将酒摆正、字正腔圆念叨一遍"国窖 1573"，然而"国窖 1573""稀世佳酿"的高贵定位与小品扶贫帮困的主题诉求极不吻合，贫穷的寡妇形象与国窖 1573 主流消费者形象严重冲突，虽然"国窖 1573"知道率 $R_{知道}$ 上升了，但感兴趣率 $R_{感兴趣}$ 很可能因此下降，该植入广告受到业内人士严厉指责，在网络上对其非议四起。

（二）吸引感兴趣的客人光顾企业销售场所，成为光顾者

当目标消费者知道了企业的产品，并且对企业的产品产生兴趣之后，企业要想办法吸引这些消费者光顾企业的营销网点，观看、考察和比较产品。

企业可以采取的方法包括以下几种。

1. 以企业和品牌的名气吸引目标消费者。

2. 以企业与众不同的产品特色吸引消费者。

3. 以所谓的"好处"吸引目标消费者。最常见的方法当然是价格折扣，或者赠送其他物品。毕竟实实在在的好处，对于大多数人来说还是有吸引力的。

4. 让目标消费者很容易发现企业的销售网点。

5. 借风借力，即借助其他的力量将目标消费者引导到企业经营网点。比如，某美容院在附近一家百货商城与 M 品牌专柜合作，推出"买产品，送服务（护理），送名牌（美宝莲唇膏、欧莱雅护肤品）"和"迎元旦真情体验 1+1 服务周"的促销活动，即任一产品，再加 1 元，即可得到价值 38 元的基础护理友情卡一张，从而将商场里的顾客拉到了美容院来消费。

网络借力是目前吸引消费者光顾的新趋势。

6. 创造光顾的便利性。创造光顾的便利性就是要使消费者能够方便地到达消费

地点,包括线下的消费地点(实体店)和线上的虚拟地址(网店)。

创造光顾实体店的便利性方法有很多,专车免费接送就是其中之一。比如超市为吸引社区消费者光顾提供免费专车接送服务,房地产企业为吸引消费者光顾楼盘提供免费看房接送服务等。

同样,创造光顾网店的便利性也有特定的方法。比如,搜索引擎竞价排名就是一种将消费者引导到店面的有效网络推广方式。以百度竞价排名为例,每天网民在百度进行数亿次的搜索,其中一部分搜索词明确地表达了某种商业意图,即希望购买某一产品,或想要寻找提供某一服务的提供商,或希望了解该产品/服务相关的信息。通过百度搜索推广的关键词定位技术,可以将企业推广结果精准地、优先地展现给正在搜索的网络消费者,从而将消费者引导到店面中来。

我们用

$A_{光顾}$ 表示群体 $A_{感兴趣}$ 中光顾了 X 企业产品的消费者群体;

$N(A_{光顾})$ 表示群体 $A_{光顾}$ 中的消费者数量;

光顾率 $R_{光顾}$ 表示群体 $A_{感兴趣}$ 中光顾 X 企业产品的消费者数量占比。

那么我们可以计算得到

$$R_{光顾} = N(A_{光顾}) / N(A_{感兴趣})$$

很明显,我们应该采用什么样的吸引目标消费者光顾的方法,主要看光顾率 $R_{光顾}$ 预计能有多高。光顾率 $R_{光顾}$ 越高,对 X 企业的价值越高。

(三) 匹配需求,促成购买,让光顾者成为购买者

消费者被吸引过来光顾店面,接下来,企业要想办法留住顾客,让顾客愿意购买。

1. 促成顾客做出购买决策的因素

当企业为顾客创造的价值正好满足了顾客的需求时,顾客就有可能做出购买决策。那么企业应该创造哪些价值才能让顾客决定购买呢?首先我们来分析一下促成顾客做出购买决策的因素有哪些,而这些因素实际上就是顾客的需求"引爆点"。

促成顾客做出购买决策的"引爆点"很多,比如以下几个方面。

● 碰到了一件梦寐以求的产品,如产品的功能强大(功能性),使用方便(便捷性),新颖独特(稀缺性),做工考究(工艺性),精美绝伦(艺术性、舒适性)等。

- 品牌偏爱(情感性)。

- 促销力度大(价格低)。

- 导购人员的热心讲解与推荐(情感性)。

- 商家精心组织策划的体验活动(情感性)。

- 服务人员一句舒心的话(舒适性)。

- 消费过程中一件令人感动的事(情感性)。

- 某种刚性需求(功能性)。

- 舒适的购物环境(舒适性)。

- 服务承诺(情感性)。

可见,让顾客决定购买的"引爆点"来自多个方面,包括产品、品牌、人员、促销、体验活动、购物环境等。

2. 创造"引爆"顾客购买行为的价值点

不同顾客或同一顾客在不同时点,其需求点也存在差异,企业只有找到了顾客的消费"阀门"(关键需求点),通过创造相应的价值点,并达到了顾客的消费"阈值",才能"引爆"顾客的购买行为。

(1) 找到顾客的消费"阀门"

这要求服务人员能细心地观察、深入地思考、巧妙地问、认真地听。细心地观察,就是通过看来了解需求,要观察顾客的随身物品、言谈举止、穿着打扮、神态表情、肢体语言,通过观察了解顾客的需求;巧妙地问,就是运用一系列专业的提问方法,将无关信息一层层剥离,发现有价值的信息并追究下去,最终找到顾客的需求;认真地听,就是让顾客尽情发挥,说出他们想倾诉的一切,包括抱怨、烦恼、偏好等,从中发现有价值的信息;深入地思考,就是在与顾客沟通的时候,要通过对顾客说的话进行思考,来了解顾客的需求。顾客因其产品知识的局限,可能无法准确地讲出他们的需求,这种情况下,销售人员应根据所观察到的线索和听到的顾客言语来确定顾客的需求;有些时候顾客所表述的要求不一定是其真正的需求。销售人员要通过观察、聆听以及思考,逐步了解其真正意图。尽管每个顾客的需求因人而异,但我们可以挖掘出一些共性的关键需求点,比如以下几个方面。

- 产品信息需求。比如,顾客进入格力空调专卖店,首先想要了解的是哪款产品能够满足其使用需求,包括功能上能否满足需求,外观是否与使用场所环境搭配,节能、环保、使用安全性、操作简便性等方面如何,这些主要表现为对产品本身的信息需求。相比潜在消费者阶段,顾客所需求的产品信息更为具体、深入。

● 产品体验需求。顾客做出购买决策前,都希望能够体验产品的性能。这就要求企业尽可能地提供方便的体验环境和条件。

● 购买便利性需求。购买的过程是不是方便也是顾客所关心的。比如有无送货安装服务、使用过程中有无维修保养服务等,这些服务是否有保障是顾客做出购买决策的主要影响因素之一。

● 情感需求。顾客在购买过程中希望受到重视,得到关心和尊重。这种尊重往往通过销售人员的服务态度、语言、动作表现出来。有时顾客还希望通过产品来显示自己的地位和身份。

(2) 创造让顾客购买的关键价值点

主要包括以下几个方面。

● 提供个性化定制产品和服务。顾客对于产品的形状、颜色、味道、气味、尺寸规格等物理属性总有不同程度的偏好,且消费类产品因为规模化要求很难做到完全定制,对于完全标准化产品,可以通过增加产品的型号和款式来尽可能地满足大多数顾客的需求;对于非标准化产品来说,可以通过部分部件的定制,来满足顾客个性化需求,小改变通常能让顾客产生意想不到的惊喜。家具行业就是一个典型例子。因为户型大小和格局的不同,顾客在购买家具时总是受到尺寸和形状方面的限制,而顾客又想充分利用空间,并体现自己的品位,最后不得不遗憾地做出次优选择。在选购的过程中,如果有一样产品通过小范围的改变,能够更好地满足消费者的个性化需求,将会极大地增加顾客对价值的感知。

● 良好的购买体验。顾客在购买过程中的体验包括对产品的体验、服务的体验和购物环境的体验等。

首先是产品的体验,顾客通过感官直接感受产品的外观、样式、特性等,体验到产品的功能性、工艺性、艺术性、舒适性等价值属性。值得注意的是,目前线上顾客如果只通过网站提供的产品信息往往很难获得深刻的体验,特别是一些需要通过直观的感官体验才能做出购买决策的产品,就需要通过线下体验店来让线上顾客获得体验机会。

其次是服务的体验。企业为顾客提供优质的服务所产生的效应,就在于顾客体验到这种服务之后,乐意购买你的产品。比如,海底捞门店都有专门的泊车服务生,主动代客泊车,停放妥当后将钥匙归还给客人,当客人买单时还会询问是否需要帮忙提车。周一到周五中午,海底捞还会提供免费擦车服务。在没有预订的情况下,在漫长的等位过程中,店内服务员会热情地递来饮料和小点心,店内还有免费的擦皮鞋和美甲服务等。这些服务让顾客感受到了意想不到的价值体验。

最后,还有购物环境的体验。顾客的购买行为可以在各种环境下发生,如在精品屋、商场或者在家里(通过电视、电话、网络等)。在这样一些环境里,企业不仅仅向顾客提供自己的产品和服务,也包括顾客对服务场所的体验感觉。比如,当顾客来到商场时,不只是要买到他想要的商品,而且还要追求一种购物的乐趣,或者放松身心,或者与朋友、家人增加感情联系。那么,影响顾客做出购买决策的因素除了商品本身,还包括商场的氛围、服务人员的态度,以及其他一些能够影响顾客感觉的因素。因此,购物环境的设计应该全面考虑如何让消费者的"五官"(视觉、听觉、触觉、嗅觉、味觉)产生极致体验。

● 服务人员的细心服务和专业解读。顾客在购物时经常有这样的体验:导购人员一上来就喋喋不休,用一大堆顾客听不懂的语言或专业词汇介绍产品优势,根本不考虑这些优势究竟对顾客有什么样的价值;再或者是用一些大而空的词语,说明产品如何适合顾客,其结果是讲了半天,顾客对于产品的优势认识依然不深刻。而聪明的导购员,总是能从顾客实际使用的角度阐述产品带来的利益,并通过引导顾客联想使用场景,让顾客切身感觉到产品的实际利益,进而成功增加顾客对产品的价值感知。

顾客在购物时,经常遇到产品功能之间的冲突。比如对于小户型的购买对象,在客厅里放一个沙发床是一个不错的选择,平时可以当沙发用,有客人时展开就是一个床,满足了多方面的需求。但是坐在沙发床上的舒适感比纯沙发要差得多,此时顾客也许就会陷入纠结,到底要不要买?而此时如果销售人员洞察了顾客的纠结心理,马上说道:"这款产品的弹簧和优质海绵都是增加弹力的,所以长时间坐着不容易累。"那么,顾客很大可能性上就会做出购买决策。因此,销售人员如果能从顾客的角度,找到解决顾客心理矛盾的理由,将会提高顾客对产品价值的感知,从而促使顾客做出购买决策。

● 售后服务。售后服务是影响顾客做出购买决策的关键要素之一,所以企业对售后服务提供保障并做出承诺是重要的价值点。一般来说,售后服务保障主要包括约定质量保期和保修范围,提供跟踪服务;服务承诺主要包括服务范围、响应时间等。如格力承诺家用空调器产品一律执行整机含所有零部件免费保修 6 年。

顾客通过体验,对企业提供的商品价值体系与自身的需求体系的匹配程度进行了感知,在此基础上形成某种程度的价值认同,并就商品的价格达成一致,当双方就商品的价值与价格都达成了认同,价值交换行为便产生了。

如果我们用

$A_{购买}$ 表示群体 $A_{光顾}$ 中购买了 X 企业产品的消费者群体;

$N(A_{购买})$ 表示群体 $A_{购买}$ 中的消费者数量;

购买率 $R_{购买}$ 表示群体 $A_{光顾}$ 中购买 X 企业产品的消费者数量占比。

那么我们可以计算得到

$$R_{购买} = N(A_{购买}) / N(A_{光顾})$$

很明显,购买率 $R_{购买}$ 是这阶段企业工作的考核指标。购买率 $R_{购买}$ 越高,对 X 企业的价值越高。

(四) 让消费者放心使用产品,成为用户

顾客花钱购买产品成为企业的客户,价值交换得以实现,但这并不是企业价值经营的终点,因为消费过程并未结束,顾客的终身价值和消费过程的全价值还有待进一步挖掘,因此,企业还需要进一步把客户转换成用户,直至成为朋友。接下来,在从客户到用户阶段,企业价值经营的关键点就在于如何增强客户体验,让客户放心使用。如果企业的售后服务给客户带来了很糟糕的体验,很可能客户就不会转换成用户了,这就导致了价值环流中断。比如客户从一家外卖店订餐,本来想获得的就是便捷性价值,但在超过约定的送餐时间后仍未收到餐点,也未得到外卖店的任何通知信息,从而给客户带来负面价值体验,导致客户退订,这样,价值环流在客户还没有来得及转换成用户时就戛然而止了。

将客户转换成用户的关键是要把握下列两个方面。

1. 用户的需求点
用户的需求点主要体现在企业的售后服务上,包括以下几个方面。

(1) 免费送货以及送货安装的及时可靠性

对送货服务的需求主要表现在:提供免费送货服务以及送货的及时性、准确性和

产品的完好性。一般大件商品的购买客户会根据送货服务质量来选择合作的商家。

针对技术性比较高的产品,如空调、计算机和一些用于生产的设备,购买相关产品的客户对安装服务有很高的重视度。

(2)产品保证

客户往往希望自己拿到手上的商品与企业在广告里所宣传的、展厅里所陈列的、线上所展示的商品具有一致性,希望是正品,质量有保证。特别是从线上渠道购买商品的客户,最担心的就是自己买到的商品不是正品。

(3)产品使用前的技术培训或指导

对于一些操作程序较为复杂或精确性要求较高的产品,或者对于某些人群来说不易掌握其操作要领的产品,客户往往希望在使用产品前能得到一定的技术培训,以便在使用过程中能够得心应手。还有一些产品需要具备专业知识才能使其使用效果达到最佳,这就需要企业提供相应的操作指导。

(4)服务的安全可靠

除了上述对产品本身的需求点外,客户对服务过程也存在一定的需求点,比如购买空调的客户希望企业提供的安装服务安全可靠,不会存在安全隐患。

2. 把客户转换成用户的关键价值点

针对客户的需求关注点,企业要在售后服务方面进行价值匹配,使客户买得放心。售后服务价值是指伴随产品实体的出售,企业向客户提供的各种附加服务,包括送货、安装、调试、维修、技术培训、产品保证,以及服务的可靠性和及时性等因素所产生的价值。优异的服务是提升客户感知价值的基本要素和提高产品价值不可缺少的部分,出色的售后服务对于增加客户价值和减少客户的时间成本、体力成本、精神成本等方面的付出具有极其重要的作用。

客户能否成为用户,关键在于:第一,购买的产品是否已处于可使用状态;第二,客户是否已做好了使用前的准备。

对于第一个方面,企业应提供的价值点在于:免费送货、快速送达,对需要安装的产品还要提供上门安装服务,使之处于可使用状态。比如,电器卖场根据客户需求,推出一日三达、送装同步、精准配送等多项服务;把送货时间误差控制在 1 个小时之内;空调或者电视机送到了消费者家中,24 小时内必须安装完毕。

为满足客户对送货快捷性的需求,不同企业的价值创造方法也存在差异。有的企业将物流配送业务外包给专业的物流公司,有的企业则自建物流体系。比如,京东商城前几年花了很大的成本在物流体系建设上,很多人表示不解。但 2013 年京东用事实证明了物流在整个电商体验中的重要性。在流量成本抬升、电商品牌逐渐成熟以及用户的教育期过去后,网络购物最后拼的不再是价格,不再是广告,客户更在意自己的体验。网购的体验包含了产品选择、价格、购买、支付、物流、售后等各个环节,而放眼各大电商平台,产品还是那些产品,价格也基本没有差异,购买和支付环节的差距也越来越小。这时,能差异化的也就是物流和售后两项了,由此京东的优势也开始显现出来。双十一购物狂欢节的时候,京东就抓住淘宝的物流软肋一阵猛打,"不光低价,快才痛快""双十一,怎能用慢递"等诙谐有趣的调侃性宣传语广泛流传。

此外,企业在为客户提供送货上门、安装调试服务过程中,工作人员的规范化操作和人性化沟通也会为客户创造价值。比如,海尔规定,工作人员在上门服务时要自带鞋套和茶水;工具、工具包、备件等维修时用的或从产品上拆卸下的一切物品必须放在垫布上;如需移动客户家摆放的物品时,必须事先向客户说明,并征求客户同意;要借客户家的凳子或其他物品时,必须事先征得客户同意,踩时必须用垫布防护;绝对禁止在客户家抽烟、喝水、吃饭;绝对禁止使用客户家的洗手间和毛巾等;进行产品或家具搬运时,不允许在地板或地毯上推来拖去,给客户家损坏东西应照价赔偿,并表示歉意等。这些细节让客户对企业更加信任、认同,在为客户创造了功能价值的同时,也带来了情感价值。

对于第二个方面,企业应提供的价值点在于:为客户提供使用说明,进行使用前的技术培训和指导,让客户做好使用前的准备。

用户在使用产品的过程中,其使用体验的好坏直接影响到他会不会成为企业的回头客,甚至是否会将产品分享推荐给亲朋好友,这也就决定了价值环流能不能继续。因此,企业想进一步挖掘用户的价值,关键在于抓好用户的使用体验,主动与用户保持互动,增进情感维系,使用户成为朋友。有关如何将用户培养成朋友的议题,我们将在第十七章深入探讨。

第十五章　免费模式下的商品价值经营

免费,明明意味着损失,会有价值吗?

如果免费模式有价值,那么其价值何在呢? 又是如何实现的呢?

本章将探讨免费模式的价值之谜和价值经营之法。

免费模式的价值之谜

企业如果将其产品免费提供给消费者,首先对企业而言意味着损失,其在产品开发、制造和营销上的投入全部付诸东流,这是直接的损失。

那为什么仍然有企业选择免费模式呢?

其实,免费模式的可能逻辑是:

1. 如果不免费,产品也难以销售,甚至可能销售成本会超过销售收入,因此免费虽然有损失,但不免费也未必能减少这个损失,甚至可能带来新的损失,所以企业不得不"被动免费"。

2. 如果免费,可能带来"其他东西",这些"其他东西"可能有价值,能弥补些免费的损失。

3. 如果免费带来的"其他东西"的价值很大,足以弥补免费的损失,甚至还有富余,那么企业可以"主动免费"。于是免费模式就诞生了。

问题是:

企业将产品免费提供给消费者的行为能给企业带来什么东西?

给企业带来的东西究竟有没有价值？

如果有价值,能不能变现？

如何变现即如何实现价值？

最终实现的价值能否超过免费的损失？

如果最终实现的价值超过了免费的损失,那么免费模式就属于价值经营模式。

我们假设：

企业的产品成本为 $C_{成本}$；

免费给企业带来的"东西"集合为 F,即 F 是由 n 个"东西"组成的,将第 i 个"东西"记为 F_i,那么 $F = \{F_1, F_2, \cdots, F_n\}$；

"东西" F_i 的理论价值记为 $V_0(F_i)$,实现的价值记为 $V(F_i)$；

那么免费模式成为价值经营模式的条件是：

$$C_{成本} < \sum_{i=1}^{n} V(F_i)$$

案例15-1

河南"萝卜哥"韩红刚的故事 Part 1

韩红刚,河南安阳滑县人,在郑州花园口黄河大堤附近承包了 5.3 公顷的黄河滩地。2010 年他试着种了点儿萝卜,当时批发价每千克 6～8 角钱,收入还行,所以 2011 年一下子种了 4 公顷。但因为当年秋天郑州近郊菜农的蔬菜长势喜人,菜贩子不愿跑远路来收购,萝卜批发价跌到每千克 0.8～1 角钱。他种的萝卜大的一个有 5 千克重,4 公顷的产量有大约 200 吨。每千克 0.8～1 角钱的批发价都抵不上拔萝卜的人力成本。眼看着天气越来越冷了,总不能眼睁睁看着萝卜烂在地里,他决定,不如做好事让市民自己拔萝卜拿回去吃掉。

我们假设韩红刚的萝卜种植成本为 $C_{种植成本}$,批发价为每千克 1 角钱,200 吨萝卜的批发收入是 2 万元,这是当时理论上萝卜的批发价值,记为 $P_{批发萝卜}$。当然韩红刚按这个批发价销售是亏损的,抵不了种植成本。韩红刚有下列选择：

方案 1：让萝卜烂在地里,那韩红刚的萝卜算是白种了,韩红刚实现的总价值是：

$$V(方案 1) = -C_{种植成本}$$

方案 2：雇人拔萝卜批发卖萝卜，拔 60 亩萝卜的人力总成本记为 $C_{拔萝卜成本}$，该方案韩红刚实现的总价值是：

$$V(方案 2)= P_{批发萝卜} - C_{种植成本} - C_{拔萝卜成本}$$

因为资料显示 $P_{批发萝卜}$ 的价值是 2 万元，而 $C_{拔萝卜成本}$ 大于 2 万元，因此：

$$V(方案 2) < V(方案 1)$$

方案 3：免费送萝卜，但想要萝卜的人得自己到田地拔萝卜，这样节省了拔萝卜的人力成本，送给市民吃的萝卜有一定的社会价值。该方案理论上韩红刚得到的价值同方案 1，但因为有社会价值，所以韩红刚选择方案 3，免费送萝卜。

案例15-2

河南"萝卜哥"韩红刚的故事 Part 2

然而事情的发展却出人意料。2011 年 11 月 25 日，媒体报道了"萝卜哥"韩红刚免费送萝卜一事后，因为郑州市场上萝卜的销售价格是 6 毛钱，在市民看来，到田地拔萝卜好玩又得便宜，因此拔萝卜大军蜂拥而至。当日 16 时，记者赶到萝卜地，只见韩红刚在寒风里冻得发抖，正引导驶入车辆有序停放。几十辆轿车停靠田边，等待装运采摘的萝卜。在田间，数百人正拎着袋子采摘萝卜。有人拿着菜刀对准大萝卜砍下去，看不上眼的随即丢弃，好的装进袋中。

韩红刚说：早晨 7 时不到，他就被留守在菜地的值班人员叫醒，称有人来拔萝卜，让他赶紧过去。"快到中午的时候，黑压压的人群蜂拥而至，跳进萝卜地里忙着采摘。""我变成'警察'了，电话铃声没断过，既要疏导交通，又要领人下地。"他紧急喊来 6 个亲戚帮忙，但满地都是人，看都看不过来，场面难以控制。直到 18 时许，韩红刚粗略算了算，当天至少来了 1000 多辆车，有 4000 多人。一些人采摘萝卜心急，居然把车直接开进地里，轧坏了不少萝卜和套种在里面尚未收挖的红薯。"从早到晚，忙活了一天饭都顾不上吃，两部手机都被打没电了，为了招呼进进出出的上千辆汽车，我喉咙都喊哑了，真招架不住了！"问题是有人趁拔萝卜间隙忙着"偷菜"。韩红刚的地里还有红薯、菠菜等，少量收获的红辣椒还在晾晒。有人把这里当成了"开心农场"：有人偷偷刨红薯，也有人趁拔萝卜间隙偷菜，还有人把地里晾晒的红辣椒成捆抱走。更让韩红刚郁闷的是,他种的萝卜是个高产新品种,样子傻大傻大的,中吃不中看。还有不少市民当着他的面说难听话,怪萝卜的品相不好。之后两天拔萝卜大军继续蜂拥而至,3 天有近万人来拔萝卜。韩红刚说,红薯损失近20 吨,地边上种的两亩菠菜也被拔得只剩下三分之一,晾晒的辣椒最少被抱走 200多捆。"阿姨、大姐、叔叔、大哥们,给我留点东西吧,我还得让孩子上学呢!"韩红刚夫妇哀求的声音没起多大的作用,好心菜农损失惨重。最令韩红刚焦虑的是地里尚未挖出的 400 吨红薯,眼看气温一天比一天低,再不把红薯挖出来销出去,他将面临新一轮的损失。

假设韩红刚免费送萝卜损失的红薯、菠菜和辣椒的价值合计为 $V_{被偷物}$,所以方案 3韩红刚实际实现的价值为:

$$V(方案 3) = -C_{种植成本} - V_{被偷物}$$

很明显,$V(方案 3) < V(方案 1)$。

所以韩红刚伤心不已,家人也是怨声载道。

然而事情的进一步发展再次出人意料。

案例15-3

河南"萝卜哥"韩红刚的故事 Part 3

《东方今报》等媒体报道了"萝卜哥"做好事损失好几万元,顿时沦为"伤心哥"的故事后,舆论哗然,社会反响强烈。在谴责"偷"红薯、菠菜和辣椒行为的同时,很多郑州市民也自发行动起来帮助韩红刚。

在郑州市的晚报报道了"萝卜哥"韩红刚几百吨红薯待售的消息后,晚报新闻热线 96678 就接到许多订单。有人想开车去买红薯,有人要团购红薯,嵩岳社区主任杨富玲提供了一大间房子,让"萝卜哥"进驻嵩岳小区设立直销点。12 月 2 日"萝卜哥"拉了近 10 吨红薯运抵嵩岳小区,附近 6 个社区的居民赶来捧场,当天热销2.5吨。

12 月 3 日,郑州威尼斯水城广场开了韩红刚红薯直销点,社区志愿者、小区物业、热心网友纷纷帮忙,引来无数群众捧场。"萝卜哥"韩红刚当天运来的 15 吨红薯,遭遇市民"疯抢",很快销售一空。

一位牛先生要把自己在中原路上的门面房免费提供给"萝卜哥"卖红薯;77 岁的焦大妈想给韩红刚捐 5000 元,帮他交地租;警察也帮忙出力。

高新区沟赵办事处赵村老队长赵文君组织村民,订了 25 吨红薯……

现在我们假设"萝卜哥"韩红刚 150 多吨红薯的销售收入为 $V_{红薯收入}$,那么在免费送萝卜的方案 3 中韩红刚实际实现的价值:

$$V(方案 3)=V_{红薯收入}-C_{种植成本}-V_{被偷物}$$

事实上,"萝卜哥"免费送萝卜的价值还不限如此。

案例15-4

河南"萝卜哥"韩红刚的故事 Part 4

汉城之约餐饮公司的老板林红涛拿着合同找到"萝卜哥",他们公司明年想订购 20 万元的蔬菜,"我们需要什么菜,直接给他下单,菜长熟了我们上门去收"。为了表示诚意,林老板当即掏出 2000 元定金。

随着国内其他媒体来的记者一波接一波的采访,"萝卜哥"甚至引起中央电视台的关注。"萝卜哥"一下子成了网络红人,韩红刚开了微博,当天粉丝超过 1100 人。在大家的支持和帮助下"萝卜哥"成立了公司,2012 年 11 月 20 日郑州市农村青年致富带头人协会成立,"萝卜哥"韩红刚当选为协会副会长。2013 年,韩红刚和别人一起成立了上海萝卜哥生态农产品有限公司,占 50% 的股份,负责种植和收购,计划将河南农产品打入上海菜场,建立起从"田间"到"专柜"的直销模式,下半年想在上海开四五十个专柜。

可见韩红刚免费送萝卜的行为带来的"东西"集合包括:

{媒体报道形成的人气,好心市民的无私热情帮助,150 多吨红薯的顺利销售,其他蔬菜的销售合同,在威尼斯水城广场和其他地方的直销店,开公司,网络红人及其延伸收益,等等}。

这些带来的"东西"的价值很大,不仅远超最初的损失,而且还在不断开发增长中。

最终"萝卜哥"免费送萝卜的行为无意间成了免费模式价值经营的优秀范例。

"萝卜哥"免费送萝卜的案例诠释了免费模式的精髓:免费的损失最终能从免费带来的其他东西的价值中获得补偿,若不然,免费模式不可能持续下去。换言之,免费模式一定存在价值转换。

免费模式的价值转换魔法和路径

而要使"免费行为"产生价值,魔法只能是转换。

转换魔法有 4 种。

(1) 费用转换,即将本应该支付的某种费用转换成免费商品。例如将广告费转换成免费消费的开支。很多餐饮店开业,若干天的免费"试吃",其实是一种广告行为。网约车最初的补贴烧钱大战,本质上也可看作是一场吸引客户和司机的广告大战。

(2) 时间转换,即将本应该"现在"收的费用转换成"将来"的收费。进一步可以细分为两种:第一种是先用后买,即先提供免费试用服务,满意后付钱,不满意退货,这一般适用于价值比较高的硬件类商品,该模式进一步可演变成"先租后买";第二种是先免费使用一段时间,满意后支付后续使用费用或者增加的功能费用,这一般适用于软件类商品。这种免费模式是游戏类商品的最爱,即先让消费者免费玩游戏喜欢上游戏,然后让消费者付费购买装备或者进行功能升级。

(3) 商品/项目转换,即以 A 商品免费吸引消费者购买商品 B,将本应该在 A 商品上收的费用免除,通过在 B 商品上获得的收益来弥补在 A 商品上的开支,而 B 商品之所以能获得收益是因为 A 商品免费的原因。例如超市以一种商品免费吸引消费者到店,期望消费者到店后能购买其他的商品。

(4) 付费者转换,即消费者 X 免费使用商品 A,吸引消费者或者商家 Y 为 B 产品付费。最典型的是电视台以免费的优秀节目来吸引越来越多的观众,进而以越来越多的观众来吸引广告商投放广告。广告商变相为观众看节目支付了费用,而且节目越受欢迎,广告商支付的价格也越高。

以上四种转换魔法当然也可混合使用,从而组合延伸出更多的转换魔法。

与免费模式相似的是亏损模式。其实免费模式也可以被看作亏损模式的极端化例子。从价值经营的角度看,无论是免费模式还是亏损模式,其有效实施都必须以转换魔法作为支撑。

在第十三章,我们已经介绍了3种免费路径模式:

(1)"免费试用,满意付款"模式,即"免费试用,满意付款,不满意退货"模式;

(2)"免费试用,满意再买"模式;

(3)"免费商品引来客流量再转嫁变现"模式,简称"免费引流,转嫁变现"模式。

下面我们分别分析之。

"免费试用,满意付款"模式的价值经营和身份转换

(一)"免费试用,满意付款"模式的产生背景

在企业和消费者之间,最难以解决的问题就是不信任感。在传统的"先付款后使用"消费流程下,消费者只能凭借产品宣传、购买经验、口碑等做出购买决定,根本无法体验产品的品质及售后服务。消费者总是担心企业提供给自己的商品不像他们宣传的那样或是在展示店看到的那样,也就是存在不信任感。如果商品价格比较高,消费者一旦选错损失可不小,所以消费者在选择的时候总是犹豫不决,生怕选错。这时消费者难免会想,如果可以先免费试用就好了。

特别是对于网络消费来说,消费者难以现场感受产品的质量,由于互联网空间的虚拟性,商家往往为了吸引消费者,摆放出与实物相差较大的图片,使得消费者蒙受不必要的损失。虽然有"七天无理由退货"之说,但要真正做到却并非宣传的那么简单。同时,随着消费理念的转变和消费品位的提升,消费者对产品特色、品质以及服务都有了更高的要求。因此,用户的体验感受与满意度才是产品的王道。消费者先通过免费试用,对该产品产生直接的感性认识,再通过体验验证其价值,从而对产品或生产企业产生好感和信任。所以说,未来消费者对企业提供免费体验式服务的要求会越来越强烈。

为了让消费者放心购买，有一些企业采用"免费试用，满意付款，不满意退货"模式来营销，靠事实说话，用事实来赢得客户。国内家纺领军企业与天猫联合发起"床上革命"，在网上推出先睡后买的服务模式就是这种模式的范例。

案例15-5

先睡后买的"床上革命"

2014年8月，罗莱、富安娜、梦洁、水星、博洋等40多家国内家纺领军企业与天猫联合发起"床上革命"，在网上推出先睡后买的服务模式。家纺类产品包括床品等，由于需要贴身使用，网购前无法触摸体验的缺点，阻挡了部分消费者。所谓"先睡后买"是指消费者直接下单购买但不用马上付款，体验满意后再付款。若不满意退货，不受"不影响二次销售"等条件约束，也就是说，即便影响二次销售也能退货，用户甚至可以洗涤后再退货，而不需要征得商家同意。这是企业直接靠过硬的产品和服务来赢得用户的信任。由此产生的运费也会在确认退货后经运费险进行补偿。退货产品厂家将直接报废处置。当然，并不是所有消费者都可以享受到"先睡后买"的服务。天猫和小微金服将依托大数据，对商品和消费者的行为进行分析和匹配，只有成为信用客户，也就是根据购买金额和活跃程度，系统自动筛选的消费者，才有资格享受"先睡后买"服务。此外，对于商家而言，天猫也会帮其选择向合适的消费者开放"先睡后买"的服务，通过该服务的消费者只要确认到货，天猫小微金服便会把商品款项一次性全额付给商家，加快商户的资金回笼速度，避免让商家承担不必要的风险。

（二）"免费试用，满意付款"模式的消费者身份转换

该模式消费者身份转换路径如图15-1所示。消费者在成为免费商品的用户后，根据使用体验，决定是否最终购买产品：如果体验好，付款购买产品；如果体验不好，退货。

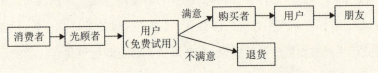

图15-1　免费型路径1：免费试用，满意付款，不满意退货

（三）"免费试用，满意付款"模式的价值分析和价值经营

在"免费试用，满意付款"模式下，企业应用的是时间转换魔法。我们分析该模式下企业的付出和收获。

1. 企业的付出

这种模式企业付出的有以下几个方面。

（1）货款晚收到的时间成本，记为 $C_{时间}$；

（2）商品可能的退货损失，包括商品折旧损耗、运输风险、物流成本等，记为 $C_{退货}$；

（3）顾客可能退货而造成的产品声誉损失，记为 $C_{声誉}$。

2. 免费使用给企业带来的收益

商品的免费试用给企业"带来的东西"包括以下几个方面。

（1）增加了用户数量，促进了在购买决策中犹豫的消费者做出试用决策；

（2）增加了消费者的使用体验，从而促进消费者做出购买决策；

（3）提高了产品的人气，有利于扩大产品的知名度。

这些"带来的东西"的价值就是可能增加产品的销售收入，假设实际增加的销售收入为 $P_{销售收入}$，

那么先用后付款模式的价值 V 的计算方式如下：

$$V = P_{销售收入} - C_{时间} - C_{退货} - C_{声誉}$$

不难发现，先用后付款模式的价值 V 是否能达到理想的结果，完全取决于消费者使用商品后退货的情况。如果消费者使用后对产品很满意而做出购买决策不退货，那么 $C_{退货}$ 和 $C_{声誉}$ 都为零，而可能增加产品的销售收入变成了实际增加的销售收入 $P_{销售收入}$。可见，退货越少，V 越大；完全没有退货，则 V 达到最大。

该模式也可先收取一定数量的押金，那么企业获得的价值更大。不过押金通常最多只应该覆盖产品成本，不应该接近商品价格。如果押金数量等于商品价格，那么货款晚收到的时间成本 $C_{时间}$ 为零，消费者得到的好处将很有限。押金如果能存放在双方信任的第三方，将能有效解除或者减缓交易双方各自的担忧，那么该模式的操作将更方便。

通常采用的"免费试用,满意付款,不满意退货"模式都会设置试用期限,例如收到货物后半个月或者一个月。需要说明的是淘宝上一般购物付款模式与此不同。在淘宝上采用一般购物付款模式,无条件退货期限是签收后7天,自动付款期限设置是10天。最重要的区别是,淘宝上一般的购物模式是,购买商品时货款实际已经支付,只是放在作为第三方的淘宝支付平台上,如果没有收到货物或者收到的货物有问题,在自动付款前需要申请退款。而"免费试用,满意付款,不满意退货"模式下,顾客下单时没有支付货款,所以也不存在申请退款的情形。

消费者要小心这种情形可能演变成变相卖假冒伪劣产品的骗局,即号称产品采用"免费试用,满意付款,不满意退货"模式,免费产品其实是假冒伪劣产品,但收取与价格差不多的押金,消费者使用后不满意,却发现商家消失。找不到商家,自然退货无门。

3. "免费试用,满意付款,不满意退货"模式的价值经营重点

观察图15–1,我们不难发现,该模式成功的关键是让免费试用产品的用户对产品满意。既然如此,我们不难推导出先用后付款模式下的价值经营重点。

(1) 产品要符合消费者的需求,与之很好地匹配。假设一家床垫企业欲采用先用后买模式,我们来看一下它的产品应该如何匹配消费者需求。通常一款好的床垫应该"有刚又有柔",即一款好的床垫应该符合人体工程学原理,即保证人体无论采取何种卧姿,都能最大限度地保持水平,平均地分散重力,避免重力向个别部位聚集。一旦人体的水平状态发生改变,人体承受重力的分力便会向处于较为低凹处的部位聚集,使这些部位承受额外的压力,产生不适。因此床垫应该具备足够的承托结构。同时一款好的床垫应该具有柔软的接触结构,即与人体接触的表面应具有一定的柔性,使得床垫与人体的接触面积增大,通过较为分散的承托,有效地降低人体与床垫接触部分的压强。这是一般消费者对床垫的需求。但如果消费者是小孩,对床垫的需求则不同,因为小孩子在生长发育期间骨骼生长发育还未彻底定形,较硬的床垫有利于让孩童在睡觉时睡姿规矩,防止脊椎变形。同样对于老年人,尤其是饱受腰椎间盘老化困扰的老年人,如果睡在过于柔软的床上,人体体重的压迫会使床形成中间低、周围高的情况,进而影响腰椎正常的生理曲度,造成腰部肌肉、韧带的收缩、紧张及痉挛,加重症状。所以老年人也适宜偏硬些的床垫。如果向小孩和饱受腰椎间盘老化困扰

的老年人推荐偏软的床垫,采用先用后买模式,则遭到退货的可能性很大。

(2)产品的各项质量指标能让消费者满意,而且质量可靠,使消费者有很好的使用体验。先用后买模式吸引消费者的关键是让消费者有好的使用体验而最终购买商品,如果消费者的使用体验糟糕,那无异于自砸招牌。

(3)向消费者传授正确安装、使用和保养商品的知识,培养消费者正确使用和保养商品的习惯。消费者错误的商品使用方法或者过度使用商品而不注意保养也可能让消费者对商品失去信心,因此做好这方面的预防措施也是十分必要的。

(4)对于体积大不易运输的商品或者运输风险比较大的易损易坏商品,做好运输保护性包装是非常重要的。如果消费者收到的商品外观有损,则退货的可能性会急速上升。

(四)"免费试用,满意付款"模式的适用条件

综上,我们进一步可以推出"免费试用,满意付款,不满意退货"模式适合退货后可以直接再销售或者经过简单处理可再销售的商品,特别适合消费者对产品使用效果犹像不决的商品,尤其适合于退货不便、购买谨慎的大件商品。下面的一个空气净化器的推销经历案例能给我们一些启示。

很明显,"免费试用,满意付款"模式不适合使用后不能退货的商品,例如食品;不适合价值不高的商品,因为退货价值低,消费者退货缺乏动力;不适合在使用前容易感知效果的商品,因为在这种情形下通过试用感知效果的理由已经消失。

案例15-6

一次空气净化器的推销经历

藤田是一位空气净化器的推销员,一次,他去一家公司推销他的空气净化器。他对这家公司的老总说:"贵公司里有这么多的电脑同时工作,来来往往的人又多,您觉得这样的空气质量会好吗?"

"据我了解,在空气质量不好的情况下工作,一会降低工作效率,二会影响身体健康。我今天就给您带来了新鲜干净的空气,这是一台崭新的空气净化器,它可以使您的办公室变成一个天然的森林氧吧。"

藤田说了许多拥有空气净化器的好处,可最后的结果是这位总裁根本就没有买的打算。

无奈,藤田只得把自己的样品收起来并把文件、工具放回公文包里,准备起身离开总裁的办公室。当他走到门口时,对总裁说:"不好意思,我最后一次请求您,假如您能回答,我会非常感谢您,因为您的回答对我很重要。"

"我今天没有做成生意,这并不重要。我不可能得到每个人的生意,我曾经希望您会买下它,是因为我们的产品确实适合您的需要,然而您还是选择不买它。我很难过,因为我没有好好地解释,让它的优点显现出来。假如您可以指正我的错误,指出我身为一名业务员不够尽职的地方,下次当我拜访其他客户时,这将会对我有很大的帮助。"

这位总裁听藤田这么一说,不由自主地说:"这并不是你的错,我不想买是因为我不敢确定它是否有效。"

于是藤田终于知道这位总裁拒绝的原因了。

"那很容易,我可以先让您免费试用几天,如果可以就留下来,如果没有效,我再拿走。"藤田胸有成竹地说。

最后,这位总裁决定留下净化器试用两天。第三天,藤田来取空气净化器时,总裁高兴地让财务过来跟藤田结账,买下了这台空气净化器。

"免费试用，满意再买"模式的商品价值经营和身份转换

（一）"免费试用,满意再买"模式的含义和表现形式

1. "免费试用,满意再买"模式的含义

"免费试用,满意再买"模式就是让消费者免费使用某种商品,获得好的体验,以吸引消费者以后购买使用该商品。对于软件类商品,付费使用的商品可能比免费使用的商品有更多或者更强大的功能。"免费试用,满意再买"模式的核心就是通过规避传统广告因灌输说教而产生的疏离感,以免费试用的方式让潜在的客户去亲身体

验商品的独特卖点,进而赢得消费者的最终认同。

2."免费试用,满意再买"模式的表现形式

"免费试用,满意再买"模式的实施有多种多样的具体表现形式。

(1)免费试吃。主要针对食品。餐馆开业前的免费试吃是服务行业典型的免费试用模式。

(2)免费试看。针对供阅读的文学作品,先提供一定篇幅的内容供读者免费试看,满意后付费再看后续部分。视频产品也可采用"免费试看,满意再订购"模式。

(3)免费试听。主要针对语言产品,消费者试听一段时间感到满意后再付费订购。

(4)产品试用。例如卖香水的商场普遍采用小瓶的香水试用来推销产品。软件产品通常也会推出试用版,供消费者免费下载使用,如果试用者感到使用效果好,再付费订购完整版产品。

作为一种新的"免费大餐",国内外一些网站为网民提供了数量庞大的免费试用品,网民只需试用后以点评的方式回报即可。如国内最大的独立第三方支付平台支付宝,在开通了免费试用频道后,短时间已集结了 400 余家品牌商户加入"试客"阵营:联想手机、苹果 iPod、卡西欧情侣对表、玉兰油面膜、步步高音乐手机、兰蔻眼霜、倩碧黄油、移动手机充值卡、苏泊尔榨汁机、欧莱雅面膏、佐丹奴服饰、兰芝面膜、枸杞茶、茶树精油、巧克力伴侣、牛肉干、新疆红枣等吃、穿、用生活各方面的东西都可以在这里免费领用。据相关统计数据显示,我国的"试客"群体已达 400 万~500 万人,其中以 20~40 岁的白领女性占大多数。相关调查显示,74.5%的人认为"试客"代表一种新的理性消费观,58.1%的人觉得"试客"模式避免了"盲从消费",47.0%的人认为"试客"模式是未来消费的一种趋势。

"免费试用,满意再买"模式是迎合市场和用户需求而产生的一种营销模式。一方面企业能达到低成本推广产品的目的,通过用户口口相传带来不错的口碑效应;另一方面对于用户而言,不需要花费一分钱就能拿到自己喜欢的或者需要的东西,何乐而不为呢?

(二)"免费试用,满意再买"模式消费者身份转换路径

"免费试用,满意再买"模式消费者身份转换路径如图 15-2 所示。身份转换的关键是消费者免费试用产品的体验,如果使用体验好,消费者会付费再购买产品,免费带来回报;如果使用体验不好,消费者不会付费再购买产品,免费没有产生回报。

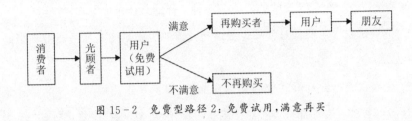

图 15-2　免费型路径 2:免费试用,满意再买

(三)"免费试用,满意再买"模式对消费者的价值分析

免费试用对消费者心理、行为具有强大的吸引力,大家都喜欢免费的东西。对于消费者来说免费试用有很大的价值。

1. 免费试用能让消费者真实全面地感知和验证产品价值

免费试用,让顾客在对产品进行一段时间的免费体验之后,对产品的性能和效果表示认可,从而主动表达消费意向。

决定女性是否购买化妆品的首要因素是什么呢? 是该款产品能否给她一个很好的使用体验,而使用体验很大程度上取决于女性与化妆品之间能否产生亲密接触的"肌肤相亲"。女性也许记不住你说了些什么,但她们会记得你让他们体验到了些什么。所以,很多交易就是通过导购在顾客皮肤上涂着、摸着、拍着达成的,没有体验,再好的化妆品销售起来也会十分困难。所以化妆品的试用装赠品就比其他商品试用品更显得必要和重要了!

试用,让顾客亲身体验,了解了商品的特性,也满足自身的需求。体验的核心是吸引顾客的参与,并产生互动,从而促使顾客接受产品和品牌所传递的信息,并产生消费的引力,建立品牌忠诚。

2. 免费试用降低了消费者的购物风险

这种体验营销在中国当前国情下显得更为重要。由于监管缺失、市场不规范,很多企业利用消费者无法亲身体验的漏洞,用虚假广告"忽悠"人,用劣质产品"糊弄"人,消费者深受其害,使得整个社会信用崩溃。比如美容化妆品行业就由于屡屡曝光毁容事件,使整个行业遭遇前所未有的信誉危机。在这样的情况下,消费者具有自我利益保护的本能。相比商家而言,消费者在购物中永远处于信息不对称的弱势地位,因此消费的风险就很大,而免费试用则降低了消费者的此项风险,使其能够尝试接触产品,最终促成产品的销售。

现在商家都在绞尽脑汁去思考怎样获取利润的最大化,如提高商品价格、压缩成本等,但是,往往越是想掏空消费者的口袋,效果往往适得其反,消费者越是捂紧口袋,同商家展开猫捉老鼠的游戏,这个过程中商家消耗了大量的营销费用,而收益却并不理想。这个时候,"猫"一样的商家是不是可以停下脚步,换一个思路,拿出一块蛋糕放在脚边,悠闲地等待"馋嘴鼠"自己送上门来。而这块所谓的蛋糕,就是——免费。

3."免费试用"提升了消费者价值认知

消费者在购物时首先思考的就是这个东西值不值得购买,也就是在对商品价值完成衡量后,才会去考虑商品价格的高低。所以,让消费者喜欢免费试用产品的因素就是价值认知思维,只有比较后认为最有价值的商品才会被消费者选择,而非最贵或最便宜的商品。因此每个人都会先去衡量商品的价值,而免费,无疑是提供了这种优先选择权。

随着人们生活水平的逐步提高,消费者也越发注重生活质量,但这并不意味着消费者会拒绝免费商品。或许有人认为高收入人群似乎对免费的东西兴趣不高,但是事实并非如此。科学家做过一个调查实验,调查 300 名低收入者与 300 名高收入者从超市所采购的商品,发现低收入者并非只挑选便宜的商品,他们会选择需要的商品,其中包括很多高质高价的实用性商品;而高收入者所采购的商品也并不像想象中的那样高端,虽然多了不少高档商品,但其中也包括很多打折商品与实验人员预先摆放的免费赠送的商品。这个实验让我们了解到,超市、商场常搞免费赠送、试吃之类的活动,大多数的顾客得到赠品就马上离开,看似商家亏了,实则搞这样促销的商家每天可以增加 8% 左右的销售量,而这些消费者可能产生的持续购买所带来的收益会更大。

(四)"免费试用,满意再买"模式对企业的价值分析

"免费试用,满意再买"模式涉及价值的费用转换和时间转换魔法。

下面我们进一步详细分析各方的价值。

1. 企业采用"免费试用，满意再买"模式的付出

企业采用"免费试用，满意再买"模式，付出的是试用商品的成本，免费试用商品的价值其实相当于商品的广告费用支出。

2. 企业商品免费"带来的东西"的价值

企业采用"免费试用，满意再买"模式的收获包括以下几方面。

(1) 发现了对企业产品感兴趣的目标消费者，获得了一些参加免费试用活动的消费者信息。

(2) 激发了消费者对企业产品的接触和使用意愿，相当于试用商品的广告产生的好的收益。

(3) 如果产品能很好地满足消费者的需求，消费者有良好的产品使用体验和价值感知，那么企业将获得消费者对产品的认可，消费者从免费用户成为付费用户的可能性会大大增加。根据专业的调查结果显示，95％的消费者会试用样品；92％的消费者在试用样品后决定购买；73％的消费者是通过试用品而得知新产品或改良产品的；84％的消费者表示如果他们喜欢试用品，就会考虑换品牌。可见，能够为用户带来正价值的试用品是会赢得客户的。

3. 企业采用"免费试用，满意再买"模式的价值经营重点

观察图 15-2，不难发现该模式成功与否的标志是能否使免费试用用户变成付费用户，而关键就在于让试用产品的用户获得满意的产品使用体验和价值感知。基于此，企业采用"免费试用，满意再买"模式的价值经营的重点应该包括下列 3 个方面。

(1) 精准的广告营销，将免费试用的信息传递给目标消费者。

(2) 产品能很好地满足目标消费者的需求，给试用者理想的使用体验。

(3) 适当的定价让试用者从性价比中产生良好的价值感知。

(五)"免费试用，满意付款"模式的适用条件

当然，并不是所有的产品都适合这种商业模式。

1. 该模式适用于消费量大，或者经常使用的新产品。如果产品是一次性消费品或者很少使用的商品或者服务，则免费试用模式的价值很低。例如搬家公司如果使用免费试用模式，则可能会亏得倾家荡产，因为很多消费者一生中搬不了几次家，而且即使搬家总是在当地就近选择搬家公司。

2. 该模式适用于消费者在使用后能够直接感受到良好使用效果的商品。比如更为洁白柔软的纸巾、用后感到清爽不油腻的润肤露、更薄更易吸收的卫生巾等,这些产品的性能改良都能令用户明显地辨识出其优异性。而某些产品的性质使得用户很难做出区分,比如纯净水,无论其功能、口味还是颜色都无法轻易做出辨识,就不适宜使用该模式。

"免费引流,转嫁变现"模式的价值经营和身份转换

(一)"免费引流,转嫁变现"模式的含义和类型

"免费引流,转嫁变现"模式,全称是"免费商品吸引来客流量再转嫁变现"模式。该模式涉及两阶段三种盈利方式,如图 15-3 所示。两阶段是指整个经营过程分为"免费商品引流"和"延伸转嫁变现"两个阶段。在第一阶段,即"免费商品引流"阶段,主要是通过免费商品来吸引消费者光顾企业的销售场所或者下载网络平台软件成为免费用户,这一阶段因为商品免费而没有收入,目标是尽可能增加免费用户数量,增加客流量;在第二阶段,主要是利用第一阶段形成的客流量来转嫁产生收入,弥补两阶段的各种开支,维持企业运营,获得利润。

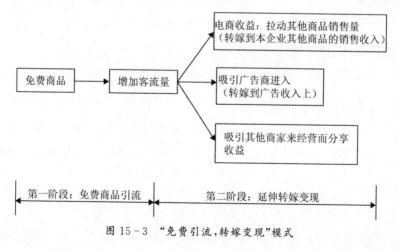

图 15-3 "免费引流,转嫁变现"模式

"免费引流,转嫁变现"模式能否持续运营取决于第二阶段的延伸转嫁变现方式。总体而言,有 3 种基于第一阶段形成的流量变现方式。

1. 转嫁到本企业其他商品的销售收入上:"送 A 卖 B"

这一方式即免费引流,拉动在实体经营场所或者网络平台上其他商品的销售,获得其他商品销售收入。例如夜总会门票免费,请消费者免费观看表演(第一阶段),并希望通过消费者观看节目期间购买饮料、食品、造气氛产品,向演员送礼物等获得收益。目前很多非电子商务的网络公司都希望借助客流量从电子商务的大蛋糕中分得一杯羹。

2. 转嫁到广告收入上:"送 A 卖广告"

这一方式即免费引流,以流量吸引广告商或者广告主来实体经营场所或者网络平台做广告,通过卖广告位获得收益。这是很多网络公司最常见的获利方式,实体经营场所当然也能从场所内外的广告位销售中获得收入。

3. 转嫁到其他企业的产品销售收入分成上:"送 A 让第三方买单"

这一方式即免费引流,以流量吸引其他商家来实体经营场所或者网络平台经营,企业从中分享收益。例如,通过免费的浏览器产品来增加客流量,可以吸引游戏企业入驻购买游戏入口;还有通过吸引音乐人将音乐作品挂上页面供音乐爱好者付费下载,而浏览器企业可以从音乐下载收入中分成。

奇虎 360 为我们提供了这种模式成功运用的经典案例。

案例15-7

奇虎 360 的免费经营模式

在奇虎 360 之前,杀毒软件都是要收费的。2005 年 9 月,网络斗士周鸿祎创立北京奇虎科技有限公司,简称奇虎 360。2006 年 7 月 27 日,奇虎 360 正式推出 360 安全卫士。360 安全卫士采取全免费形式,具有免费木马查杀、防盗号等特色功能,因此快速获得用户好感,迅速崛起。2007 年 10 月,360 安全卫士用户量超过瑞星、金山,成为国内用户量最大的安全软件。

在网络安全领域攻下一城后,奇虎 360 于 2008 年 5 月推出安全浏览器。2008 年 7 月,奇虎 360 与国际知名杀毒厂商合作,推出了杀毒软件——360 杀毒。2009 年

10月360安全中心高调发布永久免费的360杀毒1.0正式版。这是全球范围内首次真正永久、彻底免费的杀毒软件。它对免费不做任何限制,抛弃了收费杀毒软件固有的"激活码"机制;它不仅免费,而且在性能指标上全面超越了国内外收费杀毒软件。

借助360安全卫士打下的平台基础,360杀毒软件推出不到2个月,装机量超过5000万台,超过卡巴斯基位居第二名。到2010年1月,360杀毒的用户规模突破1亿,杀毒市场份额攀升至33.76%,成为市场占有率第一的网络安全商;当年6月,用户规模突破2亿,市场份额达到一半以上,遥遥领先于其他杀毒产品。到2011年1月,360发布艾瑞数据称,360拥有3.39亿活跃用户,360安全卫士活跃用户3亿,360杀毒软件活跃用户2.48亿,三者占据中国网民总数的比例为80%、76.9%、83.9%。

360浏览器用户增长势头也十分强劲。艾瑞数据显示,到2011年第二季度末,360安全浏览器用户量已经突破2亿大关,用户渗透率也由原来的48%上升至52%。360浏览器从无到有,短短3年就跃居国产浏览器市占率第一位。

2012年8月,360搜索悄然上线,一经推出便迅速取得搜索市场10%的份额,力挫搜狗等老牌搜索,稳坐搜索行业第二把交椅,这一战绩震惊了整个行业。据国内权威统计机构CNZZ的数据显示,在2014年3月,排名第二位的360搜索市场占有率为25.41%,并持续保持增长15个月。排名第一位的百度搜索市场占有率下降到58.76%。

在移动领域,360也是业绩突出。国内最大的独立第三方移动数据服务平台TalkingData发布的数据显示,在2017年2月应用商店排行榜中,360手机助手以24.73%的用户覆盖率和23.47%的用户活跃率稳居行业第一。艾媒咨询发布的《2016—2017中国手机游戏市场研究报告》显示,在诸多的应用商店中,360手机助手凭借其本身在渠道分发流量的优势和对游戏用户有针对性的个性化运营,成为用户满意度最高的应用商店。

无论是360安全卫士、360浏览器、360杀毒,还是360搜索和360手机助手,这些360产品都是免费的。奇虎360也没有付费会员,那它靠什么赚钱呢?

业界总结奇虎360的业务模式为Freemium,即Free(免费)＋Premium(增值服务):先用安全软件建立公信力,吸引海量用户,再将360海量用户转换为360浏览器用户,浏览器会带360网址导航与搜索框,因此可以将用户流量变现。具体来看,流量变现有4种方式:①当你打开360浏览器后,会看到360导航页(首页),首页上每个位置都有广告;②360浏览器上会有搜索框,当用户在搜索框中搜索时,360就可以从搜索引擎处分成;③提供由第三方开发的网络游戏,即网页游戏联合运营业务,收入可与游戏方分账;④提供产品入口(如360软件管家),收取软件推广费等。除了上述四种流量变现方式,360还提供其他增值服务收费,例如安全备份存储等。

不难发现,360的免费模式,是典型的"免费引流,转嫁变现"模式。无论是360安全卫士、360浏览器、360杀毒,还是360搜索和360手机助手等,这些360产品都是免费的,这些免费的产品给360带来了巨大的用户流量。凭借这些巨大的用户流量,360获得了一系列的增值服务收益。对照图15-3,在第二阶段,目前的360收入来自广告和其他延伸增值服务,即360在免费产品上的所有投入都转嫁到广告、搜索排名、入口、销售分成等收入上了。

但360目前还没有开发电子商务平台,因此没有获得电商收益。

(二)"免费引流,转嫁变现"模式中的消费者身份转换

对应图15-3所示的"免费引流,转嫁变现"3种转嫁变现形式,该模式下消费者存在三种身份转换路径。在第十三章,我们介绍了"免费引流,转嫁变现"模式的3种身份转换路径(如图15-4、图15-5、图15-6所示)。

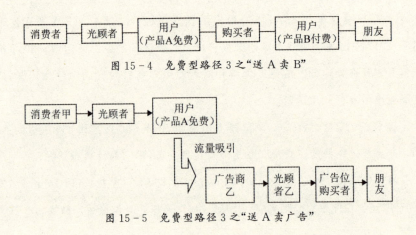

图15-4 免费型路径3之"送A卖B"

图15-5 免费型路径3之"送A卖广告"

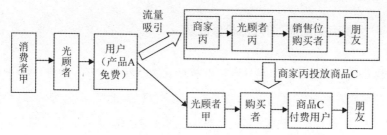

图 15-6 免费型路径 3 之"送 A 让第三方买单"

事实上,这 3 种路径可以组合使用,即企业可以采用 3 种身份转换路径形式中的一种、两种或者三种的组合。

在组合后,"免费引流,转嫁变现"模式下消费者身份转换呈现比较复杂的格局,如图 15-7 所示。

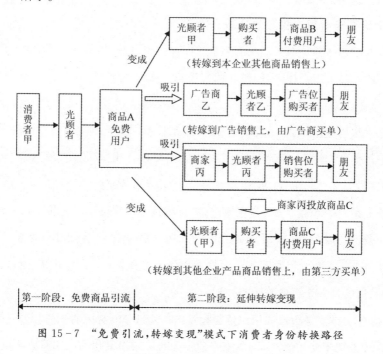

图 15-7 "免费引流,转嫁变现"模式下消费者身份转换路径

图 15-7 中显示企业有 3 类消费者:一般产品消费者(在图中以甲表示)、广告商或者广告主(在图中以乙表示)和其他商家(在图中以丙表示)。后两者是法人性质的消费者。一般消费者有两种身份转换路径(图的最上方和最下方),中间是广告商和其他商家的身份转换路径。其他商家的身份转换路径和一般消费者的第二身份转换路径是连为一体的。

（三）"免费商品引流"阶段的价值经营

在"免费商品引流"阶段,企业的任务是将潜在消费者变成光顾者,再变成免费商品的用户,形成客流量。

免费商品能否引来客流量,完全取决于免费的商品能否真正满足目标消费者的需求。

免费用户的需求基本上有两点:第一是免费,任何人都不会拒绝免费的东西,因此,免费是吸引用户从而建立庞大用户群的最好方法;第二是好的用户体验,光免费还不行,用户还需要有好的体验,产品要能很好地满足用户需求。免费的产品只有拥有好的用户体验,才能吸引庞大的用户群。

1. 免费要能给用户极致的体验

极致的用户体验是很多商家的追求。任何一个产品,极致的用户体验,是最容易打动用户的! 对于用户体验,周鸿祎曾经谈道:"我公司经常强调'用户至上'的重要性,因为我在这方面有过教训。在这 20 年里,我两次创业,第一次是刻骨铭心的失败。我第一次创业是 3721 中文上网,本意就是让中国人上网更方便。因为绝大多数中国人记不住英文域名,而我开发的 3721 软件可以让中国人直接输入汉字,就能到达想去的网站。但是,在激烈的市场竞争中,我没有做到用户至上,忽视了用户体验。为了防止竞争对手卸载 3721,我把软件做得特别复杂,普通用户难以卸载。为了迅速占领市场份额,3721 软件频繁弹窗打扰用户,用户抱怨不止,我却没有重视。最后,用户抛弃了 3721,百度成为中国第一大搜索引擎。对我来说,不遵循用户至上,不尊重用户体验,这就是一个百亿美元的教训。"

那么,什么样才是极致的用户体验呢? ISO 9241-210 标准将用户体验定义为:人们对于使用或期望使用的产品、系统或者服务的认知印象和回应。简单来说,就是这个产品好不好看,用起来顺不顺手,能不能满足自己的使用需求。对于免费产品来说,免费固然有吸引力,但免费的产品如果用户体验不好,终究会被用户舍弃。因此,免费的产品只有创造好的体验才能真正"黏住"用户。迅雷作为国内比较流行的下载工具,良好的下载体验为其积累了大量的用户——用户可免费下载使用,且比"点击鼠标右键——另存为"的操作命令要快得多。在 360 杀毒软件问世之前,各种安全软件已经非常多了,但为什么360能后来居上? 以前的杀毒软件,界面复杂、术语太多,用起来很费劲,但是360的界面只有几个按钮,非常简单清爽,用户体验就很好。

好的体验一定是"超出预期",而不一定是"极尽奢华"。比如说,我们坐出租车都是自己拉门上车,但是曾经的"优步"增加了一个"由司机给乘客拉车门"的服务,在没有增加什么成本的前提下,超出了顾客的预期,效果奇好。再比如说爱传App,在用户生成App后,可以帮用户上传安卓市场,虽然上传安卓市场并不是件太难的事情,但是这一微小的设计确实可以让用户感到省心,超出了用户的预期。

总之,企业通过为用户提供免费的、极致的用户体验的产品和服务,满足了用户的部分需求。久而久之,用户对产品和企业都产生了难以割舍的依恋情怀,或已经养成了习惯,转换成本较高,于是便产生了黏性。同时,用户需求得到满足以后,也会以良好的口碑宣传企业的产品和服务,从而带动更多的用户使用,这样,企业便逐渐汇聚起巨大的用户群。

虽然说通过免费商品可以带来客流量,但在线下实体店和线上网络平台公司实施有很大的不同。

2. 实体店的"免费商品引流"

(1)"附赠免费"更适合实体店

所谓"附赠免费"是指消费达到一定金额或者数量条件,才能获得免费赠送商品的待遇。例如在加油站加油送"免费洗车",商场买衣服"买一送一"或者"买300送100"等,都属于此类。

对于实体店来说,最有效的是降价促销。"附赠免费"其实是变相打折的降价促销活动。很明显,相对于不附带任何条件的"单纯免费送商品","附赠免费"这样的免费可以带来商品销售量的增长。

(2) 单纯"免费送商品"活动

单纯"免费送商品"活动,即不附带任何条件的"免费送商品"活动,可能导致下列问题:

● 很可能引发排队等待问题,而很多消费者未必有足够的时间和意愿去排队。所以老年人常常是最愿意参加这类免费送物活动的人,因为老人们有很多空闲时间;平时集体活动很少;在社会上不怎么受重视,孤独;相比工作时收入大幅度减少,所以多"爱占便宜"。

● 免费的商品价值如果很低则难以吸引消费者,而免费的商品价值如果比较高,吸引的消费者可能会太多,导致人群拥挤而引发安全问题。

● 来领取免费商品的人很难说一定会在店里进一步购物,有很多人只是来领免费商品的,或者排队感到很累了不愿再购物了。

但在实体商场开业时开展"免费送商品"活动,可以算作"变相的广告开支",仍然是很受欢迎的促销措施。

判断"免费送商品"活动是否可行和成功与否主要看该活动"吸引新顾客的数量多少"。

如果一个实体超市推出一种蔬菜免费限量赠送,那只能吸引周边的消费者,而这些周边的消费者绝大部分本来就是这个超市的顾客,所以"蔬菜免费赠送"对于吸引新消费者的作用很有效。即使吸引了一些远距离的消费者,但因为缺乏黏性,一旦"蔬菜免费"的措施停止,那些新增加的消费者也可能会很快消失。

不过,如果这个超市是新开业,那么免费送商品的效果就会截然不同,因为前来领免费商品的消费者对于这个新开业的超市而言都属于新顾客。尽管来的消费者转化成购买者的比例未必很高,但免费送商品毕竟起到了广告的作用。一些房地产企业开业也常常喜欢玩这一招。

有意思的是鸡蛋常常成为实体商场开展免费赠送活动的所赠商品。然而,我们查阅了过往大量报道后发现,"免费送鸡蛋"活动最能吸引的是老年人。案例15-8中北京市一家商场免费送鸡蛋促销,结果排队的以老人居多,而且这些老人居然来自北京市各个城区。很明显,这些来自北京各个城区的老人基本上都不是这个商场的新的目标消费者,他们排了几个小时的队就是为了领取免费的鸡蛋,绝大部分根本不在商场进一步消费。所以这样的活动实际上并没有什么意义。既然"免费送鸡蛋"活动最能吸引老年人,那么鸡蛋也就成为很多面向老人推销保健品活动(实为骗局)的免费赠送商品。一位欺骗经验丰富的"营销大师"曾经说过:"第一天送5个鸡蛋,第二天翻倍送10个,第三天及之后再翻倍送20个鸡蛋,而且每介绍一个人又增加10个鸡蛋,这样5天给每个人送出75～100个鸡蛋,很少有老人能抗拒这么多鸡蛋的诱惑,而其实鸡蛋总价值不过50元钱左右。"这番话确实令人深思。

案例15-8

两个免费送鸡蛋的案例

一、商场免费送鸡蛋促销，数千人排队抢领

某年10月的一天，北京亚奥世贸商城前，人群排起百余米的长队等候领取0.5千克免费鸡蛋。排队的大部分是老人，他们穿着厚厚的衣服，好多人手里拎着马扎，随时准备坐下来歇歇。他们来自北京各个城区，有的老人甚至是从丰台赶来。免费送鸡蛋的活动从10月21日开始，持续到11月20日，领取时间为每日上午10点半和下午4点。所有的人需要排两次队，先排队领号，然后凭号领蛋。记者观察到，4点领蛋活动开始，门口的工作人员喊道："每次进去2人，不要拥挤。"还有负责人劝说几名老人："一人只能领一次，你们都领了快10次了，以后就不要再来了。"

二、送鸡蛋、送挂面，卖保健品"套"走老人们70多万元

2016年5月份，安顺西秀区的75岁老人杨有模在街头收到一张广告宣传单，说在神奇酒店有健康讲座，还有礼品拿，老人不禁动了心。随后，老人在约定时间赶到了酒店，登记后，被工作人员带进了课堂。一名自称高级保健医生的人正在侃侃而谈，讲的是高血压、糖尿病、哮喘、便秘等老年病。讲座结束，老人们分别领了鸡蛋、挂面等礼品。第二天仍然是听讲座，领鸡蛋、挂面等礼品。但到了第三天，演讲人员拿出一盒"藏极草虫草子实体片"的保健品，声称"藏极草"是用冬虫夏草压成粉末做成的片剂，可以治高血压、糖尿病、痛风等慢性病，还可以补身体，功效相当多，优惠价5000元一盒。在所谓"专家、医生"和推销人员的蛊惑下，老人们纷纷掏钱购买。"现场150多个老人，有80多个都购买了，最多的买了7盒。销售总额达到70万元。"杨有模说，自己也花1万元买了两盒。凡在现场购买产品的老人，主办方还送了他们一个玉手镯、一件工艺品、一盒虫草，并返还300元红包。老人们后来发现所谓的高价"保健品"实为糖果。

3. 网络平台和手机App的"免费商品引流"

在网络平台和各种手机App上，流量是生存之本，没有流量就意味着死亡。所以与实体店截然不同的是，在网络平台和各种App上，免费是最流行的王道。

我们可以将各种网络平台和手机 App 细分成下列几类：

● 电商平台,例如淘宝、京东、唯品会、500 彩票等。提供服务业务销售的平台,例如携程旅行网、去哪儿、58 同城等也属于此类。

● 内容分发类网站或者 App,例如新浪、搜狐、网易、腾讯等门户网站,今日头条、优酷、爱奇艺、知乎等。

● 社交类 App,例如微信、陌陌、同城约会等。

● 工具类 App,例如墨迹天气、美图秀秀、360 杀毒等。

● 游戏类 App,等等。

以上网络平台和 App,其基本业务基本上都是免费的。网络上免费模式的盛行,导致中国消费者养成了免费的习惯,以至于很多人根本不接受"收费的逻辑",仿佛"免费是天经地义"似的。

免费可能是一个 App 成功的必要条件,但未必是充分条件。无数的 App 在默默无闻中死去,尽管它们也是高举着免费的大旗。

一个 App 能成功的充分条件是它能很好地满足目标消费者的需求。美图秀秀紧紧抓住女性对照片"美的追求",成功开发出一系列相关产品,月活跃用户总数达到4.46亿人,从免费引流量的角度看,确实是大获成功。

案例15-9

美图秀秀的故事 Part 1： 以"美"切入的生态圈[①]

2008 年,美图公司推出第一款产品美图秀秀,用户可以通过美图秀秀,轻松修图,美化人像,进行简单的图片编辑。美图公司的创始人兼 CEO 吴欣鸿对外接受采访,谈到产品灵感时曾经表示,通过 QQ 空间和百度指数观察用户,他发现很多用户自拍后喜欢把照片处理成"非主流"再发出去,"那其实就是加滤镜,显得很复古或者很颓废"。

如果按照产品的推出时间看,吴欣鸿的发现和美图秀秀 PC 版的推出,比日后如日中天的 Instagram 要早。Instagram 在 2010 年才正式登陆苹果 App Store,上

---

① 美图拥有 4 亿月活跃用户 但商业模式仍难变现[J]. 中国经营报,2016 - 10 - 16.

线仅一周就拥有了 10 万注册用户。不过 Instagram 很快将图片拍摄引向图片即时分享与图片社交的方向。

美图秀秀也一度被认为最初是模仿图片美化软件光影魔术手,但是光影魔术手被迅雷收购后,慢慢没落,美图秀秀却一直迭代,产品体验不错,越来越火。

美图秀秀的存活与壮大和吴欣鸿身上的产品基因密不可分。他非常重视产品体验,会去网上搜罗美图用户的各种反馈,尤其注意吐槽和意见,如果提的建议有道理,他就会去和用户聊,或者让相关的人员去解决问题。

伴随着美图秀秀 PC 版的成功,2011 年 2 月,美图秀秀移动版上线。美图官方公布的数据显示,截至 2016 年,该款产品的月活跃用户数为 1.03 亿。围绕美图秀秀,公司先后上线了美颜相机、美拍、美妆相机、潮自拍、BeautyPlus 等 6 款核心应用,形成了美图的线上产品矩阵。

2013 年,公司对外推出美图手机。"移动互联网的未来一定是垂直化、专业化、定制化的。"美图董事长蔡文胜如此解释涉足手机的原因。主打自拍功能的美图 Kiss 手机的销售目标很明确,主要针对女性用户,方便的自拍和修颜术是打动她们的主要功能点。以至于吴欣鸿在当时的发布会上,几乎没有将对手机的介绍停留在技术参数上,他只向用户展示用美图手机自拍和其他手机实拍的区别,要点是直接、效果明显,容易上手。

2014 年 5 月 8 日,美图推出短视频社交产品"美拍"。这是一款可以把小白用户拍摄的简单视频加工成唯美 MV 的强大产品,相当于短视频的"美图秀秀"。

2016 年 4 月,美图还开始布局手游,推出游戏"美美小店"。其布局手法被认为借鉴了猎豹移动。猎豹移动是从工具类向移动广告平台转化,美图则是通过图片美化和美颜作为切入点,希望从单纯 App 的公司转向软硬件结合的平台公司。

在招股说明书上,美图这样概括产品矩阵的扩张逻辑:"美图秀秀为公司打响了品牌,通过大量用户产生的庞大行为数据,我们深入了解了用户不仅局限于影像优化的特定偏好和需求……随后推出了一系列相机应用。"美图通过美拍,将触觉探向视频、直播社区,而美颜相机、潮自拍、美妆相机更针对个性化的细分人群,BeautyPlus 则被视为美颜相机的海外版本。

　　曾经有人问吴欣鸿，公司将美作为业务的切入点会不会有些虚，但是吴欣鸿认为，这一点正好是公司的基因，所有的软件和硬件都围绕美这个切入点，不太可能跨过这个边界去做事。

　　庞大、活跃及快速增长的用户基础，被视为美图的核心资产。2016 年 6 月，美图全部应用的月活跃用户总数约为 4.46 亿人，同比增长 81.0%。根据 App Annie 发布的数据，以下载量计，美图在 2014 年 6 月至 2016 年 6 月间，屡次与阿里巴巴、苹果、百度、Facebook、谷歌、微软及腾讯等全球互联网巨头一起跻身全球前八位 iOS 非游戏应用开发商之列。

　　"我们推出才 9 个月就有了 1 亿用户，这是目前所知全世界最快达到 1 亿用户的 App。Facebook 花了 48 个月，才达到 1 亿用户，微博用了 11 个月，微信用了 14 个月，Instagram 用了 23 个月。这说明了市场的需求。"美图秀秀的董事长蔡文胜颇为自得。

　　2016 年 12 月 15 日，美图在香港成功上市。

　　当多个同类型 App 相互竞争时，成功的关键是看哪一个应用能更好地或更早地满足目标消费者的需求。

　　这方面墨迹天气给我们提供了一个好的范例。目前各大主流网站和软件都自带天气预报功能，尤其是手机基本也都自带天气软件，而中国气象部门一直免费提供气象信息服务，这意味着所有竞争对手的数据都来自气象局，天气应用 App 的同质化竞争非常严重。在这样的情形下，一直不被人看好的墨迹天气却创造了工具类应用的奇迹。Analysys 易观最新发布的 2016 年第三季度《中国天气应用市场季度监测报告》显示，墨迹天气的市场占有率以 55.2% 大幅度领先，多出第二名天气通 41 百分点。面对天气应用 App 同质化非常严重的情况，墨迹天气之所以能占据着强势的市场份额，离不开其先入为主、在蓝海阶段抢占市场的原因。墨迹天气发力较早，成功抓准了用户查看天气的刚需。总结其核心竞争力来说就是：大量早期用户的积累以及用户使用习惯的培养。

案例15—10

墨迹天气的故事 Part 1：从数据的"搬运工"到深加工厂[①]

2009 年,还在按部就班工作的金犁看到一则新闻,南方某地气象灾害来临前,当地政府通过短信进行预警通知。由于短信覆盖和接收范围有限,很多家庭没能及时防范,因此遭受了严重的生命财产损失。金犁灵光乍现,能不能研发一款能够及时报告气象信息的 App,提供精准的气象信息服务? 当时国内还没有一款做得很好的天气类 App。

得益于金犁此前的职业经历,墨迹天气 App 的开发过程十分顺利。2009 年 5 月,墨迹天气发布了第一个版本。2010 年,北京墨迹风云科技股份有限公司成立,当年墨迹天气 App 获得腾讯年度最佳生活应用第一名。墨迹天气前期的每一个功能迭代都很快。2011 年,伴随着 App 的增长红利,墨迹天气 iOS 版本上线,两个月内下载用户破 400 万,获中国手机软件评选 TOP 9。这让金犁感到惊喜:"刚开始,墨迹天气处于红利期。只要产品做得好,用户就会主动下载。那时候整个移动应用商店缺乏好的内容,所以不需要我们自己推广,就取得了这样的业绩。"2012 年年底,墨迹天气共注册用户过 1 亿。

2013 年,墨迹天气首创时景天气——实时天气照片的众包平台。通过智能识别,根据照片信息自动进行天气信息校正。到 2016 年,时景注册用户数 4500 万,每天约有 6 万用户上传发图,日均发图总数达到 20 万张。

2014 年 5 月,墨迹天气将软件延伸到硬件,首次发布空气检测智能硬件——空气果。2014 年年底,墨迹天气逐步积累了 4 亿用户,自动适配多种语言,用户覆盖中国内地、港澳台,日韩及东南亚、欧美等全球各地。

在传统观念上,天气预报是气象局的工作,而且中国气象部门一直免费提供气象信息服务,供转载使用,不允许其他机构自主研发天气数据。而天气类 App 只是气象数据的"搬运工"。但金犁对此并不认同,气象数据不能简单被理解为天气,对

---

① 专访墨迹天气 CEO 金犁:我为什么做天气 APP? [EB/OL].(2017－03－21).中新经纬,墨迹天气也要 IPO! 89％毛利! 一文读懂工具应用商业模式[EB/OL].(2017－03－29).微信公众号:并购优塾.

气象数据再加工整理,并辅以不同维度的服务,就会派生出很多的机会。金犁在解释"天气+"概念时说。

在他看来,基于气象局的开放信息和基础数据,对数据进行深加工,才是墨迹天气的核心竞争力。"我们通过机器学习算法、用户反馈、实景照片等,给用户提供不同维度的数据,精准到公里级别、分钟级别。除天气信息,我们还为用户提供各种指数、养生建议、实景照片等。""从天气资讯到帮助用户做决策,再到辅助用户把决策完成,这是我们现在思考的内容。"

所以墨迹天气的产品被定位为一款支持天气、环境信息查询,帮助用户更好地做出生活决策的生活服务工具类软件。尽管消费者仍然通俗地认为它是一个免费的天气信息查询软件。从最初的 1.0 版本迭代到 6.X 版本,墨迹天气增加了时景(图片社交)、应用推荐、穿衣助手、洗车服务,甚至新闻资讯、娱乐八卦等很多功能。其产品根据属性可以分三类。

第一类:业务基本信息,包括墨迹天气、天气短时及长时预报。

第二类:业务功能信息,包括温馨提示、炫酷天气、GPS 定位、语音播报、桌面皮肤。

第三类:生活指数版块信息。生活指数版块包含两方面信息:一是常规生活提醒,即各类天气状况、生活指数。进入子页面后,除了常规提醒外,针对护肤、钓鱼、穿衣,均有与之相关的资讯。第二个版块是商业入口版块,其中墨迹洗车为自家入口,其他皆为第三方入口。

在天气应用的垂直领域中,墨迹天气已是独角兽。墨迹天气方面称,其 App 已拥有约 4.7 亿的累计装机量。易观智库发布的 2016 年第三季度《中国天气应用市场季度监测报告》显示,墨迹天气月活跃用户数达到 1.07 亿,且在国内天气类资讯平台活跃用户覆盖率排名中占据第一,达到 55.2%,位列第二、三的天气通和中国天气通分别只有 14.1% 和 4.5%。

(四)"延伸转嫁变现"阶段的价值经营

1. "转嫁成企业其他商品的销售收入"模式的价值经营

如果想让一种商品的"免费"转嫁形成另一种商品的销售收入,那么必然存在让消费者愿意去购买另一种商品的逻辑,否则转嫁的想法可能只是企业一厢情愿的事情。

我们先分析一下"免费转嫁变现模式"的基本逻辑,如图 15 - 8 所示。

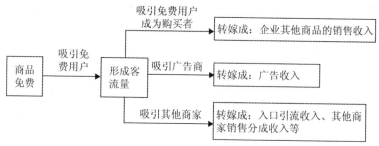

图 15 - 8 "免费转嫁变现模式"的基本逻辑

图 15 - 8 中的后两种转嫁模式,逻辑很清晰:免费商品形成的客流量越大,对广告商、入口引流商、其他商家的吸引力就越大,所以免费商品的投入转嫁成广告收入、入口引流收入,或者其他商家销售分成收入的概率和成功率会越高。

但第一种转嫁模式存在逻辑缺陷,即免费形成的客流量并不一定必然能变成本企业其他商品的销售收入。也就是说,"人来人往的客流",看上去"热闹非凡",其实很可能是些"只看不消费的过客"而已。因为消费者一般都有自己的消费习惯:买商品习惯上电商平台,看新闻习惯浏览门户网站,看电影习惯上电影院,消费习惯一旦形成就很难改变。所以当无数非电商平台试图利用自身的客流量开电子商城,不论是牛气哄哄的各大国有银行、移动公司,还是流量达到几个亿的美图秀秀、墨迹天气、360 杀毒等,无一例外都没有成功的结果。甚至财大气粗的中国首富王健林携其线下商业巨头万达广场,联合搜索巨头百度和社交巨头腾讯(人们将此次合作戏称为"腾百万")在 2014 年雄心勃勃投入巨资创办的电子商务平台"飞凡",两年后也以"散伙"告终了。

案例15-11

超级巨头"腾百万"合作创立电子商务公司,两年后散伙

2014 年 8 月 29 日,"腾百万",即万达集团、百度和腾讯高调宣布在香港注册成立万达电子商务公司,万达电商计划一期投资 50 亿元,5 年投入 200 亿元。万达集团持有 70%股权,百度、腾讯各持 15%股权,在宣布合作的签约会上记者了解到,三方将在打通账号与会员体系、打造支付与互联网金融产品、建立通用积分联盟、

大数据融合、Wi-Fi共享、产品整合、流量引入等方面进行深度合作,意图打造全球最大O2O电商平台。该平台后起名为"飞凡"。

毫无疑问,万达、百度和腾讯合作三方,都是各自领域的巨头。百度作为国内互联网最大的需求入口,每日响应搜索请求超过60亿次。腾讯是拥有最广泛用户的社交平台,平均每月QQ活跃账户达到8.29亿。万达拥有线下最广泛的用户资源,仅2014年上半年万达广场的总客流就达到7.2亿人次。

虽然三大巨头在各自的领域都极具优势,但之前都无一例外地折戟于电商。百度的"有啊"最终关站,腾讯的易迅和拍拍也已打包出售给京东。万达老板王健林在2012年雄心勃勃启动1.0版的电商试验,创立"万汇网",并抛出轰动一时的诱人招聘计划:总计划招聘1万人,总经理年薪200万元,技术部总经理年薪110万元,网页设计师19万元起,主任工程师90万元起,市场部和产品部副总50万~90万元,营销经理30万元起,市场部总经理80万元起。随后,万达高薪挖角风波搅动了电商行业的敏感神经。"万汇网"在2013年12月上线,结果却是运营得不温不火,高薪招聘来的万达电商首席执行官CEO龚义涛、COO刘思军,以及刘的继任者马海平等高管先后离职,引起业界一片哗然。

尽管三方在电商领域都失过足,但仍不妨碍当时众多业内人士看好新电商平台的前景,认为它们面前的目标将是赶阿里、追京东。

"腾百万"合作创立电商平台的新闻发布之后,几乎很少见到三方就上述合作的进展一同公开发声或露面。到2016年8月,"腾百万"再进入公众视线,却是因为出现散伙说法。一篇题为"揭秘腾百万散伙内情 万达电商如何烧光50亿"的文章令人震惊。万达方承认"腾百万"散伙,但否认"飞凡"烧掉50亿元。

《每日经济新闻》记者查询国家企业信用信息公示系统(上海)发现,上海新飞凡电子商务有限公司成立于2015年3月26日。投资人(股权)变更名单显示,2016年7月7日变更前,投资人包括万达集团董事长王健林、百度以及腾讯,变更后仅有上海万达网络金融服务有限公司。

当然,这并非说非电子商务平台的各种网站、网络公司、App应用等都不宜从事电子商务业务,很多企业一直在这方面不懈地进行着探索。

成功者的经验表明，在"转嫁成企业其他商品的销售收入"模式下，试图利用免费商品形成的流量来从事电子商务的企业，其电子商务业务一定要与其免费商品之间存在关联逻辑。例如游戏装备销售与免费游戏软件、推荐图书销售与免费知识讲座App、物流装备销售与免费物流信息平台等，二者之间都存在关联逻辑。电子商务业务与其免费商品之间存在的关联性越强，电子商务业务越容易成功。美图秀秀的盈利模式也许能给我们一些启示。

案例15-12

美图秀秀的故事 Part 2：只靠美图手机能持续吗？

美图虽然有庞大的用户基础，但公司整体仍然处于巨额亏损中，并且没有直接证据证明，庞大的用户基础会在未来给美图带来可观的收入和盈利预期。根据招股书披露的数据，2016年上半年，美图亏损额达21.9亿元，较2015年上半年13亿元的净亏损额同比扩大69.2%。2013年、2014年、2015年的净亏损额分别为2581万元、17.7亿元、22.2亿元，3年连续亏损，且亏损额持续扩大。截至2016年上半年，累计亏损约为62亿元。

投资者最担心的是美图这个互联网公司，其收入却主要来自硬件——美图手机的销售。根据招股书披露，自2013年推出美图手机以来，美图推出两个智能手机系列和5个智能手机型号。截至2013年、2014年及2015年12月31日年度以及截至2016年6月30日6个月，分别售出27917台、277595台、387775台及289079台美图手机，收入占美图总收益依次为59.7%、87.8%、89.9%和95.1%，呈现明显的上升趋势；而在线广告服务则分别占总收益的40.2%、11.9%、9.8%和4.4%，呈现明显的下降趋势。

2016年12月15日美图登陆港股市场，仅仅7个交易日后，美图一度跌破发行价8.5港元。在2017年3月6日被纳入港股通标的之后，美图股价迎来疯狂拉升，连涨11天后实现翻倍。2017年3月20日上午，美图股价继续拉升，在14点38分左右股价到达了最高的23.05港元，较昨日收盘价上涨了28%。之后却风云突变，在14点40分，美图公司股价开始猛然大跌，到15点10分已跌至17港元左右，随后股价继续下跌,并以 15.98 港元报收,全天大跌 11.22%。当天振幅高达42.5%,美图一天的市值从最高 900 亿元一下子变成了 600 亿元。

2017 年 6 月 26 日,美图旗下个性化潮流定制平台——美图定制正式接入美图秀秀,为超过 5 亿的美图秀秀用户提供个性化的定制服务。作为美图从虚拟到现实、从线上到线下的重要一环,美图定制的此次接入,能否扭转其单一盈利模式的困境呢?

2. "转嫁成广告收入、入口收入、分成收入等"模式的价值经营

对于非电商平台和各种 App 应用来说,将免费商品的客流量转嫁成本企业电商销售收入不容易,那么"转嫁成广告收入、第三方入口引流收入、分成收入等",则似乎是理所当然的选择。毕竟与前所述"免费商品的客流量"转嫁逻辑是成立的。

对于门户网站来说,广告收入、第三方入口引流收入和游戏、音乐、文学作品、软件等下载分成收入都是很有吸引力的。但对其他网络公司来说,转嫁成广告收入和第三方入口引流收入比转嫁成"分成收入"更容易一些。

没有强有力的证据表明过度依赖广告是危险的商业模式。阿里巴巴是一家靠广告营生的电商公司,尽管马云多线布局,玩生态,但其核心利润来源是商家投放的各类广告产品。只是商家广告内容本身就是消费者浏览和购买的商品,并没有因广告过多而明显破坏用户体验。Facebook、谷歌、百度也依赖广告赚钱。

在线广告目前的重点是移动在线广告,而移动在线广告的最大问题是受限于手机屏幕,没有比较多的广告位,而且如果投放广告的模式不够好,很容易影响用户的使用体验。如果产品的用户黏性不好,一旦广告影响使用,顾客很容易另投别处。

"第三方引流",即为第三方提供引流入口,可以看作一种效果广告收入形式。如何提升点击量和转化率是"第三方引流"需要考虑的问题。为第三方平台进行引流时,一定要注重内容和活动的设计和宣传。通过帮助性的文章让相关用户在浏览内容时产生相应的帮助,然后才能够更好地引导用户进入目标客户网站,并产生较佳的引流效果;而通过相关的活动来进行引流,则能够很好地通过活动来提升用户群对网站的忠诚度,而且在设计活动时,一定要注重物质和精神奖励相结合的方式,让用户对目标客户网站产生更高的依赖性和亲和性,这样才能更好地提升点击量,而且这样的流量转化效率也会更高。

"将广告变成内容"是解决用户反感在线广告问题的一个途径。Facebook 堪称这方面的鼻祖,扎克伯格在最初考虑 Facebook 开发广告业务时就开始尝试让广告投放者和用户建立充分的互动。包括 Instagram 在内,广告主可以在应用中建立自己的频道与用户随时随地互动,宣传品牌和产品。眼下国内的互联网公司从电商到视频网站都在刮起内容变现的风潮,以电商巨头阿里巴巴为例,已经开始通过自身强大的数据分析能力,与媒体矩阵配合落地内容变现。不过像阿里巴巴这样用户黏性很好的互联网公司并不多,所以大部分互联网公司仍然面临如何将免费商品带来的客流量变现的挑战,墨迹天气可谓其中的典型。

案例15-13

墨迹天气的故事 Part 2: 除了广告,还是广告!

墨迹天气已积累 4.7 亿用户。据招股书显示,2016 年上半年,墨迹天气营业收入为 1.07 亿元,是 2015 年全年收入的 86%,净利润为 1322 万元。营收数据显示目前墨迹天气的收入几乎完全依靠广告。报告期内,墨迹天气主营业务收入主要来自品牌广告、效果广告(广告主只需要为可衡量的结果付费的广告)、硬件销售及其他。2016 年前 6 个月,营业收入中品牌广告收入达到 6535.83 万元,占比 61.29%,效果广告达到 3989.44 万元,占比 37.41%,合计广告收入占比达到 98.7%,而硬件销售及其他收入占比极低。

墨迹天气的品牌广告始于 2011 年,当年阿迪达斯主动联系墨迹天气提出合作,希望让穿衣助手小墨妹穿上阿迪达斯的冬季新款服装。墨迹天气成为阿迪达斯当年"冬天动起来"市场活动最重要的合作伙伴之一,当时所有阿迪达斯实体店都有墨迹天气的 logo 广告。

墨迹天气的广告存在于各个应用板块中。主要分类为:启动页广告、顶部 banner、商家 icon、小墨助手着装、资讯页 banner、搜索框、线下活动广告。其中启动页广告、资讯页 banner、商家 icon、部分顶部 banner 为硬广告,这类广告是传统 PC 广告的延续,是目前移动产品最主要的一种广告形式,但是用户会习惯性过滤掉该类广告。部分顶部 banner、小墨助手卡通人物着装为软广,这类广告一般为第三方与墨迹深入定制合作的产物。

第三方引流也可看作另一种形式的广告收入来源。墨迹天气与第三方合作，入口遍布整个应用，主要存在于生活指数子板块、今日推荐子板块、休闲娱乐子版块、功能服务子版块，保守估计达 25 个。墨迹天气的大用户数量优势对第三方商户来说是一个亮点。众多的第三方入口，让墨迹天气扮演着分类信息平台的角色，如何提升点击量，提升转化率是需要考虑的问题。

墨迹天气不太成功的变现尝试是：App 推荐、智能硬件和墨迹商城。墨迹天气的"发现 App"为应用分发入口，但是大部分 App 都与墨迹的使用情景不符合，相关性不大，因此效果不好。在智能硬件方面，墨迹自主研发了智能能空气质量检测仪——空气果，售价 999 元，销售量有限，2016 年上半年销售收入只有 121.02 万元，占总营收比例为 1.13％。

而在墨迹商城，除了售卖自家空气果外，还包含其他各类智能硬件，以空气净化器为主，销售收入几乎可忽略不计。

墨迹天气的转嫁变现困境是很多网络企业都面临的困境，因此转嫁变现模式还需要更多的创新和探索。

第十六章　粉丝模式的商品价值经营

近几年,粉丝经济和粉丝营销成为时髦的话题,在探讨价值经营时当然也不能少了粉丝模式,因为粉丝的商业价值大大超过了普通消费者。

"粉丝",最早被称为歌迷、影迷或者追星族,但早期的追星族有较强的自发性,缺乏计划性和组织性,商业气氛不浓。而随着微博、微信等互联网社交工具越来越流行,"粉丝"一词逐渐从最早对追星族的指代演变成了一种新的趋势。粉丝从单纯明星的粉丝扩展到明星和非明星的粉丝。以理论上说,每个人都可以因为某种原因而有自己的粉丝,区别只是粉丝人数的多少而已。

另外,出现了粉丝从对人的崇拜向对品牌和产品的追捧的延伸,这种延伸变化始于一些著名的奢侈品品牌。但最有影响的事件之一恐怕是苹果手机的出现,粉丝经济由此渗透到产品制造领域。因为乔布斯的个人魅力,以及在全球 IT 和互联网领域的传奇经历,其明星效应对苹果公司推出的产品带来了很大的推动,iPhone 很快就在全球和国内市场拥有了数量庞大的"果粉"。但凡苹果公司推出新款 iPhone 手机,"果粉"总是会一马当先排长队抢购。

在互联网时代,粉丝经济有了新的形态。那些知名的明星、名人、企业家很快就在微博平台上积累了几百万、上千万的粉丝,他们成为微博上的大 V,具有了"呼风唤雨"的能力,他们的言论被广泛转发,他们推荐的东西更容易被关注和接受。

为了叙述方便,我们将粉丝所关注的人、团体或者品牌、作品、产品,称为粉主,将在微博上的粉主称为博主。换言之,粉主可以是明星、偶像、名人、领导人、微博博主、QQ 群主、网络红人等人物,或者音乐团队、偶像组合、知名团体等人物团体,也可以指企业、产品、品牌、影视作品、音乐作品、某项运动、某项活动等。

粉丝的类型

1. 按活跃度划分粉丝

粉丝可以按活跃度分为活粉和死粉。经常参与互动的粉丝被称为活粉,长久一言不发的粉丝被称为死粉或者"僵尸粉"。"僵尸粉"中包括虚假粉丝,即有名无实的微博粉丝,它们或者是由系统自动产生的关注,或者是花钱买到的"关注",为此甚至有专业微博粉丝批发网店;"僵尸粉"中还有一种,就是注册了进来看看微博的粉丝,没打算自己写,不发帖,也不转帖,潜伏着看看而已。

很明显,活粉才有价值。

2. 按狂热度划分粉丝

为了研究需要,我们尝试将粉丝按照狂热度进一步细分为脑残粉、热粉、理智粉、冷粉、死粉。

(1) 脑残粉,指的是那些对于名人、名团体、著名品牌或者产品极度痴迷,疯狂追求以至于失去了个人理智的人。也有另外一种说法是自嘲,自称是"某某的脑残粉",以表示自己对某某的特别喜爱。

(2) 热粉,狂热程度不及脑残粉,但对于粉主关注程度很高,在粉丝中属于积极响应、活跃度高的那群人,有一定的盲从性但没有完全失去个人理性。

(3) 理智粉,指对于粉主关注程度比较高但行动比较理智的粉丝。大部分产品的粉丝属于此类。

(4) 冷粉,指对粉主默默关注,偶尔响应,行动十分理智的粉丝。

(5) 死粉,即"僵尸粉",指长久一言不发的粉丝,也包括虚假粉丝、系统自动产生关注的粉丝等。

3. 按粉主划分粉丝

按粉主的不同,可以将粉丝分为明星的粉丝、非明星的粉丝(一般人的粉丝)和产品品牌的粉丝。

明星的粉丝与非明星的粉丝有很大不同。二者的区别主要体现在构成和与粉主的关系上。

（1）"明星的粉丝"及其与明星的关系

作为粉主的明星包括影视明星、歌舞明星、文艺舆论圈名人、时尚圈名人、著名企业家、大V博主、著名作家、著名公众人物等。

"明星的粉丝"由脑残粉、热粉、理智粉、冷粉、死粉这五种粉丝组成，其中影响度最大的是脑残粉和热粉，他们活跃度很高，数量比较多，他们的行动在一般人看来是比较"疯狂的"。这些脑残粉和热粉的疯狂行为又影响着明星的理智粉，于是明星的脑残粉和热粉以及受二者影响的理智粉，就营造出一个"疯狂的追星世界"和产生了一般"吃瓜群众"难以理解的种种粉丝行为。

"明星的粉丝"与粉主明星的关系体现在一个"追"字上，二者是追与被追的关系，即"明星的粉丝"是在不断"追明星"，而很多粉丝所做的一切，只是为了"讨好明星"，吸引明星的注意。在二者关系上，作为粉主的明星处于绝对主导的位置，而粉丝处于被动从属的位置。虽然现在有些粉丝团影响力上升，试图策划安排被追的明星的活动，明星有时候也会接受粉丝团的安排。明星之所以这样做，只是为了迎合粉丝而采取的措施，虽然有"讨好粉丝"的意味，但二者的关系没有根本改变。

在"明星的粉丝"中，也有冷粉和死粉，其中有不少是出于种种原因不再追星的人。换言之，某个明星的冷粉和死粉可能也曾经是这个明星的热粉或者脑残粉，只是出于某种原因，例如明星分裂祖国的言行，或者吸毒的行为，或者卖淫嫖娼之类违法行为等，使得明星的形象一落千丈而遭粉丝冷落甚至抛弃；或者可能只是粉丝长大了，过了"狂热"的年龄，就不再追星了。

（2）"非明星的粉丝"及其与粉主的关系。

作为非明星的粉主是没有成为明星的普通人，例如建立QQ群或者微信群的群主、博主、开公众号的人等，这些人的具体身份不一，可能是某个网络节目的主持人、网店店主，也可能是普普通通的歌手、舞者、教师、学生、工人、农民等。

对应明星或者专业人员，非专业的普通粉主有时候被称为草根人员。

当然，非明星的粉主，也可能大红大紫成为明星。

"非明星的粉丝"主要由理智粉、冷粉和死粉构成，其中理智粉起主导作用。在非明星的粉丝中一般没有脑残粉和热粉，偶尔出现几个热粉，其作用往往因为人数太少而趋于无。当然如果"非明星的粉丝"中，热粉越来越多，甚至出现了脑残粉，那只能说这个"非明星"正在变成"明星"。在"非明星的粉丝"中，理智粉起着最重要的作用，因此"非明星的粉丝"的行为非常理性，在一般人看来是属于正常的行为。

与"明星的粉丝"根本不同的是，"非明星的粉丝"与粉主"非明星"的关系是一般意义上的关注与被关注的关系。因为大部分粉丝是理智粉，因此粉主虽然处于中心位置，但不像明星那样处于绝对主导的位置。从价值经营的角度看，作为"非明星"的粉主，要努力为粉丝服务，"讨好粉丝"，满足其粉丝的需求，才能吸引和留住粉丝。

(3) 产品品牌的粉丝

产品品牌的粉丝是指关注和喜爱特定品牌及其产品的粉丝。

如果粉丝狂热喜爱某个品牌的产品，那么该品牌的产品可称之为"明星品牌"产品，其粉丝就是"明星品牌"的产品粉丝。奢侈品是最典型的明星品牌产品。

"明星品牌"的产品粉丝主要由脑残粉、热粉和理智粉组成。一般品牌的产品粉丝主要由理智粉、冷粉和死粉组成，

明星品牌的产品粉丝不是一成不变的。当作为明星的产品的光环被竞争对手所掩盖，其脑残粉也会变成热粉，热粉会变成理智粉、冷粉甚至死粉。例如，昔日很多摩托罗拉手机的脑残粉和热粉现在变成了苹果手机的脑残粉和热粉。随着国产手机品牌华为、OPPO、小米等的崛起，中国很多苹果手机的脑残粉和热粉也慢慢变成了理智粉、冷粉或者死粉。

粉丝模式和身份转换路径

粉丝模式，或者说粉丝经济模式，就是面向粉丝或者借助粉丝进行产品营销的模式，或者更通俗地说，就是将潜在的粉丝价值变现的模式。

将粉丝价值变现涉及两类主体：粉主及其公司、其他商家。粉主及其公司自然具有得天独厚的优势，目标是既要开发粉丝价值，又要利用粉丝扩大自身价值，并且努力实现两个价值的变现；而其他商家的目标则是如何开发利用粉丝价值并将之变现。

将粉丝的价值变现实质上就是完成粉丝身份转换，即从粉丝身份向产品的购买

者和用户身份转换。当然粉丝完成这个身份转换与其原本的粉丝身份并不冲突,当粉丝成为产品的购买者和用户,其仍然还兼有粉丝的身份。事实上粉丝的价值经营模式的目的不仅希望粉丝保留其原有的粉丝身份,还希望不断扩大粉丝规模,不断提高粉丝的活跃度和狂热度,从冷粉和理智粉变为热粉甚至脑残粉。

品牌产品的粉丝绝大部分都是产品的购买者和用户,因此品牌产品的粉丝的身份转换与另外两种非产品的粉丝(即明星的粉丝和非明星的粉丝)的身份转换有所不同,其转换路径分别如图 16-1 和图 16-2 所示。使粉丝成为企业产品的购买者和用户不是终极目标,如果能使粉丝成为朋友,那当然是最理想的,虽然并非总能做到这一点。

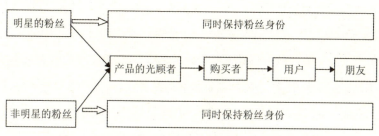

图 16-1 明星的粉丝和非明星的粉丝的身份转换路径

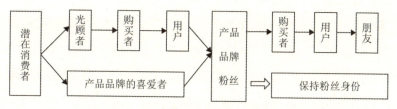

图 16-2 产品品牌的粉丝的身份转换路径

粉丝的价值

粉丝的价值取决于粉丝的规模和粉丝的狂热程度。明星粉丝、大 V 的粉丝与草根的粉丝的经济价值显然相差甚大,其中明星粉丝的狂热度最高,价值最大。

(一)明星粉丝的价值

明星粉丝的价值有多种多样的体现形式,具体包括以下几种。

1. 粉丝消费与明星相关的产品

(1) 粉丝购买明星演唱和演出的门票、音乐带、录像带、电影票、电视剧 VCD、彩铃下载、卡拉 OK 中点歌版税、各种音乐和视频平台下载和观看费用等，这是最基本的粉丝消费行为。

"鹿晗专辑《Reloaded》，在开始销售之后 10 分钟就达到了 10 万，我们也不清楚为什么数字可以那么快。上线的时候我们还在开别的会，再后来，发现已经突破 10 万了。"鹿晗《Reloaded》专辑的制作方——风华秋实公司的 CEO 唐正——感叹道。鹿晗的《Reloaded》数字专辑销售首日 10 分钟卖出 10 万张，当日售出 88 万张。

(2) 粉丝购买会员资格、打赏。在陈坤的微信公众平台上，用户可以通过付费成为陈坤微信平台的会员，而会员也被分为 10 元的月卡、50 元的季卡、100 元半年卡和 168 元的年卡。成为陈坤微信公众平台的会员之后，可以根据不同的会员等级享受特权：阅读陈坤行走系列书，欣赏陈坤亲自录制的私房音乐，查看陈坤私房照，定制语音推送，让陈坤和你说早安晚安，还可以参与到会员讨论区中，发帖评论以及回复，并有机会和陈坤互动。根据测算，当时陈坤在微信平台上约有 100 万粉丝，只要其中 10% 的粉丝付费，就至少能获得 1680 万元收入。

(3) 粉丝购买明星衍生产品，如明星图书，印有明星标语头像的各种纪念品，明星推出的品牌食品、服装、化妆品、玩偶等各种物品。例如俄罗斯美女网球明星莎拉波娃开创的甜蜜事业就很引人注目。明星产品的销售收入当然不全是明星粉丝的贡献，但毫无疑问明星粉丝是其中最主要的贡献者。

案例16-1

网球明星莎拉波娃的商业版图

俄罗斯美女网球明星莎拉波娃在 2012 年实现了网球全满贯之后，在当年美网开赛前推出了以自己名字命名的糖果品牌"Sugarpova"。凭借着莎娃超高的人气，第一年"Sugarpova"的销量为 120 万包，为她带来了 600 万美元的收入。一年后她又以美网改名"Sugarpova"为噱头为糖果造势，还推出了一系列的周边产品。到了 2014 年，仅仅创办 3 年的 Sugarpova 的年销量达到了 500 万包，销售额达到了 2500 万美元。"Sugarpova"已经成为糖果行业的行业大品牌，2016 年又开发了"Sugarpova"巧克力。

莎拉波娃的商业版图不限于甜蜜事业,在 2012 年年初的澳网,莎拉波娃推出系列网球裙;2014 年 4 月莎拉波娃宣布,自己将正式入股防晒霜品牌"Supergoop";未来她希望进军家居行业。

(4)粉丝声援明星的消费。这包括购买印有明星标语、头像、名字的 T 恤、手机链、马克杯、挂牌、照片、手套、口罩、围巾以及其他周边商品,购买演唱会各种助威产品,做横幅海报,打各种广告,送明星鲜花礼物,手机投票、电话投票、网络投票等。投票消费看上去价格低,但总价其实也很惊人。投票一次一元,几十万张票就是几十万元。

声援商品往往价格不菲。例如王俊凯粉丝的媒体应援商品,其中就包括 3000 元左右的 jo malone 品牌香氛蜡烛,2000 元左右的 Tiffany 品牌蝴蝶结马克杯,每条 1000 元的纪梵希手帕等奢侈品。普通商品一旦沾上明星的边,也常常价格暴涨甚至翻番。

送明星礼物的价值越来越让人惊讶。人们通常想象到的礼物,如鲜花、蛋糕等早已不值一提了,现在礼物的价值越来越高。易烊千玺的粉丝甚至夸张到在英国买下一座种满玫瑰的庄园作为为偶像庆生的礼物,让他拥有终生免费居住的权利。

(5)粉丝购买明星们所喜欢或代言的商品,典型的如明星代言的手机、电脑、饮料、化妆品等,这是明星的广告效应,也是来自于"粉丝"们的支持。

(6)粉丝追随明星穿梭于各个地方而需要的吃、穿、住、行的消费。

(7)粉丝购买爱屋及乌的商品,例如明星们的同款衣裤和用品。

2017 年春晚在由杨紫、蒋欣、乔欣、刘涛、王子文上演的"欢乐颂"五美歌曲中拉开了序幕。节目中,五名演员穿着红色系的五身衣服,引起了观众的热议。很快,五人所穿的衣服便在网店上出现了同款商品,并且接受大量预订。其中刘涛所穿的红色连体裤被打上了"春晚同款爆款"的标签,价钱从几十元到几百元不等。

2. 明星由粉丝支持而产生的延伸收入

明星由粉丝支持而产生的延伸收入,包括各种演出机会、媒体转播权利金、广告收入、明星代言收入、各种商业赞助等。这部分收入虽然不完全取决于粉丝的支持,但却与粉丝息息相关,即粉丝越多,这部分收入也越高。

《奔跑吧!兄弟》作为一部从电视综艺节目衍生出来的电影,上映 3 天不但雄霸周末票房市场,还创造了 3 天 2.28 亿元的高票房。随后也引发了诸如"这算是电影吗""骗钱大烂片"等评论。《奔跑吧! 兄弟》不是第一个把这么一部成本低、制作糙、剧情水的儿戏电影搞成票房大获成功的电影产品的,在它之前就有电影《爸爸去哪儿》的 7 亿元票房神话。

3. 因粉丝的支持而产生的无形资产

例如文体节目的明星观众效应、电视节目的收视率上升、电影票房保证等形成明星的无形资产,这些无形资产可以转化为明星的演出身价、产品授权销售、赞助收入和广告收入等。

明星粉丝的价值可总结如图 16-3 所示。

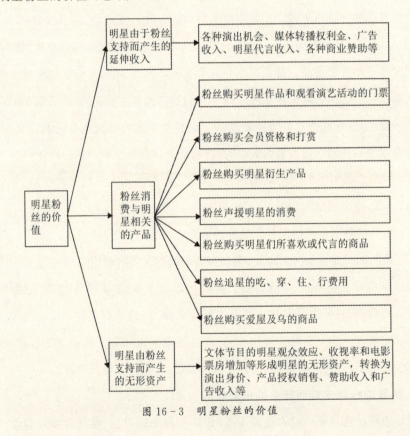

图 16-3 明星粉丝的价值

显而易见,明星粉丝的价值受益者不限于明星,还包括各种各样的商家,范围很广。

下面进一步探讨明星的价值与明星粉丝的价值之间的关系。

明星的价值来源于两方面：明星自身的价值和明星的粉丝价值。明星的价值越大，知名度就越高，他们的粉丝会越多；而明星粉丝越多，人气越高，粉丝的价值会越大。因此，明星的价值与他们粉丝的价值彼此息息相关，互相支持。

如前所述，明星粉丝的价值受益者不限于明星和偶像，其他的商家会分享部分明星和偶像粉丝的价值，亦即明星的价值只是包含了明星粉丝的部分价值，而非全部。

明星的价值与明星粉丝的价值的关系如图 16-4 所示。阴影部分属于明星粉丝的价值，其被一分为二，一部分成为明星价值的构成部分，另一部分被其他商家所利用。明星的价值由两个分别代表明星自身的价值和被明星利用的其粉丝的那部分价值的粗黑色交叉圆组成，两个圆交叉说明二者互相依存因此有部分价值的重叠。

图 16-4　明星的价值与明星粉丝的价值的关系图

（二）非明星粉丝的价值

非明星粉丝的价值，其项目构成如图 16-5 所示。一个非明星粉丝的价值，无论是在项目构成还是在项目价值和总价值上，都远远不及明星粉丝的价值。

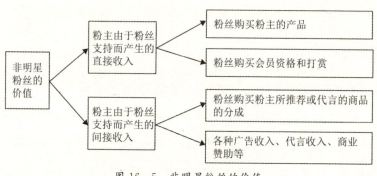

图 16-5　非明星粉丝的价值

（三）产品品牌的粉丝的价值

产品品牌的粉丝，其价值体现在下列 3 个方面。

1. 粉丝对"粉主"产品品牌有更高的忠诚度。例如苹果手机每次推出新产品，都会吸引果粉排长队购买，有些果粉甚至提前一天到苹果专卖店前排队。

2. 粉丝对"粉主"品牌下的产品有更高的购买率和重复购买率。特别一些是奢侈品牌的狂热粉丝，其重复购买率惊人。有些人甚至省吃俭用或者借钱也要大买特买奢侈品。

3. 粉丝对"粉主"品牌下的产品有更好的耐心和更高的宽容度。相比一般用户，粉丝用户对产品缺陷有更大的耐心，愿意反馈产品使用信息，并主动提出意见和建议，帮助产品改进和完善。对此，企业应积极与用户进行互动，通过互动平台吸纳用户意见，借助粉丝的力量和智慧，让他们更多地表达和参与，发掘他们的价值，不断改进产品。比如，小米主动邀请用户参与小米设计制造，在小米"粉丝"角色中级别最高的明星粉丝，被称为"荣组儿"（荣誉开发小组成员），能够参与新产品的开发、试用和决策。这样，让用户在参与的过程中产生受尊重感和成就感。反过来，粉丝成为小米手机最为忠实的代言人，并不断宣传小米的品牌，成为小米产品的推广者。因此，雷军经常说一句话："因为米粉，所以小米。"

价值经营(1)：粉丝的需求挖掘

先看一个有关锤子手机粉丝的案例。

案例16-2

当"情怀溢价"不再，"锤粉"吴萌怒砸锤子手机

锤子手机 Smartisan T1 刚推出时的价格比市面上类似硬件配置的智能手机贵了足足 1000 元，这高出来的 1000 元就被粉丝们称为创始人罗永浩的"情怀溢价"。巨人网络的副总裁吴萌是一个忠实"锤粉"。他当初的购买动机是："在若干年前我几乎听遍所有老罗在新东方的录音，包括关注他的微博，看他所有的演讲视频。当

全程看完锤子手机的发布会后,我迅速订了 T1。T1 从买到现在我几乎从来没用过,只是拆掉了包装,我买锤子手机支持的是老罗的个人情怀,我觉得中国的环境下能诞生像他这样的人,本身就值得尊敬,我特别尊敬这样的人,更何况他还很幽默。"买了手机却从未使用,这是典型的玩具思维,而非工具思维。

2014 年 10 月末,锤子手机降价了,而且是普降 1000 元左右!锤子 T1 手机的 16GB 3G 版本从 3000 元降到 1980 元。锤子的这一降价,其"情怀溢价"被无情挤出,价格体系与小米4、魅族 MX4、一加这些硬件配置大致相仿的 Android 手机基本一致,都处于 2000 元的业界标准区间。锤子手机从 3000 元降价至 1980 元后,据说一时间销量大增。根据天猫商城手机品牌旗舰店的销售统计数据,锤子手机 2014 年 10 月在天猫上共计售出 19047 部,销售额 4512 万元,仅次于小米。

但问题在于,锤子手机的创始人罗永浩曾经公开在微博上宣称"特别反感手机厂商在新品上市时定一高价,之后很快又会降价的做法",甚至有"如果低于 2500 元,我是你孙子"的激烈言辞。[①]

锤子手机随后的突然大幅降价让很多"锤粉"难以接受。吴萌一气之下,将锤子手机砸了,并将整个过程拍成视频,在网上发布(这一行为也许是对罗永浩此前砸西门子冰箱维权的模仿)。他这样评价自己的行为:"这不是一场秀,也不是我头脑发热,同时我也不是愤青。我今天只想说说情怀……为什么我要砸掉这个手机呢?首先,手机是很无辜的,我想表达的是:我买的是情怀,但是老罗你却深深地欺骗了你的用户,这种欺骗无法饶恕。我 5 月份下的订单,9 月份到货,为了情怀嘛,可以忍。但是为什么时隔不到 1 个月你就降价?T1 上市时间这么短,产品问题这么多,然后就马上降价,这种自损品牌的行为……老罗一夜间从情怀撕破脸变回小贩商人,是一种悲哀,这种悲哀就叫作现实!"[②]吴萌的激烈反应是很有代表性的"粉丝抗议宣言"。

而一旦商品不能满足粉丝的需求,那么粉丝很快就会离去。锤子手机突然大幅降价,虽然导致用户一时增加,但失去了粉丝,锤子手机便沦落为一般品牌的新手机,"锤子手机亏损、人才流失、被收购",这样的坏消息在业界屡屡被传也就不足为奇了。

① 陈禹安.粉丝迷恋周期:"小苹果"的风刮走了[J]. 销售与市场,2014(12).
② 陈禹安.粉丝也需要激励?[J]. 销售与市场,2015(1).

锤子手机的案例说明粉丝的需求与一般用户的需求是有很大差别的。粉丝的需求究竟与一般用户的需求有哪些不同呢？下面我们对此进行探讨。

(一) 明星粉丝的需求

明星粉丝的需求从本质上讲是心理需求。粉丝的心理需求呈现为多个视角,具体如下。

1. 粉丝依恋的需求

首先,或许是最重要的,粉丝的心理需求是依恋需求。心理学家认为人是社会性的动物,追星也是一种社会性的行为。在社会性关系中最紧密的一种被称为依恋,是指跨越时间和空间,深层而持久的人与人之间的情绪联系。依恋关系的形态最典型的例如母子关系、情侣关系,以及对一些人的崇拜。依恋关系使得依恋一方在生理上会直接促进一些内分泌激素的变化,感觉放松和愉悦,而被依恋一方一般没有直接益处。[①] 在追星的行为中,依恋需求表现为偶像崇拜。

弗洛伊德的精神分析理论认为,偶像崇拜是青少年成长过程中一种性冲动的转移。在个体逐渐长大的过程中,由于在平日的生活里,个体日渐增强的欲望不断膨胀,而这些欲望必须有所指向,所以就要指向有地缘隔绝的偶像,这些偶像不同于父母和其他同辈人。因为比较遥远,所以可以弥补青少年成长而匮乏的感情依赖。

在古代,由于知识和媒介的不发达,可供人们供奉的偶像屈指可数。如在中国历史上,我们先祖供奉过的偶像主要有黄帝、孔夫子、关公、释迦牟尼、观音菩萨、玉皇大帝、王母娘娘、太上老君及大大小小的土地爷、财神爷、妈祖等。这些偶像都是人们世代供奉的神明人物。

随着科技的不断发达,特别是电子媒介的蓬勃发展,人类的偶像崇拜发生了本质性的变化。偶像崇拜越来越成为人类自我意识的产物,也越来越变得情绪化、平民化和生活化。

研究表明,青少年时期的追星一方面可导致对偶像的过分认同和依恋,另一方面可

---

① DieEule. 粉丝到底为了什么而疯狂? [EB/OL].(2015－12－24).微信公众号:知识就是力量.

以补偿脱离对父母的依赖而产生的情感真空,产生了所谓遥亲感(remote intimacy)①。

我们先解释与遥亲感对应的概念——即亲感(immediate intimacy)。即亲感泛指青少年对身边人物所建立的亲密关系,这些人物通常包括当事人的家人和亲朋好友。即亲感是一种实实在在的情感交流,它具有对等性、互惠性和频繁接触等特点。即亲感真实存在于现实生活中,无任何虚幻的成分。

而遥亲感泛指青少年对个人心目中高度理想化、浪漫化的偶像所建立的一种特殊的情感依恋。它是一种间接的、虚幻的、非接触性、非互惠性、非对等性、一厢情愿式的情感交流,完全是一种自我陶醉式的情感体验。这种情感体验可使青少年对其偶像想入非非,产生种种不切实际的幻想。

在人的成长过程中,人们首先从与父母亲的关系中获得即亲感,认为父母亲是"无所不能的",从而依恋和崇拜父母亲。随着年龄的增长,青少年对父母亲的认知越来越真实化,父母亲的无所不能的形象消失,导致自我的迷茫。这时的青少年需要从自我的迷茫状态中走出来,通过对一些偶像的依恋来实现对自我的确认和定向,而歌星、影星、体坛明星这样的人物无疑是最好的偶像。在追星过程中,遥亲感的建立常可给青少年带来一种近似童话世界的精神满足,青少年的自我成长需要有这样的精神体验来梦幻自己未来的情感生活和事业发展。但其情怀也常会使青少年沉湎于对其偶像的种种遐想,对他(她)产生一种近似狂热的追逐和迷恋,把他(她)看成是世上最完美的人物。与此相反,与家人的即亲感却随着遥亲感的出现而变得越来越淡漠,此时青少年对父母的依恋会越来越注重相互间的关心和爱护。由此,即亲感也越来越失去其原有的作用和影响力。

青少年追星,本质上也是在寻求遥亲感的满足。偶像崇拜还伴随着性幻想的宣泄。在青少年期间,就性欲对象而言,偶像是青少年理想的意淫对象。调查显示,女性的浪漫式依恋要远远大过男性,换言之这种精神指向在青少年知道性是怎么一回事后质变成了性幻想。

---

① Cheng Cheng, S. T. Psychological Determinants of Idolatry in Adolescents. *Adolescence*.1997(32):687 - 692.

少男少女对偶像的遥亲感会随着岁月的流逝而渐渐淡漠下来,随之而起的是对自己生活中的可以看得见、说得了话、牵得了手的情侣之即亲感的建立,这是实实在在的相亲相爱,没有弄虚作假。从情侣中获得的即亲感越强,对偶像的遥亲感消失得越快。随着情侣关系的建立,青少年对偶像的性幻想也随之消失。

2. 粉丝"自我认同"的需求

青少年追星也是一种实现"自我认同"的过程,能满足其"自我认同"的需求。当青少年从自我的迷茫状态中走出来,需要通过对一些成年或同龄人中偶像人物的认同来确认自我的价值。按照埃里克森开创的新精神分析理论,青少年追求偶像的实质是实现"自我认同"的过程。在个体成长的过程,原先的自我遭到了破坏,产生了分裂,面临着角色冲突。这时候偶像作为个体信赖和崇拜的对象,反映了自我确认的过程。换言之,青少年因对现实自我的不满足而寻找到理想自我的表现是实现自我认同的一个方式。这就是说,偶像实现了青少年曾经的梦想,做了一些青少年自己无法做到的事情,延伸了其自我的概念,让其现实自我向理想自我趋近。

研究证明,追星者对明星的追逐反映的是"缺陷但真实的自我"的遗憾。所追的明星通常反映他或者她的理想自我的形态和具有的一些特质,比如高、帅、年轻、萌、具有神力、号召力、英雄主义等。跟理想自我相似度越高的明星,越能让人产生共情和代入感。这种现象在低自尊、自卑的人身上特别明显。

"自我认同"的需求在现实中表现为模仿偶像。模仿偶像的一举一动,会进一步强化其"自我认同"需求的实现,而心理契约机制则进一步强化其偶像崇拜。

认知发展理论认为:认知发展是个体自出生后在适应环境的活动中,对事物的认知及面对问题情境时的思维方式随年龄增长而改变的历程。根据这一理论可以将青少年偶像崇拜理解为思维发展不成熟的阶段性表现,是缺乏批判性思维的必然结果。从这层意义上讲,青少年追星具有突出的年龄性和过渡性特征。研究表明,青少年偶像崇拜一般起始于 12 岁,是其青春期心理发展的"附属品"。青少年偶像崇拜的年龄差异因偶像类别而异。对明星偶像的崇拜一般会在 14～16 岁达到峰值,并随着年龄增加而呈下降趋势;对杰出人物的崇拜会随着年龄的增加、批判性思维的日臻成熟而呈上升趋势,并在 20～22 岁达到峰值。[①] 随着青少年思维发展从不成熟向成熟阶段转变,追星行为会减少、停止,特别是如果从工作成就中获得了"自我认同",就会"从追星的梦想中醒来",觉得"以前的行为很可笑"。

3. 粉丝归属的需求

归属感,或称隶属感,指个人自己感觉被别人或被团体认可与接纳时的一种感受。归属感反映了一个个体对一件事物或现象的认同程度,并对这件事物或现象发生关联的密切程度。心理学研究表明,每个人都害怕孤独和寂寞,希望自己归属于某一个或多个群体,如有家庭,有工作单位,希望加入某个协会、某个团体,这样可以从中得到温暖,获得帮助和爱,从而消除或减少孤独和寂寞感,获得安全感。

人是群体性动物,有群体归属的需求。粉丝是一个群体,粉丝的追星行为正好满足了其归属的需求。当追星行为由个体性活动变成群体性的活动时(粉丝团),会使得参与的个体获得团体的融入感,满足其归属的心理需求。朋辈的影响也是其中一个不可忽略的因素,在青少年群体中,为了害怕被孤立和隔绝,所以你身边的人喜欢的东西也影响到你的喜欢,纵然你其实不喜欢! 在成年人群体中,这种效应依然存在。

追星会产生共情体验。心理研究表明,共情体验会让人有陪伴感,生理上能促进一些激素(多巴胺等)的分泌,让人感觉放松、快乐。这对于那些孤独、低自尊或处在挫折和人生变动期的人,能有效地改善其情绪,具有很大的诱惑力。

归属于某一个群体,自身的消费行为往往就会带上这个群体的特征,或者说自身的消费行为就会向这个群体靠近,进行一些相似的消费活动。归属的心理压力时常会导致粉丝消费行为的从众性,这就是粉丝追星的消费行为为何相似的原因。

4. 粉丝炫耀的需求

自从凡勃伦在其著作《有闲阶级论》中第一次提出"炫耀性消费"的概念以来,炫耀就成为人们追求奢侈消费的一个重要的心理动机。所谓炫耀性消费,原本指的是富裕的上层阶级通过对物品的超出实用和生存所必需的浪费性、奢侈性和铺张浪费,向他人炫耀和展示自己的金钱财力和社会地位,以及这种地位所带来的荣耀、声望和名誉。

---

① 岳晓东,严飞.青少年偶像崇拜系列综述(之一)——偶像崇拜的年龄差异[J].青年研究,2007(3):8-14.

追星的消费行为也是一种"炫耀性消费"。粉丝一般不属于富裕的上层阶级,但其追星的消费行为在粉丝团内部和外部却体现了某种程度的"炫耀"之意。炫耀心理往往导致奢侈消费的示范性和扩散性,带来嫉妒和攀比的畸形心理。所以才有"花掉几个月的工资"或者"很长一段时间的省吃俭用"去追一次星的所谓"脑残粉"行为,才有了 TFboys 各个粉丝团的互相攀比。但在粉丝看来,这一切都是值得的,特别是当买到了其他粉丝没有买到的"炫耀品"时,或者自己支持的偶像在宣传上盖过了其他人的偶像时,尤其激动不已。

所以,锤子手机的突然大幅降价,让很多"锤粉"觉得罗永浩的情怀不再,原本对罗永浩的情怀"依恋"和"自我认同感"消失。锤子手机不再值得"炫耀",伴随的"锤粉归属感"也随之弱化,于是便有了"锤粉"在不惜代价、孜孜以求的需求破灭后的极度失望的种种行为。

(二) 非明星粉丝的需求

非明星粉丝的需求,差异很大。例如需要学习大数据专业知识,会关注订阅 36 大数据、大数据挖掘、大数据文摘等公众号;喜爱跑马拉松,会关注和注册各地马拉松 App;很忙,没有时间淘书和阅读,可以下载"得到" App,关注或者购买名家专栏、精品课程等,听讲座和读书;有养生需求,可能会关注北京电视台养生堂栏目、养生公众号、网上养生 App;喜爱美食,会关注美食节目和美食类公众号和微博;得了某种疾病,会关注相关医生的微信、病友贴吧或者加入病友 QQ 群,关注群中知识帖子;有减肥需求,会关注减肥节目、减肥产品网站、减肥产品经营人员的公众号等。

尽管非明星粉丝的需求五花八门,各不相同,但其研究的重要性却不低于对明星粉丝需求的研究。因为明星粉主从数量上讲毕竟少之又少,而非明星粉主数量庞大。我们每一个普通人,无论是群主、博主、公众号主、企业经营者、商家,还是每天做着明星梦的少男少女、各种爱好者、各种普普通通的职业从事人员,都可以是非明星的粉主,因此都需要挖掘粉丝的需求,开发粉丝的应用价值。

非明星粉丝的需求其实就是普通消费者的需求,只是相对于普通消费者,粉丝因为有更明确的身份和兴趣信息、更高的关注度和更高的忠诚度,所以价值更大,需要粉主们更加用心去挖掘。因为粉丝的需求具有随着时代发展而变化的特点,因此粉主对粉丝需求的挖掘过程其实没有终点,需要不断深入研究。

（三）产品品牌粉丝的需求

产品品牌粉丝的需求,首先当然是对特定品牌的产品本身的功能需求,其次是该品牌产品所承载的精神层面的需求,后者对奢侈品或者名牌产品尤其重要。

在精神层面,粉丝之所以喜爱奢侈品,可能是因为粉丝有以下几种需求:

1. 炫耀的需求、爱面子的需求;

2. 社会地位显示、特定朋友圈身份显示和归属的需求;

3. 卓越的产品质量保证的需求;

4. 自我享受、自我奖励的需求;

5. 保值的需求;

6. 追求美、追求高品质生活的需求,等等。

对于非奢侈品的普通产品,粉主也应该千方百计努力培育和开发粉丝在精神层面的需求。

价值经营(2)：　让消费者成为粉丝

在谈粉丝变现之前,你必须先有粉丝。粉丝太少,几百上千,也没有太大价值。所以,要开展粉丝模式的价值经营,必须先引流吸粉,培养粉丝,使粉丝规模扩大到一定规模。

因为明星的粉丝与明星粉主的关系是追和被追的关系,所以明星粉主吸粉比较容易。而非明星粉主和产品品牌粉主没有明星的"被追"优势,吸粉是千千万万各类粉主最头疼和最重要的事情。所以下面我们主要面向非明星粉主和产品粉主来进行探讨。当然探讨的方法同样也适用于明星粉主,只不过明星们对其中的一些方法可能不屑一顾而已。

如果把粉丝的规模视为网站、平台、QQ空间、微博、公众号、应用App等的流量,那么粉丝的变现价值是由流量和身份转化率决定的,即

粉丝的变现价值＝流量×身份转化率

可见,在挖掘了粉丝需求之后,粉丝模式的价值经营重点在扩大流量和提高身份转化率两个方面。我们先探讨扩大流量的问题。

对于粉丝模式的价值经营而言:没有流量,就没有一切。

扩大流量的问题,也就是扩大粉丝规模的问题,可以归结于以下两个方面的问题:引流吸粉,以及提升粉丝黏性和活跃度。前者是吸引粉丝加入;后者是留住已经加入的粉丝,别让粉丝退粉离开。

(一) 引流吸粉

除了花钱购买粉丝之外,有很多引流吸粉的途径和方法。

1. 内容为王

在所有引流吸粉的途径和方法中,最具有长远价值的是做内容。内容为王,把内容做好了,用内容来吸引粉丝是一个长久的涨粉途径。

(1) 内容要能为粉丝创造价值。

所谓内容为王,是指粉主在微博、公众号、微信、QQ 群和朋友圈等上发的文章或者帖子的内容,网站、平台或者 App 提供的服务内容,能很好地满足浏览者、阅读者、使用者某方面的需要,对其产生了吸引力,于是使用者自动关注粉主,或者下载软件注册登录,成为粉丝。

内容是指:有价值的文字＋用户体验＋品牌文化。如果你推送的内容不能给用户创造某种价值,不但不能吸引粉丝,而且可能会掉很多粉。

将粉丝分类,针对不同类型粉丝的需求选择不同话题的内容精准推送是比较好的方法。

(2) 内容原创最重要

很多人在运营公众号的时候,既想快速涨粉,又不想花时间花精力去生产内容,于是每天转载别人的文章,不愿耗时间原创。尽管适当转载一些符合自己公众号定位的、有深度的好文章无可厚非,但是,如果自己的公众号始终没有原创内容或者原创内容太少,那不可能持续吸引粉丝。

当你的原创文章写得足够多,时间足够长,微信公众号官方就会自动向你发出开通"原创"功能的邀请。之后,所有推送的原创文章都会带有属于自己的原创标志,标明作者和公众号来源,拥有设置转载的权限,能够有效避免被侵权的情况;当有别的公众号需要转载你自己的原创文章时,就会自动带上你公众号的来源,自然也是为自己的公众号引流。

另外,创作出优质的原创内容,在自己公众号进行推送时,吸引的不仅仅是前来关注的个人粉丝,还有一些同样在运营公众号的人,他们会主动把文章转载到自己的公众号上,这样就有了前面所说的带着来源进行引流吸粉。

(3) 技巧不可少

公众号内容怎么写才能吸引人呢? 可以参考使用下列一些技巧:

第一,题目吸引人。有人说,标题在一个成功的帖子中要占80%的地位;发帖子时,要把90%以上的时间用来写标题,10%的时间写内容。虽然这个说法有些夸张,但标题的重要性是毋庸置疑的。标题可利用人性的两大特点——好奇心和贪婪心,让每一个标题看上去都令人无法抗拒,立刻有想点开看的冲动。

第二,结构安排吸引人看完。例如有话题的内容,可以这样安排结构:

- 先提出一个确凿的事实;

- 进而用数字、照片、视频等一切能证明真实性的信息;

- 再明确自己的中心论点,我们反对什么、拒绝什么、希望什么;

- 最后强调这件事跟读者的关系,让读者读完后想表达情绪,有话想说。

第三,内容要充实,忌假大空。

- 内容有积极意义,当前热点事件的文章总是有吸引力的;

- 要写已经发生的事情,过程要具体;

- 语言简单不花哨,分析有理有据,用数据说话;

- 图表文并茂,特别吸引人;

- 总结要深刻,别写流水账;

- 接地气,让读者有代入感,普通人的故事或者名人在成名前的故事更让人有代入感;

- 字数不要太多,2000～3000字。

- 结尾不要忘了引导用户去做关注转发之类的下一步动作。

2. 引流吸粉的途径

(1) 建立 QQ 群或者微信群，吸引粉丝加入

最简单和最直接的引流吸粉途径是针对粉丝需求建立 QQ 群或者微信群，吸引粉丝加入。这个途径的重点是建立的 QQ 群或者微信群能满足粉丝需求，这样才能吸引他们加入。然后，进一步在群中推荐公众号、微博、网站、App 等，将群成员吸引成为公众号、微博、网站和 App 的粉丝。

(2) 通过媒体平台来引流吸粉

找些影响力大的行业媒体以及一些行业公众号大号投稿，投稿一旦被选中，粉丝会激增。

如果文章内容很好，可以在头条号、一点资讯这类分发＋推荐平台，以及百家、简书这类编辑推荐平台投稿，如果能被推荐，粉丝也会激增，不能被推荐，有头条和一点这样的分发机制，也能获得一些曝光，带来一些粉丝。

当然，在文章中需要提及你的公众号，不少平台不允许放二维码，且在文中放二维码也不方便读者扫，所以在文末文字加粗推荐，或者想办法把公号推荐植入文中，效果可能会更好。

(3) 通过百度类产品引流吸粉

百度系的产品拥有巨大流量，可以充分利用。即把微博、公众号、App 信息发布到百度知道、百度经验，或将整理的精华资料、干货分享到百度云、百度文库等。这么做，不一定会立竿见效，但是长期坚持会有效果。

百度系的产品审核比较严格，需要想一些比较巧妙的方式进行优化。例如不允许直接放二维码的话，可以在 PPT 底图、水印、页面内容里植入自己的信息，为微博、公众号、网站、App 等导流。

(4) 通过淘宝客产品引流吸粉

淘宝客是指帮助卖家推广商品并获取佣金的人。淘宝客从淘宝客推广专区获取商品代码，任何买家(包括您自己)经过您的推广(链接、个人网站、博客或者社区发的帖子)进入淘宝卖家店铺完成购买后，就可得到由卖家支付的佣金，所以淘宝客的推广可以被看作一种按成交计费的推广模式。

在淘宝客推广中，有淘宝联盟、卖家、淘客以及买家 4 个角色。他们每个都是不

可缺失的一环:淘宝联盟,是推广平台,帮助卖家推广产品,帮助淘客赚取利润,从每笔推广的交易中抽取相应的服务费用;卖家,是佣金支出者,他们提供自己需要推广的商品到淘宝联盟,并设置每卖出一个产品愿意支付的佣金;淘宝客,是佣金赚取者,他们在淘宝联盟中找到卖家发布的产品,并且推广出去,当有买家通过自己的推广链接成交后,那么就能够赚到卖家所提供的佣金(其中一部分需要作为淘宝联盟的服务费);买家,通过淘客的推广链接与卖家达成交易的人。

最受淘客欢迎的推广链接渠道是微信/QQ 渠道,形成所谓"微信 QQ 粉丝营销,淘宝成交"模式。据有关资料,每年淘宝客给阿里贡献 5%～10%的交易,按照阿里 2016 年 3.6 万亿元交易总额(Gross Merchandise Volume, GMV)算,那就是 1800 亿～3600 亿元。

这个模式也可以反过来使用,即利用淘宝客吸引粉丝。具体操作就是通过注册淘宝客,把淘宝高佣金产品当作赠品来赠送,吸引领取赠品的消费者成为粉丝。需要注意的是要寻找需求量大、成本低的产品作为赠品,如果赠品的成本太高,随着流量又快又猛增长,吸粉的成本也会又快又猛增长。

需要强调的是如果将粉丝导入公众号,最好让粉丝同时加个人微信号,将粉丝进行备份和转移,防止腾讯封公众号带来的损失。

案例16-3

腾讯与阿里巴巴的攻防战

2013 年 7 月 31 日,阿里巴巴与腾讯对外宣布相互封杀对方于微信平台上的第三方应用服务功能,至此,微信与阿里电商平台断绝了一切业务联系;2015 年 6 月 17 日,断交两年后的阿里巴巴发布了基于微信端的淘口令产品,首次从技术上突破封杀,"淘客"重新杀回了微信,"淘客"从微信导流赚取佣金的做法如同小贩与城管的游击战,腾讯和阿里巴巴双方均在不对外表态的情况下默许了此种特殊业务的"合作往来";2017 年 5 月 21 日,阿里妈妈(阿里巴巴公司旗下的一个互联网广告交易平台)向"淘客"发布了一条关于微信/QQ 渠道正常推广链接遭到屏蔽而无法打开的紧急通知,7 月 17 日,微信开始大规模清算封杀"淘客"微信账户,共计有数十万个淘客的微信账户在此次活动中被封,数量之多、规模之大、力度之强创历史纪录。

(5) 通过实体店和网店引流吸粉

如果粉主有实体店铺或者网店,那么实体店或者网店理所当然是引流吸粉的好途径。凡是来过店里的人,不管是看一眼或待几分钟就走的消费者,还是购买了商品的客户,都是流量,要想办法(比如赠送小礼品,或者享有特别优惠)让他关注网站、微信、公众号,成为粉丝,并将其从线下引流到线上。

店主也可用发货短信和营销短信推荐引流吸粉。发货短信除了保留快递公司、快递单号等重要信息以外,其他的规定字数都可以拿出来做微信号推荐,例如"您在××家购买的宝贝已发货,某某快递,单号多少,加微信:××××,发暗号"礼物"有惊喜哦!"

现在有不少商家将店内秒杀活动的营销信息与微信捆绑在一起,通过短信通知老客户有秒杀活动,并说明活动详情只在微信通知,这个对老客户有极大的吸引力。

在客户完成付款后或者是老客户回购时,可以让客服以快捷短语的形式推荐客户关注微信。

在引导客户做信息登记的时候,在登记公告处也可以加上微信推荐引流吸粉。

(6) 通过线下宣传媒介和线下活动引流吸粉

在产品外包装、产品说明书、T恤/广告衫、户外广告、公司宣传册、名片、商品吊牌、售后服务卡上和 Email 等线下宣传媒介中印制二维码引流吸粉。

线下活动也是引流吸粉的好途径。到线下发布会、讲座、会议聚会的人,通常都会围绕某个主题开展活动,所以这些人可以说是经过筛选、相对精准度比较高的用户,粉主可以利用线下活动机会,一来现场拉群进行交流,二来放上自己的二维码相互切磋,同时可以把实体店的优惠信息和活动相关的资料放在公众号里,让大家回复下载,粉丝想要优惠信息和活动资料,自然就会关注粉主。

(7) 通过网站引流吸粉

利用网上导航网站平台引流吸粉,即将公众号或微信群提交到这些平台上去。需求者在登录这些平台之后,可以根据分类找到你的推广标的,关注或加入。

可以利用微信导航网站引流吸粉。在百度上搜微信导航网站平台,把自己的微信公众号提交到这些平台上。微信导航网站自身就有很多流量,并且提交公众号后会被百度收录,从而大大提高曝光率,能有效吸引粉丝。例如搜狗微信是广大微信公众号运营者最常使用的微信导航站。一般大家都会在搜狗微信上搜索公众号,查看公众号推送的文章,了解某个公众号最近的发问情况等,让微信公众号这个闭环有了对外开放的窗口。搜狗微信也是一个提高你的公众号关注度从而间接吸粉的途径,你把自己的微信公众号提交到搜狗微信平台,利用搜索引擎的分类排序规则,让你的文章在搜索中更靠前,更引人注目,从而达到提升公众号关注度、间接吸粉的目的。

分类门户网站也是一个比较好的引流吸粉途径。例如58同城里面有很多真正转让二手闲置品的主妇,他们的手机号基本都开通了微信,可以从中挖掘收集电话号码再加微信。

(8) 通过视频分享引流吸粉

例如点击一个朋友圈的视频,常有当播放到精彩部分时,突然跳出一个分享截图页面,需要分享后,才可以继续看视频后面的内容的情况。视频公众号采用这个引流吸粉途径比较有效。

(9) 通过昵称和图片水印引流吸粉

无论是 QQ、微信号、公众号,还是论坛 ID 等,如果是要做推广,最好把昵称改成品牌名+真实姓名,这本身就是一种植入广告。通过微博、百度图片等方式把你打好水印的图片传播出去,从而引流吸粉。

(10) 手机通讯录、QQ、微信、微博、公众号、网站、平台、App 等互相引流吸粉

例如将手机通讯录、QQ 内的好友导入公众号,利用 QQ 和微信快速加公众号粉丝;微博互相推荐;微博大 V 推荐;微信公众号合作互推,微信互推的效果远比微博互推的效果好。

又例如现在有很多 App,例如交友 App、娱乐 App、新闻 App 等,每个 App 里有很多的潜在客户,如果能从这些 App 中挖掘粉丝,收获将很可观。

微信已经正式对外开放"超链接"功能,公众号运营者在更新图文消息时,可在正文中插入自己账号或其他公众号的文章链接。这一功能权限的放开能够进一步促进公众号之间、文章和文章之间的连接。一方面有机会让读者通过这层连接发现更多感兴趣的内容;另一方面也能满足公众号"分享和引用自己和其他公众号文章""整理某个专题内容"的需求。对于公众号运营者而言,这一看似简单功能的开放有重要意

义。此前,内容运营者们要互推,只有通过扫二维码等方式进行,现在则可以直接插入文章内容进行超链接互推。一篇文章可以插入多个链接,链接可以出现在文章的任何位置,并且与内容关联,这样一方面为粉丝提供更多信息分享渠道、为公众号文章带来更多流量,另一方面能增加用户黏性,提高转化率。

(11) 通过短信引流吸粉

群发短信曾经是引流吸粉的好途径,现在因为过度使用而不怎么受欢迎,特别是一旦被贴上广告标签,那么效果就很差了。

群发短信内容有意义才能吸引人。群发短信由于字数限制,可以在短信里面放置短链接,引导粉丝跳转到一地址,在该页面以图文并茂的形式引导粉丝关注微信公众号。

(12) 其他途径通过直播节目引流吸粉

例如,可利用亲人、朋友关系推荐引流吸粉,通过营销助手等工具软件引流吸粉。

引流吸粉的途径还有很多。网络上流传的这个面膜大叔的案例,尽管真实性存疑,但仍能带给我们一些启示。

案例16-5

面膜大叔如何将别人的线下流量引导成自己的线上流量

有位在微信上卖面膜的大叔,需要大量精准女性粉丝。他找到一个经常给写字楼送外卖的小哥,然后与他商量:"你送外卖的时候,如果是女士订餐,麻烦你赠送一张我们的面膜给她,并要求她扫描微信二维码加我为好友。"第一天测试,送出去200多张面膜,有150多人加她,而且都是精准的粉丝。

测试有效后,他就继续复制,后来又与写字楼附近的肯德基、麦当劳,还有一些送盒饭的快餐店合作。一个月时间,他就积累了5万的粉丝。

5万多的粉丝该怎么运用呢? 怎么把自己的面膜卖给这5万名粉丝?

为了增加自己的名气和信任度,他每天与粉丝们互动,通过观察把活跃的粉丝拉到一个独立的微信群里,每天交流护肤经验,不定期送红包,慢慢培养感情。预热了一个月,他觉得火候差不多了,就开始向微信群里的人推荐自己的面膜,第一天,他就轻松卖出了很多片面膜。

3. 引流吸粉的方法

引流吸粉的方法大致可以分为 5 类。

(1) 内容满足粉丝需求,吸引粉丝关注

内容为王,前已述及,不再赘述。

(2) 推销

广告当然是最常见的推销方法,但只有商家愿意花钱做广告推销,一般人没有经济实力也没法这么做。不花钱的推销方法包括以下几种。

第一,软文推广宣传微信公众号。行业经验、知识、技巧类的文章和行业数据分析类文章,图文并茂,一般能吸引用户观看,可在文章中引导用户关注公众号的信息。写好文章后,发布在各大和自己行业相关的网站、论坛上,也可以投稿到一些平台。

第二,利用热门事件营销推广。如每天查看以下几个排行榜来获取热点。

- 百度风云榜;
- 百度搜索风云榜;
- 搜狐、新浪、网易等各个门户网站新闻的热点排行;
- 热门新闻每周排行;
- 搜狐网评排行榜;
- 百度贴吧热门帖;
- 天涯和虎扑等社区热门帖;
- 今日头条、搜狐新闻客户端等平台上的热点。

然后按热点构思内容,润色后形成文章,发布在公众号。持续性的热点事件跟进,是吸引粉丝关注的重要方法。

(3) 利诱

利诱方法包括以下几种。

第一,资源诱惑。一些电影、视频、图片、工具或方法,对于某些群体来说具有很大价值。如果拥有这方面的资源,可以将准备好的资源加上下载密码,放到某个云盘或库里。有需求者想要得到这些内容,为其设定交易条件。比如要求有需求者转发微信公众号内容,并关注微信小号,以此来索取下载密码。这个方法让他免费帮你进行传播,使你获得了关注。如果是一些文字类的干货内容,可以先分享一部分出来,需要看到完整版或更多其他干货,就让他加你微信。当然,通过微信群或朋友圈来引流,可以把链接或公众号名称以分享福利的形式发到群里。

第二,红包诱惑。哪里有红包,哪里就有流量。人们对于红包是缺乏免疫力的。用红包来进行操作、引导、促销、转化,可以说是一个屡试不爽的撒手锏。常用套路是,关注微信公众号后,只要转发到朋友圈,就可以到小号来凭截图领一个红包。或者分享到 3 个微信群、100 个好友,就可以凭图领取。

还可以通过技术开发手段来助力红包营销。比如炬然科技就曾开发过一个红包程序,关注公众号之后,只要每天往自己的朋友圈或微信群分享三次,就可以自动获得系统后台派发的红包。

当然除了红包,类似的形式还有小礼品、积分、优惠券等,殊途同归。

需要特别说明二维码红包。二维码红包主要用于实体店线下引流,精准吸粉。活动操作步骤如下。

- 账户充值足额活动资金。
- 设置规则:设置活动标题、红包发放模式、扫码金额(最低为 1 元)、用户扫码次数、活动时间、二维码数量(最少 1000 个)、领取红包的关键词、用户可参与活动的次数。规则一经设置,不要修改。
- 生成二维码,批量下载二维码,打印二维码。
- 线下吸引用户扫码。
- 用户扫码关注,输入红包关键词,领取红包。

(4) 借力

具体方法包括如下几种。

第一,群、公众号或者平台互相推荐,甚至可以建立推广联盟。

第二,亲朋好友推荐。

第三,借用名人或者有影响力的人的力量。例如一个企业家关注并且推荐你,该企业很多员工会关注你;一个群主关注并且推荐你,该群的成员很多会关注你;一个大 V 转发你的文章并且推荐,你的粉丝会迅速增长。因为名人总是自带流量,如果能让名人大腕把你的文章推荐到自己圈子或他的博客里,你的流量也就来了。

第四,借助搜索平台。

借助搜索平台的力量,就需要使用一些技巧,否则如果不付费,你的文章会陷入搜索的汪洋大海,很难被人发现。

例如借视频搜索,首先去百度里搜索视频资源,将其下载下来;然后利用软件把自己的微信号、QQ号、公众号等植入视频屏幕下方,再设置很多不同的关键词标题去各大视频网站上传这些带有粉主微信号、QQ号和公众号的视频;当用户搜索粉主设置的某个关键字时,粉主的视频就会排名靠前;当别人在观看视频时,也就看到了粉主的微信号、QQ号和公众号。

又例如借助搜狗微信提升公众号的关注度。首先要了解一个概念——SEO,SEO是由英文 Search Engine Optimization 缩写而来,中文意译为"搜索引擎优化"。SEO是指通过站内优化,使网站满足搜索引擎收录排名需求,在搜索引擎中提高关键词排名,从而吸引精准用户进入网站,获得免费流量,产生直接销售或品牌推广效果。可见要让自己的文章排名靠前,需要熟悉搜索引擎的分类排序规则,知道了这些排序规则,就可以在日常运营公众号的时候运用起来,让你的文章在搜索中更靠前,更引人注目,从而达到提升公众号关注度、间接吸粉的目的。那么对于搜狗微信这个日流量庞大的专业微信公众号搜索引擎,又有那些排序规则呢?

● 认证的优先于未认证的。

● 关键词:人们是按关键词进行搜索,平台搜索时,会根据搜索出来的文章标题所包含的关键词的位置来进行排序,因此运营者在给文章标题起名的时候一定要深思熟虑。此外,搜狗微信也会抓取功能介绍栏里的关键词,因此在公众号功能介绍栏里多放一些搜索量较高的词,被别人看到的机会就会增加。

● 新鲜度:越新鲜的排序越靠前。新鲜度是指在搜索同一个关键词的情况下,同样未认证的公众号,搜出来的文章标题关键词都在前面,那么谁发布文章的时间较靠近搜索的时间,谁的文章就排在前面。这点规则在实际操作上并不好掌握,不过确实在中午12点左右、下午6点到晚10左右都是流量较高的时候,选择在这些时间点前发布文章,应该会让你的文章和公众号排名更靠前。

● 借热度:这也是目前很多人都在用的方式,比如公众号起名蹭一些知名大号的热度,文章标题起得和当日爆文差不多,在搜索的时候很可能你的文章和公众号就会排得很靠前,这样就可以获得非常大的曝光量。

(5) 互动

互动不仅是吸引粉丝的好方法,也是提升粉丝黏性和活跃度的好方法。我们在下面部分详细叙述。

(二) 提升粉丝黏性和活跃度

提升粉丝黏性和活跃度的关键是让粉丝"动起来",不做安静的观众。提高粉丝黏性和活跃度,首先也是最关键的一点是靠内容,如内容接地气、亲民、有情感、满足需求、文字有趣、有代入感等。除此之外,还可以采取下列方法提升粉丝黏性和活跃度。

1. 互动游戏

互动游戏的好处就是粉丝参与感强,而且你也可以不用设置奖励。一个好玩的游戏不需要怎么花费就可以在朋友圈里获得大量的转发和参与。

2. 粉丝参与活动

例如,作为一个大众媒体,《旅徒》的做法不同于其他媒体,他们并不仅仅是吸引粉丝的关注,而是把旅游爱好者聚合在这个平台上,每个粉丝都是参与者,可以分享故事,分享旅行经验,传播旅行的知识,通过这种内容平台的搭建,形成一个旅行爱好者的交互平台。《旅徒》的拍摄内容很多由旅行达人上传,由旅行爱好者评定,从话题设置到节目样式,都由达人实现;旅行达人的活跃参与,也会吸引他们周围的粉丝和喜欢他们的人,这样不仅实现了聚合粉丝,还有效提高了粉丝的黏性和活跃度。

3. H5 页面

H5 页面就是 HTML5 页面,指万维网的核心语言、标准通用标记语言下的一个应用超文本标记语言(HTML)的第五次重大修改。HTML5 的设计目的是为了在移动设备上支持多媒体。H5 可以说是大火特火。个人可以利用一些第三方的免费 H5 平台来制作一些简单的 H5 页面,例如使用"秀米""MAKA"等可以制作非常精美的 H5 页面。

4. 利用趣味测试游戏吸引用户关注

趣味测试游戏就像谜语一样,有一个有趣的故事,用户看完后迫切地想知道答案是什么。粉主可以把答案公布在微信号、公众号上面,如果用户想知道答案就得关注你的微信公众号。这是"逼"着用户去关注,可是效果却很好,因为人人都有好奇心理,不知道答案会难受。

5. 投票

投票这种方法这几年特别流行。有两种类型的投票:一种是就公众号文章内容进行投票,例如列出几种观点或者方案,让粉丝投票选择支持哪一种观点或者方案;第二种是比较专业的投票活动,例如选最美教师、最受欢迎的医生、作品比赛票选等。策划一场投票活动,可能在不知不觉间就会吸引好几万的粉。操作的流程如下:首先,搭建一个投票系统和公众号进行对接;然后,制订方案细节,比如说奖品、规则等;接着,线上、线下同步宣传,推广;最后就是等人家报名。参与者想要获得奖品或奖金,就需要拼命拉票。帮忙的人要给参与者投票就需要关注公众号,这就形成了一个裂变,将参与者以及他周围的亲朋好友都给圈进来了。但是,被强拉或者欺骗拉来的粉丝一般缺乏黏性,会影响投票活动的口碑。

价值经营(3): 让粉丝成为消费者,实现粉丝价值变现

粉丝模式的核心就是要将潜在的粉丝价值变现。如果只是单纯吸粉增粉而不谋求变现,那么不能称之为商业模式。

将粉丝价值变现的模式与粉丝价值的表现形式息息相关,但视角不同,前者是站在商家视角,后者是站在粉丝视角。前面说过,将粉丝价值变现涉及两类主体:粉主及其公司;其他商家。二者的区别在于:粉主及其公司自然具有得天独厚的优势,目标是既要开发粉丝价值,又要利用粉丝扩大自身价值,并且努力实现两个价值的变现;而其他商家的目标则是如何开发利用粉丝价值并将之变现。

(一)明星粉丝价值的变现模式

将明星粉丝价值变现的模式具体可描述成下列两种。

1. 将自己的粉丝变现

即先有比较多的粉丝,然后通过各种方式将粉丝变现。具体变现的模式可以分为两大类型:一是直接模式,即直接对应粉丝的价值形式进行变现,将粉丝转化为

购买力,粉主的变现收入直接来自粉丝。例如粉丝要购买什么,明星和偶像就卖什么。二是间接模式,即利用粉丝力量间接变现,粉主的变现收入不直接来自粉丝。例如明星和偶像为产品打广告,收入来源于广告主,但广告主之所以请明星和偶像打广告是因为明星和偶像有巨大的粉丝群,广告主看重的是明星和偶像在粉丝中的号召力,所以明星和偶像的广告收入可以被看作明星和偶像粉丝的间接变现方式。

(1) 直接变现模式

直接变现模式包括以下几种。

①销售音乐作品、演唱会或者见面会门票、彩铃下载、卡拉 OK 中点歌版税、各种音乐和视频平台下载和观看收入。这是最常见的直接变现模式,也是最传统的直接变现模式。

②开店。开店是将粉丝转化为购买力最直接的一个方式。这个模式是从娱乐圈明星开店开始的,周杰伦、李晨、罗志祥等人均开有自己的时尚潮店,以自己的穿着品位打造潮人时尚,创立时尚品牌,主要面向粉丝营销,获利不菲。

后来吸引大 V 和其他各种各样的网络红人加入。罗振宇(罗胖)2012 年与独立新媒创始人申音合作打造知识型视频脱口秀《罗辑思维》,仅半年时间,《罗辑思维》便由一款互联网自媒体视频产品逐渐延伸成长为全新的互联网社群品牌。随着《罗辑思维》的粉丝达到一定数量,罗振宇又开通了微信公众号《罗辑思维》,在公众号里开设微商城,粉丝可以在这里购买实物和虚拟产品,从而成功让公众号为其盈利、变现。

"网红"开店也属于这种模式。网红店铺以红人的品位和眼光为主导,进行选款和视觉推广,在社交媒体上聚集人气,依托庞大的粉丝群体进行定向营销,从而将粉丝转化为购买力。

③授权使用和销售。即明星授权商家可以在产品(服务)或者产品(服务)销售过程中使用其名称、昵称、肖像、口号等进行营销,明星享有相应权益。

④粉丝打赏。粉丝通过平台给网红送虚拟礼物,或者直接现金打赏。直播视频的网红主播,其主要收入就是靠粉丝赠送虚拟礼物,如鲜花、蛋糕、跑车、飞机等,不同物品对应价值不同的虚拟货币。粉丝打赏的一次性金额可能很高,有些"任性"的土

豪为了某网红主播砸数百万打赏的新闻报道时有出现;粉丝打赏的一次性金额也可能很小,一般靠短视频或者文字图片内容打动粉丝打赏的数额都相对较小,但日积月累,粉丝打赏总数也不容小觑。

⑤销售会员资格,等等。

(2)间接变现模式

间接变现模式包括以下几种。

①广告。广告是典型的粉丝间接变现方式。一般知名度越高,明星的广告费越高。除了传统的承接广告方式外,粉丝点击链接广告是现在流行的粉丝变现的直接方式。以 Papi 酱为例,2000 万的微博粉丝,假设只有 1/10 的点击率,每个点击按照 0.1 元计算,她的一个链接广告推送就能赚取 20 万元的广告费,其吸金能力非同一般。

②形象代言。形象代言也是典型的粉丝间接变现方式。明星、偶像、网络红人是最受商家欢迎的形象代言人。粉丝越多,其形象代言收入越高。

③参演影视作品。传统意义上,影视明星自然是影视作品的主演角色,但现在越来越多的偶像"小鲜肉"进入影视市场抢角色。既非科班出身,又不是天赋型演员,"小鲜肉"表演底子显然比较薄弱,因此演技很差。有媒体这样描写小鲜肉:《夏有乔木雅望天堂》里,吴亦凡全程高冷面瘫脸,表演基本靠吼;《怦然星动》里,李易峰无论生气、高兴、难过、惊讶,都只有瞪眼睛一个表情;《在世界中心呼唤爱》里,欧豪一直用淡如白开水的台词表现内心情感,配套的是不停流泪、不停奔跑、不停地对天咆哮……空洞的眼神、浮夸的表情、僵硬的肢体动作、像小学生背课文一样的台词,构成了银幕上"小鲜肉"的演技群像。虽然演技广受批评,但丝毫不影响"小鲜肉"们演出的身价。飞天影业董事长李斌透露,2016 年公司本想请吴亦凡拍电影,结果其经纪公司直接发话,片酬至少 1 亿元起,"经纪公司通过各种营销运作,助推艺人片酬虚高,这让我们制片方很尴尬"。"小鲜肉"们演技很差价格很高,但为什么越来越多的影视作品仍执意请"小鲜肉"们出演呢?原因很简单,是"小鲜肉"巨大的粉丝群吸引了制片人和导演。根据易观智库的统计,中国电影票房中的 85% 来自 35 岁以下的年轻观众群体,他们的欣赏品位会对电影投资方和创作者产生直接影响。越是明星云集、场面华丽、善于宣传造势的影片越是卖座。首都电影院副总经理

于超分析,"小鲜肉"知名度高,选择这样的演员能取得更好的宣传效果和公关效应,从而帮助影片从上映之初起就能获得较高关注度,使影片取得更好的票房成绩。① 尽管实际票房数据可能打脸,然而制片人和导演却仍然热衷于请"小鲜肉"出演。

另外,网络影视媒体异军突起。网络影视媒体由于门槛低,互动性强,具有很强的大众草根娱乐性,深得年轻人的喜欢。越来越多的年轻人,从不看电视,也很少去看电影,而更多地选择观看网络电视剧、网络电影。因此有很多粉丝群体的各种偶像、"小鲜肉"、网红,都开始频繁出现在网络影视作品中,他们在大幅度提高网络票房和点击率的同时,也为自己带来了可观的粉丝变现收入。

④参加选秀和娱乐节目。2004 年,《超级女声》这个选秀节目横空出世,独特的晋级模式,任性的嘉宾点评,开放的全民互动,让《超级女声》承载了许多娱乐之外的东西。2005 年第二届《超级女声》不仅捧红了李宇春、张靓颖、周笔畅三位优质偶像,而且更重要的是将粉丝模式的威力发挥得淋漓尽致,从此宣示了国内综艺新时代的到来。自此之后,选秀和娱乐节目就成为吸粉和创星的最重要舞台。

选秀和娱乐节目不仅是新星创造和吸粉的舞台,同时也是老明星提高人气、增加粉丝,并且将粉丝价值变现的舞台。例如演员刘涛虽然出演过很多影视作品,但始终红而不透,2016 年参加《跨界歌王》节目,才使其粉丝暴涨,人气大增,成为大红大紫的明星。她不仅收获了可观的出场费,而且商业演出和广告代言价格都大幅上涨。又例如汪峰虽然是音乐才子,却因为草根歌手旭日阳刚组合唱红了其作品《春天里》才名声大噪,而使其人气被推到所谓"半壁"高峰的却是其作为导师参加《中国好声音》节目及"帮汪峰上头条"这个游戏式的话题引发的一场全民狂欢的娱乐盛宴,结果是汪峰不仅收获了不菲的导师出场费,同时打破港台垄断,成为千万票房俱乐部的首位内地音乐人,并且还顺势推出耳机品牌,深度开发粉丝价值。

在现实生活中,多种粉丝变现的模式会被综合使用。我们以网球运动员李娜为例来说明。

---

① "小鲜肉"缺乏演技 表演不过关却拿上亿片酬[J].北京日报,2016 - 09 - 01.

案例16-6

退休后李娜的商业世界

李娜是我国网坛的骄傲,她在 15 年网球生涯中曾 21 次打入过 WTA(国际女子职业网联)女单比赛的决赛,并获得了 9 个 WTA 和 19 个 ITF(国际网联)单打冠军,总战绩为 503 胜 188 负,胜率高达 72%,在 2014 年 9 月 18 日以世界排名第六的身份退役,可谓功成身退。一般来说,一名网球运动员,不管你以往成绩有多么的辉煌,退役后的年收入都会比退役前要低上不少。但李娜却不一样,虽然退役已经有 3 年,但据李娜的经纪人马克思泄露,在 2016 年李娜的收入照旧超过了 2000 万美元。来自福布斯杂志的一项统计显示,李娜职业生涯最后一个赛季球场上收入超过 200 万美元,场外收入是 1800 万美元。也就是说,李娜退役后的收入丝毫不比当球员时逊色。那么李娜能在退役这么多年后照旧坚持如此高产的秘诀又是什么呢?答案是粉丝!都知道李娜是我国网坛的标志性人物,在 2011 年法网决赛李娜打败意大利人齐亚沃尼夺得大满贯往后,她顿时成为国内人尽皆知的人物,在 2014 年赢得澳网亚军后,李娜的微博粉丝数超过了 2300 万人,退役后人气照旧。正是依靠其巨量的粉丝,李娜在退役后依旧是吸金王,包括耐克、奔驰、劳力士等诸多奢华品牌纷纷找到李娜为其代言。此外,李娜还在创造自己的商业项目,例如李娜的自传将被拍成电影,与耐克保持合作,对方推出李娜个人系列。不得不提的是,李娜还亮相中国真人秀节目,还打算在中国创办自己的网球学校。2017 年 3 月,在武汉单价最高达每平方米 6 万余元的楼盘旁,李娜的网球主题餐厅开业迎宾。李娜有一个更大的梦想是打造一个李娜乐园,乐园有餐厅、酒店和温泉度假村等。李娜所做的这一切,都是成功将粉丝变现的体现。

2. 将他人的粉丝转化为购买力

这是指商家请有众多粉丝的明星、偶像、名人、企业家、领导人、大 V 博主,或者有颜值、有专长的网红等粉主做广告,或者聘请其为形象代言人,为企业产品促销,吸引这些粉主的粉丝来购买产品的粉丝变现模式。

案例16-7

韩都衣舍成功将明星的粉丝变成自己的客户

韩都衣舍电商集团创立于 2006 年,被誉为韩风快时尚第一品牌,凭借"款式多,更新快,性价比高"的产品理念,深得消费者的喜爱和信赖。2012—2016 年,韩都衣舍在国内各大电子商务平台,连续 5 年行业综合排名均排第一。2014 年,韩都衣舍女装取得了天猫历史上第一个全年度、双十一、双十二"三冠王",男装取得了天猫原创年度第一名,童装取得了天猫原创年度第三名。2016 年 7 月,公司股票成功上市,成为互联网服饰品牌第一股。

韩都衣舍创始人赵迎光曾在接受媒体采访时坦言:"我不懂时尚,女装、男装我根本就不了解。"然而,就在这样一个"不懂时尚者"的带领下,韩都衣舍却时尚味十足。其成功的原因之一就是请明星代言。

2014 年 4 月 1 日,赵迎光宣布,韩都衣舍正式签约"全民女神"全智贤为形象代言人。同年 10 月 15 日,韩都衣舍正式公布韩国男星"国民弟弟"安宰贤成为韩都衣舍旗下韩风快时尚男装品牌 AMH 的代言人。2015 年 3 月 20 日,韩都衣舍与有"亚洲女神"之称的韩国当红明星朴信惠签约,请其代言韩都衣舍品牌,韩都衣舍成为中国第一家同时拥有三位国际明星代言人的互联网企业。2017 年由于韩国政府一意孤行部署"萨德",导致中韩关系受损,2017 年 9 月韩都衣舍宣布签约古力娜扎成为韩都衣舍代言人,古力娜扎是首位韩都衣舍签约代言人的中国明星。

明星代言,让韩都衣舍迅速成为知名品牌,明星们的粉丝自然为韩都衣舍的销售贡献多多。

(二) 非明星粉丝的价值变现模式

非明星粉丝因为规模有限,成员主要由理智粉组成,粉主地位大大弱于明星,所以其价值变现模式与明星粉丝的价值变现模式有些不同。

1. 靠内容变现

这是指依靠满足粉丝需求的服务内容变现。内容变现的关键是专注在一个垂直细分领域,做好自己的原创内容。具体变现的形式包括以下几种。

(1)打赏。粉丝认为内容对自己很有价值后打赏回报粉主。通常直播平台的服务主要依靠粉丝打赏来维持运营。

(2)付费社群。在专业领域,例如医疗、律师、汽车改装等领域,一旦粉丝认可粉主身份,是愿意付费与粉主交流的。当然也可以从免费的方式逐步过渡到付费社群,比如前 30 个人进群免费,30 个人以上则收费 9.9 元之类。

(3)直播课堂。直播课堂可以看作网络有偿培训的一种形式。粉丝可在千聊、知乎 live 等平台上面,开通自己的直播课堂。这样的课程通常就是一个小时的时间,整理知识点并用语音跟粉丝交流,持续放在架上收费。

(4)有偿提供干货档案。就是帮粉丝搜集整理有用的干货档案,既方便粉丝使用,同时又能为粉丝节省时间。

(5)会员费。如果内容有吸引力,会员费或者 VIP 会员费是比较好的变现方式。

2. 靠粉丝规模变现

如果粉丝具有了一定的规模,则可以通过下列方式变现。

(1)卖广告。如果粉丝达到一定规模,就能吸引商家投放广告。在微信、QQ、公众号等大流量的地方,都可以卖广告。也可以加入广告联盟,获得广告收入。需要注意的是卖广告通常会引起粉丝的反感,卖多了会导致粉丝的流失。

卖广告的最高境界是广告做得好,让粉丝都成为广告的媒介节点,这就是所谓的"去广告媒介中心化",即把所有的粉丝和产品用户都变成广告传播主体。广告主不再按照传统媒介产品付费或者按点击率付费,而是按转发率付费,每一个广告的点击阅读者也可以变成广告的转发推广者,并从中获益。

更绝的是直接将广告做成服务的核心内容,这当然需要很高的广告写作水平。例如王左中右这个公众号专门以发广告为主。在关注了王左中右这个公众号后,粉丝收到的第一条问候语就是他坦率十足地自白:"广告是我做这个号的收入来源,我最大的乐趣之一就是把广告写得好玩有看头,如果你讨厌广告,就取关我吧。"王左中右的第一篇广告是为大众汽车写的《才发现吴承恩在西游记里埋了这么大一个伏笔》,这篇软广获得了大众的认可,成了爆文,自此之后该公众号中的广告就再没间断过。

（2）游戏导流。即成为游戏导流入口而获得收益。

（3）电商平台导流。即成为各种电商平台导流入口而获得收益。

3. 靠延伸销售产品变现

这是指以内容赢得粉丝信任，向粉丝销售相关产品获得收益。具体形式包括以下几种。

（1）卖相关产品。即服务内容讲美容的，卖美容产品；服务内容是讲服装搭配的，卖搭配服装；服务内容讲摄影的，卖摄影产品；服务内容是园林艺术的，卖园林产品；等等。

粉主如果出版了著作或者教材，可以直接销售电子书。

（2）开网店。开网店比单纯卖产品能给粉丝提供更好的服务，虽然成本更高，但获利前景更好。例如映客星座类第一网红邱婷，坐拥 35 万粉丝，她不像大多数直播节目依靠粉丝打赏和广告获得收益，而是依靠直播节目吸引粉丝，将粉丝的打赏用作粉丝的奖励支出，通过开网店来变现。

（三）品牌产品粉丝的价值变现模式

产品粉丝本来就是产品的购买者和用户，所以产品粉丝的变现不是问题，重点是如何持续吸引粉丝，让粉丝重复购买和延伸购买，而要做到这一点的关键是产品要持续创新。

喜新厌旧是人之常情，粉丝忠诚度的构建与维护也离不开这一人性本能。所谓变化，可以细分为两类：一类是对传统产品或服务的颠覆，一类是对自己的创新产品或服务的多次推陈出新。

美国 2014 年大火的短裤品牌 Chubbies 只有一个款式，而且售价高达 50 美元，却很快卖到了 40 多个国家和地区，在美国的单日销售量则超过了 2 万条，并成为 2014 年美国不可忽视的流行趋势。Chubbies 吸引众多粉丝的奥秘，说出来会让很多人大跌眼镜——这竟然是一款在冬天穿着的大裤衩！Chubbies 的官网，长期招收校园大使，要求必须是大学生，最好是常春藤名校里最优秀的学生。这项全年无休且无报酬的招募，竟然吸引了每天少则几十、多则数百的大学生前来申请。显然，Chubbies 能够创造粉丝，并让粉丝为之疯狂的秘密就在于冬天穿短裤这一令人匪夷所思的颠覆传统的创意。这属于上述第一类变化。后来,很多时尚大牌也推出了类似 Chubbies 款式的短裤。

第一类变化相对容易做到,而要做到第二类变化则要难得多。毕竟,经常性地推陈出新并不是一件容易做到的事。一旦你做不到,厌倦了的粉丝们很快就会弃你而去。比如,基于 LBS(地理位置服务)的社交网站 Foursquare 最初推出的一系列激励机制,包括勋章、市长头衔等,让人眼前一亮,很快吸引了大量粉丝,粉丝量突破了2000 万大关,服务也迅即扩展至多个国家和地区。但是,慢慢地人们开始对一成不变的激励机制感到厌烦,而未能推陈出新的 Foursquare 很快就衰落了。

即使是苹果这样鼎鼎大名的产品,一旦创新缺乏,其粉丝也会不买账。iPhone 8因为在外形和配置上创新不足,与 iPhone 7 的区别度不够,销售量大不如从前。

除了传统特色产品,其他类型产品都要不断推陈出新,电子产品尤其如此,这是留住产品粉丝的关键所在。

第十七章　朋友圈路径模式的商品价值经营方法

中国人大多喜欢交朋友,所谓"有朋友自远方来,不亦乐乎"。但在中国传统文化中,"赚朋友的钱"似乎有些不那么厚道,那么朋友圈模式可行吗?如果可行又该如何进行价值经营呢?朋友圈模式是否一定是传销模式或者骗局呢?

朋友圈经营模式的概念和类型

(一) 朋友和朋友圈经营模式的概念

1. 朋友

在传统意义上,朋友是指在特定条件下由双方都认可的认知模式联系在一起的不分年龄、性别、地域、种族、社会角色和宗教信仰的相互尊重、相互分享美好事物、可以在对方需要的时候自觉给予力所能及的帮助的人及其持久的关系,其最高境界是知己。所以朋友关系是一种很特别的人际友情关系。

不过在社交网络的世界中,朋友的含义更加泛化。刚刚认识的人,加个微信,就可以互相成为朋友圈中的一员。所以朋友圈中的朋友与传统意义上的朋友有很大不同。

我们可以将朋友圈中的朋友按熟悉程度和情感关系分为 3 类。

(1) 好朋友。彼此很熟悉而且感情很好的人,属于传统意义上的朋友。人们津津乐道的所谓"闺蜜""哥们"属于此类。

(2)一般朋友。彼此熟悉而且有好感的人,属于在工作和生活中可以互相支持的朋友。一般朋友如果频繁联系和交往,感情会变得深厚,就会变成好朋友。

(3)名义上的朋友。彼此认识还没有建立感情关系就被拉入朋友圈的人,属于名义上的朋友。时间一长,如果名义上的朋友彼此不联系不交往,就会再次成为陌生人;而如果彼此经常联系和交往,就会成为熟人,升级成一般朋友。

上述3种朋友中,好朋友最为难得,个人关系价值最大,但人数很有限。从朋友圈经营模式角度看,最有价值的或者说最应看重的却是一般朋友,因为好朋友人数太少,而一般朋友关系,建立难度中等,人数比较多甚至可以变得很多,所以应用价值高。至于名义上的朋友,只有"凑人数"的价值,即显示朋友很多的价值,在商业上并没有太大的实际应用价值。当然,名义上的朋友还具有潜在可转变成"一般朋友"的价值。

2. 朋友圈经营模式的概念

什么是朋友圈经营模式呢?

朋友圈经营模式是指通过朋友圈进行产品营销的经营模式,包括向朋友直接推销产品或者通过朋友向其他人(朋友的朋友或者朋友的熟人)推销产品。

微商是一种典型的朋友圈经营模式。微商是通过微信、微博、QQ空间等社交软件以熟人社交为纽带的基于移动互联网的新商业模式。

我们要强调朋友圈模式并不就是传销模式,尽管传销模式很喜欢利用朋友圈模式开展活动。

任何企业都必须高度重视朋友圈模式。想一想,微信和QQ上的注册用户有多少亿?现在人们已经越来越离不开微信、QQ、陌陌等社交网络工具,基于社交网络的朋友圈经营模式自然值得经营者高度重视。

(二)朋友圈模式的类型

朋友圈模式可以按不同的标志进行分类。

1. 朋友圈的 B2C 模式和 C2C 模式

朋友圈模式分为 B2C 模式和 C2C 模式。

(1) B2C 模式

B2C 模式是指由货物供应企业(包括生产商、经销商)提供一个在社交网络上搭建的统一企业销售网络,直接面向消费者,负责产品的管理、发货与产品售后服务。

(2) C2C 模式

C2C 模式是指社交网络上个人端实现商品的社交分享、熟人推荐与朋友圈展示等。例如微客分享商品链接到朋友圈、微博、QQ 空间等社交化媒体上,通过熟人关系链实现口碑传播,一旦有人通过该链接进行交易,微客就能自动分账获得佣金或者提成。

C2C 模式可以独立存在,例如国外代购就是独立于产品供应商的 C2C 模式。C2C 模式也可以与 B2C 模式结合,成为 B2C 模式营销网络的一个部分。当 C2C 模式与 B2C 模式结合时,产品的品质、物流和售后服务都由产品供应企业提供保障。

2. 朋友圈的代理模式和直营模式

朋友圈 B2C 模式进一步可以细分为代理模式和直营模式。

(1) 区域代理模式

代理模式是目前流水量最高的模式,也是受外界诟病最多的模式,很多人认为朋友圈营销就是找代理,然后就会被扣上传销的帽子。实际上,朋友圈代理模式只是线下代理模式的一个延伸。

在传统销售模式中本来就存在线下代理模式,而朋友圈代理模式只是将传统的线下代理模式延伸到社交网络上而已。在传统的线下代理模式中,一个公司可能在全国有 10 个大区或者省级总代理,每个总代理下面平均有 10 个一级市代理,每个一级代理又平均有 10 个经销商,那么该公司总计就有 1000 个经销商。在社交网络上,如果每个经销商有 2000 个好友(微信好友的限制人数是 5000 人),那么理论上公司就有了 200 万的潜在客户资源。代理模式是集中管理的模式,是非常高效的模式,因为你不需要太多的好友,就可以实现比较可观的账面流水。

真正的代理商模式不会无限发展代理层级,因为利润率的高低决定了代理层级的数量。随着代理层级数的增加,产品的利润会越来越低,产品价格的竞争力会越来越弱。所以代理模式应该类似于线下代理模式,按区域进行代理分级。只是朋友圈是基于社交网络建立的,区域的界限是模糊不清的,企业只能希望各地的代理商主要面向当地的朋友提供服务。

不要把代理模式简单地与传销模式画等号。代理模式中各级代理的收入来自产品出厂批发价与市场正常销售价格的差价。如果产品的市场正常销售价格保持固定（可以这样理解：高于某个价格会使产品在市场上失去竞争力），出厂批发价保持相对固定（出厂批发价可能根据销售量分成等级，但对应一个销售量范围，出厂批发价是固定的），那么各级代理商在一件产品上的代理总收入是固定的，代理层级越多，上级代理商给下级代理商的代理费越多，自己留下的就越少。也可以这样理解：在真正的代理模式中，下级代理商的收入来自上级。这正是代理模式与传销模式的一个根本区别，因为传销模式是"拉人头"的营销模式，上级代理人的收入来自下级代理人，下级拉的人头越多，上级代理人收入越高，所以传销模式的层级理论上可以无限发展，而且越多越好，这样就构成了所谓病毒传播的致富模式。

（2）直营模式

直营模式就是直接销售的模式，即直接从企业到客户，不会有中间代理。企业可以建立自己的朋友圈，直接面向朋友圈的朋友销售产品。

对于毛利比较低的产品，例如生鲜水果类，因为产品利润比较低，无法做代理模式，那么直营模式就是一种比较好的选择。当然如果能将产品通过朋友圈直接批发销售给当地的零售商，那么产品的销售量会比较可观。需要说明的是，这些零售商朋友不是代理商，而是经销商。"卖荔枝的龙眼妹妹""卖瓷器的雨灵"等采用的都是这种模式，因为他们的荔枝和瓷器等产品质量确实不错，在经过推广和销售了几百份之后，产生了一些批量采购的朋友。而这些批量采购的朋友，以后便能成为企业常年的采购客户。

3. 朋友圈模式的混合使用

朋友圈模式可以混合使用，具体包括下列一些情形。

（1）朋友圈 B2C 模式与 C2C 模式相结合。即企业向作为朋友的商家 C 营销，而商家 C 向作为用户的朋友 C 营销。这种前已述及，这时候 C2C 模式是 B2C 模式在朋友圈的延伸。

（2）朋友圈 B2C 模式与淘宝等其他电子商务模式相结合。不要将朋友圈模式与淘宝等电子商务模式对立起来。事实上，通过朋友圈将淘宝的客户变成朋友，会产生令人惊喜的效果。因为淘宝最大的特点是可以通过各种方法来获取客流，而朋友圈则擅长留住客流，提高重复购买率。

（3）朋友圈 B2C 模式与线下销售模式相结合。即线上线下结合的所谓 O2O 模式。O2O 模式即 Online to Offline(在线离线/线上到线下)模式,指将线下的商务机会与线上互联网结合,让互联网成为线下交易的网络平台。例如成衣定制品牌 Z-studio 采用的就是这种线上线下结合的朋友圈模式。

案例17-1

成衣定制品牌 Z-studio 的朋友圈模式

成衣定制品牌 Z-studio 的定位是时尚成衣定制。对于很多女性来说,买衣服比男性要麻烦得多,除了大小,还要看腰围、胸围等。这些都符合了,还要看这种衣服是大众还是小众,因为撞衫实在是一件令人非常尴尬的事情,尤其对于女孩子来说。

定制,可以解决这样的问题,尤其是对于一些需要参加重大活动的女性来说。顾客可以到 Z-studio 的实体店进行量体,然后 Z-studio 的设计师根据顾客的需求,在现有版式的基础上,进行非改版的修改。比如顾客喜欢一件原创的连衣裙,但想修改袖子的长度,这时就可以进行个性化定做。创始人周琼说,除了尺寸大小的修改,衣服的色调也是可以调整的。这样同一件衣服,就会有很多的组合,来满足顾客的多样化需求。

由于定位的是小众,在市场的推广上需要差异化。又由于还在创业阶段,靠砸广告肯定是不太现实的。于是,Z-studio 选择了朋友圈的营销方式。简单来说,创始人周琼在北京开了四家 Z-studio 门店,不管是前来逛的顾客,还是已经购买的顾客,都可以在店里扫描创始人周琼的微信,加为好友。对于添加的好友,Z-studio 会给予一些奖励,例如送一个腰带或者其他礼品。添加成功的朋友,如果在微信朋友圈分享 Z-studio 的照片,还会被给予更多的奖励。周琼说,朋友圈营销大大激活了客户的意愿。很多人是看到朋友圈里发的照片,而去店里定制的。周琼说,通过朋友圈传播,更容易和客户建立信任。而信任是产生购买的基础。周琼为每个客户都安排了专门的客户经理通过微信进行维护,而随着上海、武汉的客户增多,为了方便,在当地开设专卖店也就水到渠成了。

朋友圈经营模式的两阶段划分及身份转换

无论是在工作中,还是在生活中,人们都需要朋友。朋友总是越多越好。在商场上,朋友更是受欢迎。

但通常我们的朋友圈来源如图 17-1 所示,即朋友是从同乡、一起长大的伙伴、同学、战友、同事,以及在生活和工作中认识的人中培育产生的。

但朋友圈经营并不只是在通常的朋友圈中进行经营,因为一般来说,通常的朋友圈规模还不够大,难以支撑一种经营模式的运行。

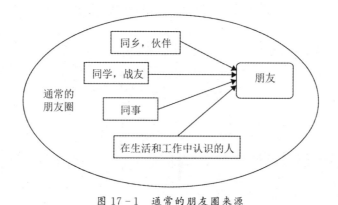

图 17-1　通常的朋友圈来源

按照商品价值经营的理念,企业要努力把产品购买者和用户变成朋友,但这还不是企业产品经营的最高境界。企业产品经营的最高境界是不仅要把产品的购买者和用户变成朋友,还要把光顾者也变成企业的朋友,当然最理想的是把潜在消费者也变成朋友,因为朋友具有很多长期价值,如图 17-2 所示。

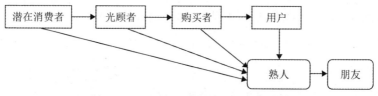

图 17-2　将各种身份的消费者变成朋友

因此,理想的朋友圈经营模式,其实是由两个阶段构成的:一是培育和壮大朋友队伍,二是在朋友圈中经营,如图 17-3 所示。

第一阶段,培育和壮大朋友队伍,即不仅要从通常的朋友圈来源——同乡、成长伙伴、同学、战友、同事、在生活和工作中认识的人等——中挖掘和培育更多的朋友,而且更重要的是从各种身份的消费者中挖掘和培育更多的朋友,以达到尽量壮大朋友队伍的目的。

第二阶段,在朋友圈中经营,即向朋友推销产品,将朋友变成企业产品的光顾者、购买者和用户,最好是变成长期用户和粉丝;同时将朋友变成企业及其产品的宣传员和信息传播者。而最重要的是在经营过程中,不论朋友身份如何转化,朋友本身的身份始终得以保持,甚至在经营过程的频繁交往中,感情变得更深,关系变得更好。

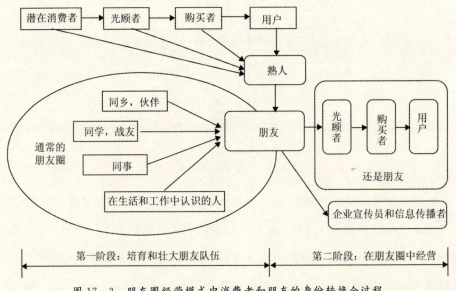

图 17-3　朋友圈经营模式中消费者和朋友的身份转换全过程

朋友圈经营模式的两个阶段,不是截然分开的,而应该是有机结合的。事实上,在第二阶段,一方面是在朋友圈中经营产品,另一方面同时也是培育和壮大朋友队伍的过程。如果经营不善,朋友会越来越少,而朋友圈模式也就不能持续运营下去了。

所以,图 17-3 显示的是朋友圈经营模式下理想的身份转换情形。在整个经营过程中,包括在第一阶段和第二阶段,都可能存在身份转换失败的情况。

而朋友圈模式身份转换可能的失败表现在 3 个环节。

(1) 消费者(无论是光顾者、购买者还是用户)没有成为企业的熟人。所谓熟人是指消费者与企业(具体可能是企业销售商、销售员、管理者、领导者或者产品设计者等)彼此了解并达到熟悉的程度。没有成为熟人,则指光顾者离去后彼此仍然是陌生的,或者购买者付款后,或者用户收到产品开始使用后,企业与用户只是"一次性的接触",没有进一步的"认识彼此",之后也没有进一步的联系,随着时间的流逝,彼此重新成为陌生人。

(2) 虽然消费者与企业彼此是"熟人",但没有成为朋友。朋友是指一种友情关系,是指在特定条件下由双方都认可的认知模式联系在一起的不分年龄、性别、地域、种族、社会角色和宗教信仰的相互尊重、相互分享美好事物,可以在对方需要的时候自觉给予力所能及的帮助的人及其持久的关系,其最高境界是知己。可见,朋友是建立在熟人之上的一种特别的关系。

(3) 原本是朋友,但因为在产品经营过程中一方受到伤害,而使得朋友关系不再。很多活跃在微信朋友圈里的微商,没有实体店,只是无营业执照、无信用担保、无第三方交易平台的'三无'小店,在产品的质量、物流、维权等方面的保障几乎为零,还大量推销暴利的三无产品,消费者受朋友推荐购买使用这些三无产品后深受其害,朋友关系自然难以为继。有些人虽然没有将产品成功推销出去,但喜欢在朋友圈疯狂刷屏发送广告,朋友不堪其扰纷纷将其拉黑,自然这样的朋友关系也就从此消失。

所以朋友圈经营的关键是:消费者与企业是否能成为朋友,是否能保持朋友关系。

朋友圈经营模式的价值和缺陷

朋友圈经营模式有利有弊,既有独特的价值,又有天生的缺陷。

(一) 朋友圈经营模式的价值分析

朋友圈经营模式能否成功,关键在于能否给利益相关者带来价值。各利益相关者的价值是如何实现呢?

在理想的情况下,企业销售的产品是优质的,通过朋友圈这个直接销售渠道进行销售,节省了销售费用,由此形成价格优势。朋友体验后推荐的产品,质量可靠,性价比高,用户因此从中获益。作为信息分享推荐者的朋友不仅因为给朋友带来好处而能进一步巩固朋友情谊,还可能从企业获得佣金。可见所有利益相关者都从中获得好处,这就是朋友圈经营模式的价值逻辑。具体而言,各方的价值叙述如下。

1. 企业的价值

很明显,企业增加了一个很好的销售渠道网络。如果企业的产品是优质产品,那么这个销售渠道网络对企业来说有下列价值。

(1) 渠道有很好的用户黏性,能沉淀用户。

(2) 聚集大量作为朋友的义务或者低成本的宣传人员,信息传播有更高的可靠性。

(3) 节省销售费用,可以让利于用户,产品竞争力增强。

(4) 能实现分散的线上线下流量聚合。

(5) 企业能通过社交网络与一些用户直接沟通,有利于适用新商业形态的发展。

2. 朋友圈中作为产品用户的朋友的价值

在朋友圈中作为产品用户的朋友,其价值主要体现在以下几个方面。

(1) 不需要花费很多时间考察和选择产品,省时省力。

(2) 产品是朋友体验后推荐的,可靠性高。

(3) 价格不高于市场价,甚至享有价格优惠,即有更好的性价比。

3. 朋友圈中作为信息分享推荐者的朋友的价值

在朋友圈中作为信息分享推荐者的朋友,其价值主要体现在以下几个方面。

(1) 给朋友介绍了性价比高的产品,帮了朋友的忙,进一步巩固了与朋友的情谊。

(2) 提高了自己在朋友圈中的价值,能更好地满足自己交朋友的各种需要。

(3) 丰富了闲暇之余的生活。

(4) 可能从企业获得佣金。

(二)朋友圈经营模式的缺陷分析

朋友圈经营模式并非只有好处,该模式自身也有缺陷。其缺陷可能包括以下几个方面。

(1) 社交网络与购物网络的功能有天然的区别

一方面,社交网络的基本功能是社交,纯粹的社交圈子是容不下电商交易行为的存在的。微信和 QQ 这样的社交工具提供了一个天然的熟人圈子的交际环境,让人与人之间的交往变得神奇和微妙;但电商的本质是商业,电商平台则是利益交换场所:这两者有本质的区别,所以说社交与电商二者"泾渭分明"。一旦社交圈中的人与人之间发生交易行为,这种因微信和 QQ 而建立起来的社交关系就会变得生硬,甚至陌生,也会让微信和 QQ 失去本身的社交意义,丧失原有的价值。所以社交圈是不太容易接受电商行为的,电商圈子的交易行为只能发生在电商圈子。在这样的理念下,消费者一般不乐意通过社交网络做交易。另一方面,消费者已经形成了在电商平台上购物的习惯,而习惯一旦形成是不容易轻易改变的,所以要消费者在社交网络上购物是比较困难的。

(2) "赚朋友的钱"有不道德的顾虑。朋友圈模式是卖家靠自身的信誉在朋友中做生意,所以在某种程度上是"赚朋友的钱"的行为。而中国传统文化虽然也讲究"亲兄弟明算账",但更崇尚"为朋友两肋插刀",朋友之间不在乎钱,所以"赚朋友的钱",会被贴上"杀熟"标签,总有不道德的感觉。这种道德上的顾虑显然对朋友圈模式的接受和推行有不利的影响。

(3) 缺乏买家利益保障体系。无论是淘宝、天猫、京东,还是其他的电商平台,都有比较成熟的第三方参与的买家利益保障体系,在支付结算、物流提供、不满意退货、品质保障等方面有比较完善的做法和相应的制度,而且有各自的监管机构,所以买家并不是那么在意卖家的个人诚信问题。而朋友圈经营模式并没有第三方平台提供的保障体系,纯靠卖家个人的信誉,这就影响了朋友圈模式的普及推广。朋友圈模式特别是 C2C 模式常常不能提供有效的售后服务保障措施。一旦出现质量问题或者其他方面的售后服务纠纷,通常受害的总是买方。

(4) 数据采集性差。朋友圈本来是基于社交网络而形成的模式,而社交网络最大的好处就是可以为企业和消费者提供极其便捷的直接沟通途径,但朋友圈模式中最重要的资源就是朋友本身,对于中间商而言,一旦朋友的资源信息被企业或者其他朋友获得,则将严重影响自身在朋友圈中的商业价值,所以对企业和其他朋友屏蔽自己拥有的朋友资源信息,防止他们直接沟通,是每一个作为中间商的人自然而然的行为。问题是这样的行为导致朋友圈模式的数据采集难度大大提高,这为该模式的长期发展带来桎梏。

朋友圈模式的这些缺陷,加之早期三无产品泛滥成灾、暴力性广告刷屏的行为频繁、传销骗局时有发生,导致朋友圈经营模式的效果常常不尽如人意,美誉度不高。

朋友圈模式本身无所谓好坏,关键在于使用者如何运用。运用得当,则价值巨大;运用不当,则得不偿失。

朋友圈模式的价值经营和身份转换

朋友圈模式经营的关键词是朋友,因此朋友圈模式的价值经营也是围绕着"朋友"身份来进行的。朋友圈模式的价值经营方法,其实也是朋友圈模式的消费者身份转换方法。

(一) 培育和壮大朋友队伍

我们重点探讨一下如何将各种身份的消费者变成朋友。

1. 成为朋友之前必须成为"熟人"

无论是什么身份的消费者,企业在让消费者成为企业朋友之前,必须是熟人。所谓成为熟人其实很简单: 双方首先必须互相认识,然后通过多次交往才能成为熟人。

所以企业为此要做的工作,并不是什么高大上的,而是要扎扎实实做好基础性的下列工作。

(1) 登记每一个消费者的信息,获取沟通方式,建立消费者档案,不论他是潜在消费者、光顾者、购买者还是用户。

这项工作说起来容易,其实要做起来并不容易。对于产品的购买者或者用户,企业登记信息相对容易一些。但事实上,很多企业并没有做好这项看上去容易的工作,可能是根本没有想到要做这项工作,也可能是怕麻烦。在信息时代,其实客户数据就是重要的企业资源,其重要性并不亚于技术或者资金这样的资源。

这项工作最有挑战性的部分是登记光顾者或者陌生消费者的信息,因为现在人们越来越重视私人信息的保护。在这样的情形下如何获取光顾者或者陌生消费者的信息,需要工作人员做到以下几个方面。

● 真诚的态度:让消费者感觉没有恶意,相信登记信息只是为了商家更好地提供服务,私人信息会受到保护。

● 良好的沟通技巧:让消费者感到重视、关爱、愉快、高兴,心甘情愿地配合企业的信息登记工作。

● 必要的付出:送小礼品、开展抽奖活动等。

● 便捷的信息获得方式:例如扫二维码比让人填表更加便捷等。当然如果能让消费者下载企业的 App 并进行注册是再好不过的。

(2)让消费者了解企业。

双方成为熟人必须互相了解,如果企业只了解消费者,而消费者不了解企业,那么双方不可能成为真正的熟人。

要让消费者了解企业,必须先获得与消费者沟通的方式。所以登记消费者信息的一个重要目的就是获得消费者的沟通方式:微信、QQ、电话号码、邮箱等。刚开始不要贪多,不要指望一次获得全部沟通方式。

有了沟通方式之后,就要向消费者介绍企业。特别强调是介绍企业,而不是做广告。或许有人会问:这有区别吗?答案是,二者当然有区别:介绍一般相对比较客观,重点是介绍企业,也可以是介绍企业的产品;而做广告少不了对企业产品的自我夸奖,重点是宣传企业的产品。问题是很多人不喜欢广告,所以根本不看广告。如果企业向消费者发送的信息被消费者当作广告而被无视甚至直接扔进垃圾箱,那就达不到让消费者了解企业的目的了。

有一种令人困惑的现象:很多中国企业,其中甚至不乏所谓非常重视消费者信息的企业,居然拒绝消费者主动"送上门"的了解自己的机会——拒绝大学生到企业实习或者让外人参观企业。其原因可能包括:增加了员工的工作量,怕带来各种麻烦(例如安全问题、保密问题),感觉大学生在企业实习其实干不了什么事,参观者只是想学习企业的好东西等。但企业选择性地忽视略了一些长处:这些人其实都是企业的潜在消费者,而且是企业不请自来的潜在消费者,很可能会主动配合企业进行信息登记的潜在消费者。拒绝这样的机会是多么可惜啊!所以我们强烈呼吁所有中国企业要满腔热情地做好欢迎大学生到企业实习的工作,做好让外人参观企业的工作,安排专人负责,制定实习或者参观的流程和制度,建立潜在消费者档案。

(3) 彼此认识是成为熟人的必要条件,但不是充分条件。双方认识后,要进一步交往才可能成为熟人。所以企业要定期或者不定期地与消费者进行联系,开展互动活动,加深对彼此的了解。

当然企业也不要指望所有"认识"的人都会成为熟人。有超过 20%认识的人变成熟人就很令人高兴了。只是企业不能松懈这项工作,要不断提高转化比例。

2. 成为朋友的关键

成为熟人难,成为朋友更难。

朋友有多种:有生死相依的过命朋友、感情深厚的铁杆朋友、工作和生活中互相支持的朋友、互有好感的一般朋友等。

企业当然不可能指望与消费者成为感情深厚的铁杆朋友,企业追求的是与消费者成为互有好感、互相支持的一般朋友。

即便如此,成为一般朋友也不是一项容易的工作。

成为朋友的关键因素是,企业必须先了解朋友有什么需要,或者了解消费者为什么需要朋友,进而去满足消费者作为朋友的需要,才有可能成为消费者的朋友。

朋友有哪些需要这个问题,从某个视角看等同于人为什么需要朋友。

人为什么需要朋友呢? 原因可能是为了满足下列需要:

(1) 人与人之间情感交流的需要。因为人是需要情感交流的动物。

(2) 分享的需要——分享美好的事、物、个人体验、经验教训。一方面希望对朋友有好处,另一方面希望获得"点赞",从而证明自身的价值。

(3) 归属的需要。加入某些有限制条件的朋友圈,是一种身份的认可,满足归属感的需要。

(4) 在需要支持的时候能获得朋友支持的需要。

有各种各样培育朋友关系的方法,有很多这方面的书和文章。我们无意在此罗列并一一介绍。我们想探讨的是企业培育朋友关系的关键是什么。

除了了解朋友的需要之外,企业培养朋友关系的关键是看企业为消费者做了什么,满足了消费者作为朋友的哪些需要,消费者因此被感动,觉得自己是企业的朋友。

案例17-2

汽车销售大王乔·吉拉德的成功秘诀

汽车销售大王乔·吉拉德的成功销售秘诀其实很简单。

(1) 了解顾客

没有人脉的乔,最初靠着一部电话、一支笔和顺手撕下来的四页电话簿作为客户名单来拓展客源。只要有人接电话,他就记录下对方的职业、嗜好、买车需求等生活细节。虽吃了不少闭门羹,但慢慢就有了收获。

乔说:"不论你推销的是什么东西,最有效的办法就是让顾客相信——真心相信——你喜欢他,关心他。"为此你就必须了解顾客,搜集顾客的各种有关资料。乔指出:"如果你想要把东西卖给某人,你就应该尽自己的力量去收集他身上与你生意有关的情报……不论你推销的是什么东西。如果你每天肯花一点时间来了解自己的顾客,做好准备,铺平道路,那么,你就不愁没有自己的顾客。刚开始工作时,乔把搜集到的顾客资料写在纸上,塞进抽屉里。后来,有几次因为缺乏整理而忘记追踪某一位准顾客,于是他开始意识到自己动手建立顾客档案的重要性。他去文具店买了日记本和一个小小的卡片档案夹,把原来写在纸片上的资料全部整理归类,从而建立起他的顾客档案。乔认为,推销员应该像一台机器,具有录音机和电脑的功能,在和顾客交往过程中,将顾客所说的有用情况都记录下来,从中把握一些有用的材料。乔说:"在建立自己的卡片档案时,你要记下有关顾客和潜在顾客的所有资料,他们的孩子、嗜好、学历、职务、成就、旅行过的地方、年龄、文化背景及其他任何与他们有关的事情,这些都是有用的推销情报。所有这些资料都可以帮助你接近顾客,使你能够有效地跟顾客讨论问题,谈论他们感兴趣的话题,有了这些材料,你就会知道他们喜欢什么,不喜欢什么,你可以让他们高谈阔论,兴高采烈,手舞足蹈……只要你有办法使顾客心情舒畅,他们不会让你大失所望。"

(2) 不怠慢任何一位顾客

了解顾客只是成功的第一步,尊重顾客、不怠慢顾客是成功的必要条件。

在每位顾客的背后,都大约站着250个人,这是与他关系比较亲近的人:同事、邻居、亲戚、朋友。如果一个推销员在年初的一个星期里见到 50 个人，其中只要有两个人对他的态度感到不愉快，到了年底，由于连锁反应就可能有 5000 个人不愿意和这个推销员打交道，他们知道一件事：不要跟这个推销员做生意。这就是乔·吉拉德的 250 定律。由此，乔得出结论：在任何情况下，都不要得罪哪怕是一位顾客。在乔的推销生涯中，他每天都将 250 定律牢记在心，抱定生意至上的态度，时刻控制着自己的情绪，不因顾客的刁难，或是不喜欢对方，或是自己心绪不佳等而怠慢顾客。乔说得好："你只要赶走一位顾客，就等于赶走了潜在的 250 位顾客。"

(3) 向顾客传递爱的信息

了解顾客、尊重顾客、不怠慢顾客，这些只是成功的必要条件，爱顾客才是成功的关键。或许你的客户 5 年后才需要买车，或许客户两年后才需要送车给大学毕业的小孩当礼物；没关系，不管等多久，乔都会隔三岔五打电话追踪客户，一年 12 个月更是不间断地寄出不同花样设计、上面永远印有"I like you!"的卡片给所有客户，最高纪录是每月寄出 1.6 万张卡片。"我的名字'乔·吉拉德'一年出现在你家 12 次！当你想要买车，自然就会想到我！"

虽然在乔·吉拉德的时代，并没有所谓的朋友圈经营模式这个概念，但不难看出，乔·吉拉德的成功原因其实很简单，就是把每个消费者都当作朋友一样看待：了解他们、尊重他们、关心他们、爱护他们。而作为朋友的顾客们的回报就是让他创造了非凡的汽车销售业绩。

在社交网络时代，互动是培养朋友必不可少的步骤。在社交网络上参与感很重要，当参与的人很多，和大家在互动的时候就能形成一种很好的强关系。在和大家多次互动交流之后，再和他们私聊，会有种很亲切和熟悉的感觉，就可能形成真正的朋友关系。

所以要多在社交网络和平台，如 QQ 群、微博、贴吧、论坛、权威网站上露面，积极在朋友圈进行互动、点赞、评论，在微信群内多发言，表达自己的观点，主动和群内以及朋友圈内好友私聊，探讨问题，分享自己的心得以及对大家有帮助的信息，分享自己的工作经验，分享自己的生活，分享自己的成果，分享顾客的评论，分享自己的好友。要学会借力推广,让大家慢慢喜欢上你,让越来越多的人成为你的朋友。

(二)朋友圈模式的价值经营——企业视角

朋友圈模式,可以变成传销模式,结果是害人害己;也可以为所有利益相关者带来收益,成为价值经营模式,帮人帮己。所以朋友圈模式本身无所谓好坏,关键在于使用者如何运用。

站在企业 B2C 模式中的企业视角,朋友圈模式就是要把朋友作为营销对象,实现从单纯的朋友向"朋友+用户"的身份转换。整个模式能否成功的关键是在将朋友身份转化成用户身份时,是否保持了朋友关系。如果经营得好,朋友关系会升级,即名义上的朋友会在经营过程中变成真正的一般朋友,而一般朋友关系则会变成好朋友关系。

在企业视角下,朋友圈价值经营模式的要素包括以下几个方面。

1. 企业建立自己的朋友圈

企业要采用朋友圈经营模式,当然必须建立自己的朋友圈。只不过企业是法人,企业的朋友圈只能通过企业的自然人——员工来完成。理论上,所有的企业员工都可以为企业建立各自的朋友圈,这就是所谓的全员营销模式。但通常企业的高管层领导、管理者和营销部门的员工是建立企业朋友圈的重点,企业有必要对这些重点员工或者全体员工进行朋友圈知识和技能方面的培训,以更好地推进这项工作。

2. 在朋友圈中经营的产品

无论是采用 B2C 模式还是 C2C 模式,在朋友圈中经营的产品(服务)必须有品质的保证,这是最基本的条件。如果企业在朋友圈中推销的产品有质量问题,则一方面会损害企业的信誉,另一方面也会伤害企业朋友的感情和信誉。在特别讲究信誉的朋友圈中,一旦失去信誉,就会失去朋友。

至于在朋友圈中经营什么产品,这个问题的答案对不同性质的企业而言是不一样的。对于商业企业(B)和个人商家(C2C 模式中的第一个 C)而言,面临的问题是选择什么样的产品才适合朋友圈经营模式。对于生产企业来说,如果还没有产品生产基地,那么面临的也是选择的问题,即选择生产什么样的产品才适合在朋友圈经营;如果已经建立了产品生产基地,那么面临的问题只是生产的产品是否适合在朋友圈中营销。

我们下面分 3 种情形讨论产品要素：什么样的产品不能或者不应该在朋友圈中经营，什么样的产品不适合在朋友圈中经营，什么样的产品特别适合在朋友圈中经营。

(1) 不能或者不应该在朋友圈中经营的产品

下列产品不能或者不应该在朋友圈中进行营销。

● 三无产品。《中华人民共和国产品质量法》规定企业经营的产品必须有中文厂名、中文厂址、电话、许可证号、产品标志、生产日期、中文产品说明书，如有必要还需要限定性或提示性说明等，凡是缺少的均视为不合格产品。而三无产品一般是指无生产日期、无生产厂家(厂名、厂址和商标)、无质量合格证的来路不明的产品。

● 劣质产品。尽管产品上有生产厂家(厂名、厂址和商标)、生产日期等标志，但产品本身有质量问题。

● 假产品。这些产品使用伪造的合格证、药品许可证、食品许可证、进出口证明等欺骗消费者，最典型的是假药、假减肥产品、假美容产品、假进口产品。

● 侵犯他人知识产权的产品，例如仿冒他人品牌或者设计专利的 A 货、假货。

不知从何时起，在微信朋友圈中开始充斥各种虚假海外代购，以及各种高仿 A 货、劣质杂牌商品的交易信息，甚至一打开朋友圈，满满都是这些产品的刷屏。有些个体商家在朋友圈营销这些产品，获取了极大的收益，也交到了更多的朋友。有些地方甚至因此形成了所谓的"新电商村镇""淘宝村镇"，其实就是"A 货村镇"，或者"假冒伪劣一条街"。

做三无产品和劣质产品的企业和个人，在朋友圈中做的是"一锤子买卖"，虽然短时间能获得暴利，但最终会因为伤害朋友而被朋友抛弃。

然而虚假海外代购和高仿 A 货在朋友圈中似乎很有市场，原因在于有数量庞大的收入较低的消费者有这方面的需求，在大多数情形下这些消费者对于这些产品不是真货心知肚明。因为在微信等社交网络上并没有像天猫、淘宝和京东平台那样的打击假冒伪劣产品的监管机构，"你情我愿"又无监管，加上高超的造假手法能提供几可乱真的各种票据证明，有些物流公司又贪图利润与之密切配合，自然导致虚假海外代购和高仿 A 货在朋友圈中泛滥成灾。

虚假海外代购和高仿 A 货在朋友圈中泛滥成灾,虽然满足了一些消费者的需求,企业因此获得了更多的所谓朋友和利润,但伤害的是朋友圈模式的名声,伤害的是中国制造的名声,长期而言,对追求价值经营的企业和注重声誉的朋友圈是极其不利的。所以从价值经营的视角,我们呼吁企业和消费者都远离虚假海外代购和高仿 A 货的市场。

除了上述不能或者不应该在朋友圈中经营的产品外,是否其他产品都适合在朋友圈中经营呢？回答是不一定。

(2) 不适合在朋友圈中经营的产品

下列产品不适合在朋友圈中经营:

● 特别重视售后服务的产品。因为朋友圈经营模式对售后服务常常难以提供保障。

● 体积大、重量大、不便于运输的产品,对存储环境和放置时间有特别要求、容易变质的产品。原因是朋友圈经营模式对这些产品的运输条件常常难以保障。

● 毛利太低的产品。因为在朋友圈里不可能一下子有很多订单,如果单件产品毛利太低,运营成本相对而言就显得高,企业和朋友圈中的朋友都很难有持续的激情坚持下去。

(3) 特别适合在朋友圈中经营的产品

除了不应该和不适合在朋友圈中经营的产品外,理论上其他的产品都可以通过朋友圈进行经营。但"可以做"并非就是"最适合做"。因为朋友圈的特点,下列产品特别适合在朋友圈中经营。

● 用户重复购买率高的产品。一旦在朋友圈中有了信誉,重复购买率高的产品会持续给企业带来收益。

● 用户信任度高的产品。这样的产品不需要像在淘宝平台上那样拼价格。

● 销售量有限的特色产品。"在朋友圈上不可能一下子有很多订单"这个朋友圈模式的特点刚好匹配了这样的产品特点。例如一个做蜂蜜的企业,卖的是纪录片《舌尖上的中国》里面提到的那批蜂农的蜂蜜,质量很好,但是一个月只有 1500 罐的产量。之前在淘宝上无论拼价格还是拼销量都拼不过其他卖家,又没有钱买流量,来到微信上之后却做得很好。因为在微信朋友圈中,消费者对其产品信任度高,可以先下单预订,企业有货的时候推送通知并发货。

3. 具体模式的选择和组合运用

对于商业企业来说,具体模式的进一步选择比较简单,因为他们本身的身份就是为朋友特别是当地的朋友服务的经销商,所以通常采用的是直营模式。当然,如果产品利润率很高,企业也可能会发展代理,不过这通常不是主流模式(如果经营的是假冒伪劣产品,则为了快速获利很可能会选择代理模式,只不过这不是我们想讨论的)。

对于生产企业来说,具体模式的进一步选择比较复杂,存在下列多级选择的问题。

(1) 第一级选择的问题是,是否采用朋友圈经营模式。如果产品适合在朋友圈中经营,则可以采用朋友圈经营模式。否则就只是将朋友圈作为企业信息传播的渠道,宣传企业产品;同时积累朋友资源,以备后用。

(2) 如果采用朋友圈经营模式,那么第二级选择的问题是采用代理模式还是直营模式。直营模式要求企业在当地有很好的直营能力,而代理模式要求产品毛利率比较高,而且因为代理模式可能会快速放大销售量,所以要求企业必须具备响应增长的生产能力。如果直营模式和代理模式同时并存,那么在直销价格和代理价格上必须有合适的区别以保证代理商的利益。

(3) 不论是采用代理模式还是直营模式,都面临第三级选择的问题:是否要建立相应的线下渠道,或者是否要同时在天猫、淘宝或者京东平台建立电商店,形成线上电商和朋友圈相结合及线上线下结合的 O2O 模式。这样的 O2O 模式是一把双刃剑,利弊都有,对企业的资源整合能力和管理能力是巨大的挑战,做得好,互相引流,彼此支撑,能有很好的协同效应,但如果做得不好,各种信息透明,彼此分流,线上渠道的优势会对线下渠道构成打击。早些年电商的迅速发展导致大批实体店关闭,以及在手机行业,早些年以小米为代表的网络渠道的大获成功也一度对手机的线下渠道构成威胁,就是例证。但当小米的网络渠道碰到发展的天花板后,以 OPPO 为代表的既拥有线下渠道优势又不断向小米学习构建网络渠道的手机企业大放光彩,显示出 O2O 模式有很好的发展前景。特别是在马云倡导新电商后,O2O 模式也开始越来越受到人们的重视。

4. 对中间商的激励机制和约束机制

如果采用朋友圈经营模式,必须对中间商(不论是代理商还是经销商)进行激励和约束。虽然是在朋友圈中经营,但不能让中间商总当"雷锋",因此设计对中间商的激励机制是必不可少的;同样,为了防止个别中间商以损害企业和朋友的利益和信誉为代价来为自己谋求利益,破坏整个朋友圈的运行秩序,也有必要建立中间商的约束机制。

对中间商的激励机制,包括基于目标销售量的价格优惠政策、促销活动的支持、配套广告投放政策、年终返利政策、人员培训、独家经营权的授予政策、创新奖励及其他多种多样的奖励和赞助等。

对中间商的约束机制,包括国家和地方政府对产品经营的法律法规约束、企业销售制度的约束、对销售假冒伪劣产品和其他各种违反法律和制度的行为的惩罚、监督检查系统的建立和运行等。

5. 交易结算的便捷性,品质、物流和售后服务的保障措施

朋友圈的交易、支付结算不如电商平台方便和可靠。朋友在朋友圈看到你发布的商品,想买,可能得采取下列方法来完成交易和支付。

(1)跟你联系,直接转款或者通过微信支付给你,你发货,买家收货,完成交易。但必须得是跟你很熟的朋友,人家才敢直接转款给你,否则没有第三方的保证,人家怎么相信你呢?

(2)你有微店,直接在你微店里购买,然后在线支付,你发货,买家收货,完成交易。但未必人人都熟悉微店,未必人人都熟悉并喜欢使用微信支付。

(3)你告诉对方你的淘宝店信息,然后在淘宝店里成交。但需要客户打开淘宝App,在淘宝里找到你的店才行,这么做比较麻烦,很容易造成客户流失。

(4)你有公众号,用公众号直接成交。但客户必须关注你的公众号,而且得熟悉和喜欢使用公众号支付。

更麻烦的是腾讯一直在打击微信上不正规的广告行为,屏蔽处罚是家常便饭。对公众号更是严厉打击,一不小心就有可能被封号。

除了交易不便捷,朋友圈经营模式中消费者还担心经营产品的品质保证、物流的便捷和可靠性、售后服务的保证等问题。毕竟像淘宝、天猫、京东这样的电子商务平台已经形成了一套完整而有效,且买卖双方都熟悉和接受的交易结算模式、品质保障制度、物流支撑体系以及售后服务措施。

消费者所担心的,正是企业所要做的。如果企业将朋友圈经营作为一种经营模式,就要对其进行相关模式和制度保障设计,在交易结算的便捷性以及品质、物流和售后服务的保障等方面解除消费者和朋友们的后顾之忧,让各参与方都满意。

(三) 朋友圈模式的价值经营——作为商家的朋友视角

与企业视角一样,站在作为商家的朋友(C2C 模式中的第一个 C 即个人商家)的视角,朋友圈模式的重点也是把朋友当作营销对象,实现从单纯的朋友向"朋友＋用户"的身份转换。整个模式能否成功的关键是在将朋友身份转化成用户身份时,是否保持了朋友关系。但与企业视角不同的是,其经营的产品可能是自己生产的,而更多的情形可能是个体代理商或者经销商经营的其他企业的产品。如果经营的产品是自己生产的,那么因为个人经营实力总是十分有限的,所以经营规模小,在售后服务等很多方面能给用户的保障通常也很有限。

站在作为商家的朋友(个人商家)的视角,朋友圈模式的价值经营要素包括下列几个方面。

1. 产品

个人商家经营的产品与前述的企业经营的产品在选择原则上并没有区别,但个人商家经营的产品有更强的选择灵活性。个人商家既可以自制产品,又可以在市场上选择其他企业的产品进行经营。

案例17-3

经营私家蛋糕的全职妈妈

一位生完孩子在家做全职妈妈的女士,平时没事会在家里做些蛋糕、饼干之类的,成品出来后就拍几张照片放在朋友圈,有时会送给朋友试吃。时间一长,有朋友建议她干脆在微信上售卖。在朋友的怂恿下,这位全职妈妈开始在微信上卖起了各种款式的私家蛋糕,并接受预订。渐渐地,她的私家蛋糕经朋友口口相传,小有名气了。很多人加她为好友预订蛋糕和饼干。她说:"没想到这还成了我人生的第二事业。如今我每天只接受预订 10 只蛋糕,要订蛋糕的还需要排队呢。"

此外,个人商家在经营产品的选择上有更大的压力,毕竟个人承担风险的能力一般远远低于企业,因此个人商家在产品选择上要更加慎重。除了企业视角经营产品选择的那些原则和观念外,个人商家在产品选择上还要注意以下几个要点。

(1) 产品定位。产品定位不明确是朋友圈经营的通病。有不少朋友圈营销者,不清楚自己想要交易的对象是谁,也不清楚自己的朋友喜欢什么,只是一味地将内容摆放在微信朋友圈里,这就像买一堆黄金丢在沙砾里,一般人很难辨别出来。所以商家要明确自己的朋友是哪些人,他们有什么样的需求,自己经营的产品有什么特点,如何才能满足朋友们的需求,由此来确定产品的定位。

(2) 个人兴趣。如果事业能与兴趣相结合,那么做事业将是很快乐的事情。兴趣是最好的老师,一个人喜欢一个产品,认可这个产品,就会去花心思研究这个产品,成功的可能性就更大。

(3) 自身资金能力。不同的产品运营对资金的需求也不同,个人商家在选择经营产品的时候要根据自身的资金实力量力而行。

(4) 资源。要分析自己身边有哪些资源可以利用,如有没有开厂的朋友,或有没有做代理商的朋友,或者是家乡有没有什么好的特产,所在城市有没有好的货源等。先从身边开始考察,就近开展会更容易些,也能尽量减少失误的风险。

(5) 售后服务。卖产品最怕的就是售后服务,所以在选择产品的时候,尽量选择没什么售后服务问题的,如食品,只要配送过程中不出问题,就没有什么售后服务的问题了,这样也不用花太多的精力在这上面。

2. 模式选择

个人商家最好采用直营模式,直接以制造商和经销商合一的身份经营产品;或者与其他企业合作,作为企业的终端经销商直接服务于朋友圈中的朋友。

个人商家不推荐采用层层代理的分销机制,因为个人商家的控制力有限,一旦代理体系失控,则会严重伤害自己赖以生存的在朋友圈中的声誉,朋友圈模式就难以经营下去了。

3. 理性营销

朋友间做生意难,难在什么地方,难在碍于人情。所以朋友圈营销一定要把握度,不能强推,一切顺其自然。在朋友圈中的非理性营销行为,包括整天刷屏、对产品质量和功能夸大其词、欺骗营销等都是非常令人讨厌的，后果自然也是十分严重。在朋友关系的行为规则中，非理性营销行为是不礼貌的行为，是在透支别人的好感，这样会导致自己在朋友圈中的声誉越来越差，朋友圈的营销效果自然也会越来越差，朋友也因此而越来越少。

所以在朋友圈中只能进行理性营销：

(1) 控制每天发的广告数。每天最好发一到两条广告。一旦广告数达到三条或者超过三条，朋友就难以容忍了。

(2) 广告内容要多样。发布产品的广告可以采用多种方式，文字、照片、图像、漫画、视频等多种方式相结合，总比一味采用直接赤裸裸的文字广告效果好。

(3) 对产品功能和品质的叙述，可以用词幽默，适当自我夸奖，但不能一味夸大，更不能欺骗朋友。

(4) 对有些自己做不到的事，例如不能提供有效的售后服务，要实事求是告诉朋友，不能撒谎。

4. 朋友是"用来爱的"，不是"用来坑的"

正如"房子不是用来炒的而应该是用来住的"一样，朋友圈经营模式中的朋友不是"用来坑的"，而应该是"用来爱的"。

那么怎样算是爱朋友，怎样算是坑朋友呢？二者在表现形式上的种种区别如表17-1所示。

表 17-1 "爱朋友"和"坑朋友"的种种区别

评定指标	"爱朋友"	"坑朋友"
产品(服务)质量	产品有优质保证，即具有各种产品合格和优质保证的条件	缺乏产品合格的保证条件，销售来路不明的产品、三无产品
	自己或者亲人使用体验过，证明了品质效果的	自己或者亲人没有体验，就在朋友圈分享推销(即使是合格产品，没有体验就分享也是"坑朋友")
	产品有售后服务保证，出问题后积极帮忙维权，即使无法保证售后服务，也要事先说明	产品无售后服务保证，出问题后"玩消失"，甚至"钱一到手就拉黑"
需求	朋友的需求是真实存在的	朋友的需求是被"创造出来的"

评定指标	"爱朋友"	"坑朋友"
产品价格	不高于市场价(包括在淘宝和其他电商渠道上的正常售价)	高于市场价(包括在淘宝和其他电商渠道上的正常售价)
信息分享和推荐的频度和内容	频度低,每天一两次	反复推荐,频度很高,甚至不断刷屏
	内容节制得体	内容夸张,语言有诱导性,甚至有强迫性
	无炫耀、炫富的信息伴随	有大量炫耀、炫富信息伴随,这样的信息大多是虚假的、有欺骗性的

5. 在朋友中建立和培育基于产品的信任关系

虽然说朋友是"用来爱的"不是"用来坑的",但并非不能做朋友的生意。毕竟如果不做朋友的生意,那么也就不存在朋友圈经营模式了。

朋友圈做生意的基础是信任。朋友圈营销,友情只是基础,离做成生意还差得很远。那些妄想只凭借朋友的友情和信任就达成生意的,最终既毁了生意,也毁了信任。

既要做生意,又要做朋友,保持信任,怎么办呢?

出路是与朋友建立基于产品的信任关系!建立基于产品的信任关系就是让朋友对自己产生信任,并且因为产品生意而加深这种信任关系。

"建立基于产品的信任关系"与"在朋友圈中做广告"是完全不同的,后者的目的只是为了销售产品,如果广告不实,则生意做成后可能会伤害朋友之间的信任关系。

"建立基于产品的信任关系"也与"单纯地交朋友建立信任关系"不同,因为前者的目的是既要做生意,又要做朋友保持信任。

怎么样建立基于产品的信任关系呢? 有一种两步走的方法:首先成为朋友,与之建立信任关系;然后通过与朋友做生意,强化和提升这种信任关系。第一步的有关内容前已叙述,这里不再赘述。我们重点谈谈如何通过做生意来强化和提升朋友之间的信任关系。

(1)在朋友圈中做生意,要多展示真实的自己。在微信上多展示一点你的个人生活点滴,如你是哪里人、在哪里工作、有哪些朋友、你的兴趣爱好等,通过这些向人传达一个你真实存在的信息。向朋友提供自己的各种联系方式,让朋友很容易找到自己。

(2) 平常要多和朋友沟通互动。每天挤出些时间看看朋友的朋友圈,关注和了解他们的工作和生活动态,简单互动,有时间就多和他们聊聊彼此感兴趣的话题,在朋友的生日或重要节日送上真诚的祝福和礼物,不论是否正在与朋友做生意。保持与朋友的亲密程度非常重要,因为不论多好的朋友,如果久不联系,也会变成曾经熟悉的陌生人。

(3) 通过微博实名认证,申请微信公众号,在网络上发表原创文章和工作中的干货,建立自己在网上的知名度,提高自己在朋友中的信任度。

(4) 如果有条件,开一家淘宝店铺,对于那些刚刚认识,但还不信任自己的朋友,可以建议他们在淘宝上下单和付款。这相当于借助有名气和有保障的电子商务平台来提高自己的名气和可信度,从而增强自己在这些朋友中的信任度。

(5) 推销的产品都是朋友真正需要的,即朋友的需求是真实存在的,而不是被忽悠或者被欺骗产生的,与朋友做生意就是为了满足朋友真实存在的需求。

(6) 可以在朋友圈里发宣传介绍产品的信息,但不是自卖自夸式地过分宣传,而且每天发信息的次数以不超过两次为宜。

(7) 产品的品质绝对有保障,符合描述。如果产品是自己企业生产的,又具备一定条件的话,甚至可以为朋友定制个性化的产品。

(8) 让朋友买得放心、用得省心。在朋友购买了产品以后,除了给朋友提供普通客户应有的售后服务外,还应给予一些特殊的"关照"。比如,根据朋友的时间要求,优先安排送货、安装;随叫随到式的售后维护和使用指导;当产品产生缺陷问题影响朋友的正常使用或给朋友带来不便时,应第一时间向朋友致歉并提供解决方案,取得朋友的谅解等。万一在与朋友的生意中出了自己解决不了的问题,首先自己应该承担责任,不回避,宁可让自己吃亏也尽量不让朋友吃亏。

(9) 做生意后,让朋友感觉得到了好处,让朋友心存感激。例如产品是当地货真价实的传统特产,或者是当地有名的特色时令水果,或者是其他地方买不着的东西等。这些产品的销售会不断积累自己在朋友圈中的名气。

（10）在生意之外，力所能及地帮助朋友。

总之，朋友圈经营是把朋友作为营销对象，实现消费者从朋友向"用户＋朋友"身份的转换。但朋友就是朋友，与一般消费者不同，在整个经营过程中必须始终"以朋友之礼"善待之。种瓜得瓜、种豆得豆，当你真心实意把消费者都当朋友看待，他们就会成为你的朋友；当你真诚地对待朋友、关心朋友、帮助朋友、爱护朋友，从而感动朋友，一定会从朋友中得到回报，最终令你自己感动。

　　这是我的第四本书,也是我自 2000 年提出"陶瓷时装化"这个消费理念后,十几年来在价值创新实践中不断深化"天下无砖""奢瓷生活体验""为专属而创""高端瓷砖领导者"等理念之后取得的又一个成果。

　　2010 年,我所经营的欧神诺陶瓷推出了"宝玉"系列瓷砖,被意大利陶瓷专家称赞为"世界上最美的瓷砖",也一度成为中国最贵的瓷砖。客单值少则十几万元,多则几十万元甚至过百万元,远远超出了当时瓷砖消费的平均水平,但顾客还是非常喜欢并愿意出高价购买。

　　这种现象超出了我的预料,也引发了我的思考:到底是什么原因促使消费者愿意花钱买贵?其中道理何在?

　　带着疑问,我不断走访市场,与导购及服务人员交流,并去终端店面与客户洽谈,参与市场推广活动,最终找到了答案。我发现了"宝玉"系列产品区别于市面上其他产品的独特价值所在:首先,它的制作工艺复杂,成本高;其次,不仅仅是瓷砖,除瓷砖外,产品部分还专门研发生产了与之配套的边框,方便消费者选购全套配件;再次,为了提升门店的整体档次,店面的装修成本高达每平方米 4000 多元;此外,沉淀了几千年的中国玉文化以及中国瓷文化更是把"宝玉"系列产品推到了几乎无与伦比的高度,有句"非玉不豪宅"的说法被设计师们广泛传播,堪称业内产品创新与文化创意相结合的里程碑式经典案例。

　　兴奋之余,我像发现了宝藏一般,着手梳理事实、提炼理论,并于 2011 年带着当时的助手姚若晗先生启动了名为《商品价值的奥秘》的写作之旅。我想探索商品的价值是如何构建的,商品的价值与价格之间存在什么样的关联。价值属于哲学范畴,虽然之前我已经出版过三本著作,积累了些许写作经验,但是这本书的写作对我来说仍有不小难度。工科出身的我恶补了许多关于价值论方面的知识,试图找到"价值"的源头。理论联系实际是有效果的,我逐步厘清了"商品""价值""商品价值"的概念,并建立起"产品环流与价值环流"的基本逻辑。刚觉得前途一片光明,却在"如何进行价值创造"的问题上,回到了研发如何做、生产如何做、销售如何做的老思路上,根本无法表达"价值环流"如何在实践中变得可操作,写作不得不在 2012 年被迫中止。

　　直到 2014 年 2 月份,我在欧神诺年会上做了"把握先机　创领未来"的演讲,其中关于经营者身份转换的内容,恍然间像一道霞光照亮了我沉封两年的书稿。这不正是"价值环流"的作用与目的吗?功夫不负有心人,思路重新被打开。但此时我原来的助手老姚已经离开了公司,不再参与写作。我专门招了一位本科学中文、硕士读新闻的秘书巴恒星,同时求助于我的师弟李刚博士。我们成立了一个写作小组,于2014 年底又重新启动了写作计划。

　　写作小组一边继续深入研究,一边梳理文稿。由我的师弟李刚执笔,数十次易稿,才基本完成了整本书的框架。这个阶段的写作,最有价值的收获是有了一个谈论商业模式的全新视角,即通过消费者身份转换的不同路径,推导出不同的商业模式。此时,正碰上商业模式研究的风口,而我们的理论也引起了我的博士导师程国平教授的浓厚兴趣。

　　全书的骨架完整后,我仍觉缺乏足够的案例支撑,却又不想把欧神诺的经营实践放入其中,担心会有广告嫌疑而削弱本书的理论价值。无奈之中我只能再次向程老师求助。本书的写作进入了第三阶段:我和程老师合作。

　　程老师一出手便使书稿变得圆润丰满,但他自己的思想自然与我有所不同。我不得不数次前往武汉登门交流,同程老师沟通我的构思。又经过一年多的努力磨合,此书才终于截稿完成。

　　如今各位捧在手上的已经是一本历经七年几十次易稿的"大作",虽然精心打磨多次,但细读后还是会察觉到前后的文风有所差异,不过这也能体现出"君子和而不同"的精髓。无论如何,这本书确实了了我的一个心愿。在我的数次请求下,程老师同意署名。一是肯定他的付出,二是请他文责自负,哈哈。当然,还要感谢为本书做出贡献的其他合作者:姚若晗、李刚、巴恒星等。更要感谢欧神诺的同事们,因为他们在经营实践中取得的成果,让我有机会将其上升到理论层面。

数年时光,消费者迭代已经形成,新一代消费群体的需求有了改变,新的渠道模式层出不穷。但价值经营的逻辑并没有改变,本书的价值依然存在。

本书的理论指导着欧神诺企业进行了全新的商业模式探索——云商。我新开办的归然书院也开设了"商品全价值经营"的课程。我在经营企业和教学的实践中又有了许多新的想法和思路,我的思考与总结还在继续,未来有机会还将修订本书的内容,希望各位有心人能成为新的合作者,共同谱写"商品全价值经营"的新篇章。如本书有不到之处,还请您修改补充,意见可发至邮箱 *baojiejun@263.net*。

我的第五本书也在计划之中,暂名为《企业生态学》,主要是想系统地梳理我在归然书院"精进班"为企业家讲授的系列课程,详情可进入微信公众号"归然书院"了解。

"商品全价值经营"是我对欧神诺品牌 20 年价值经营的一个总结。今年欧神诺与上市公司帝王洁具合并,公司未来会朝着大家居方向发展,欧神诺的经营又会进入一个全新的阶段,相信未来将会更加精彩!